# LES OUTRE-MONTS

Patrick Givelet

Éditions ThoT

Roman

Né en 1939, Patrick Givelet fait ses études à l'Institut d'études politiques de Grenoble. De retour en France en 1972, après une dizaine d'années passées en Afrique et en Amérique du Sud, il dirige un centre de formation professionnelle, puis prend la direction du service des affaires culturelles à Briançon, dans les Hautes-Alpes. En 1985, il s'installe dans la petite commune de Peisey-Nancroix en Tarentaise (Savoie), dont il devient maire pendant treize années. C'est là qu'il découvre les ruines d'un ancien site minier datant du XVIIIe siècle. Il entreprend alors des recherches et découvre une singulière histoire peuplée d'étonnants personnages. Membre de la Société d'histoire et d'archéologie d'Aime, il est l'auteur de plusieurs ouvrages : *L'École française des Mines en Savoie, Peisey, Moûtiers (1802-1814)* et *Le plomb et l'argent, histoire d'un grand site minier européen, XVIIIe-XIXe siècles*, publiés par la SHAA, et *L'or et la pierre*, paru aux éditions La Fontaine de Siloé. Son premier roman, *Les outre-monts*, s'inscrit dans cette continuité.

*À Martine,*
*qui m'a demandé de lui raconter*
*une histoire de sa vallée.*

# Sommaire

## Note de l'auteur

La coutume a été prise dans les registres de l'état civil au XVIIIe siècle de donner aux nouveau-nés le prénom du père ou celui de la mère et un deuxième prénom pour éviter les homonymes d'une génération à l'autre. À l'exception des prénoms composés (Jean-Baptiste, Jean-Marie, Maria-Magdalena…), les prénoms doubles des personnages de ce roman sont donc orthographiés sans trait d'union.

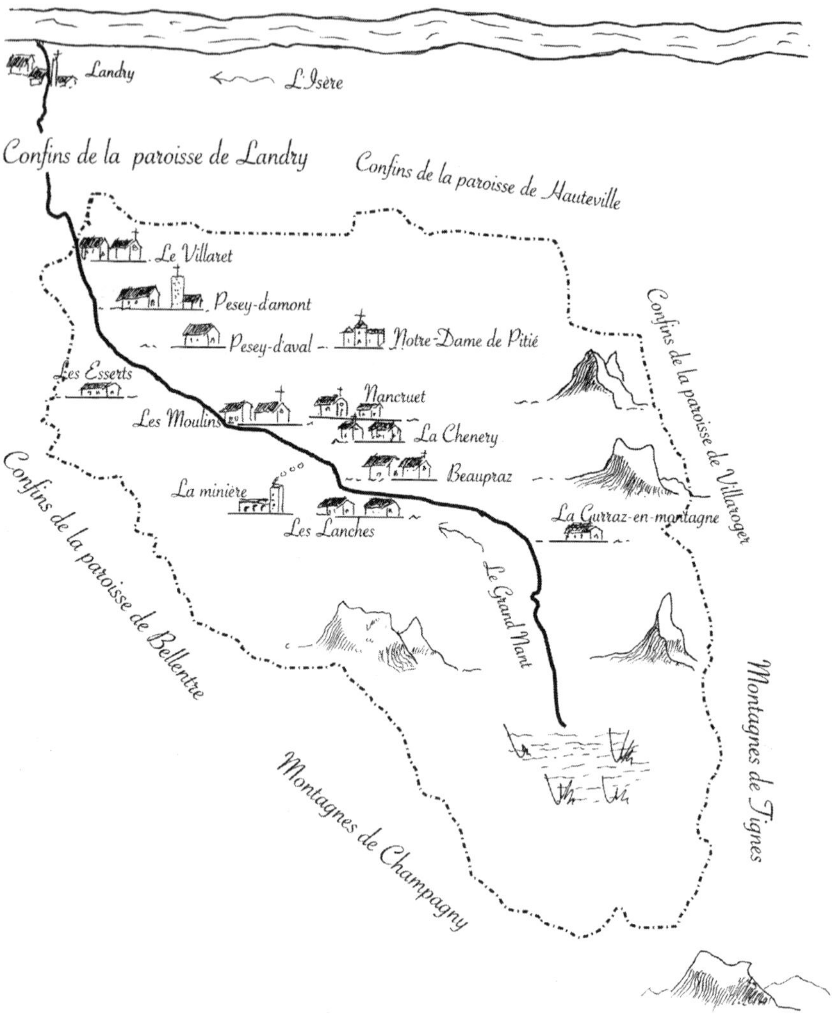


Paroisse de Pesey, XVIII^e siècle.

Localisation de Pesey.

# Premier épisode : 1734-1765

## L'homme au shako en peau de chèvre

# 1.
# Pesey, juin 1734

Augustineo Merlo était bâti comme un jeune taureau ; trapu, massif, charpenté, tout en muscle. Sa tignasse noire, bouclée, lui donnait un air jeune malgré ses trente ans. Ses yeux avaient dû être rieurs il y a bien longtemps, mais aujourd'hui, ils étaient voilés d'amertume et de tristesse. Il était coiffé d'un chapeau de feutre noir à larges bords et portait sur le dos une balle en toile forte fixée sur une armature de bois de hêtre, contenant tout son ménage. Ce jour de juin 1734, il montait le chemin qui menait à Pesey, un village de la province de Tarentaise perché en altitude dans la Savoie montagneuse. Son pas était cependant celui d'un homme décidé à vivre, à réagir contre les vilains tours que la vie lui avait joués jusque-là.

Il avait quitté Pesey douze ans auparavant, croyant quitter l'ennui, le passé, il était jeune, croyait qu'ailleurs était mieux, qu'avant était nul, il entrait dans l'avenir. Il avait franchi le col du Petit-Saint-Bernard avec une troupe de marchands et s'était arrêté dans la vallée de la Sesia en Piémont. Il avait pu s'embaucher à la minière* de cuivre d'Alagna où il avait découvert le travail avec des compagnons, des machines, un salaire à lui, une bourgade qui se donnait des airs de ville, l'indépendance… Son père avait été charpentier, lui était devenu mineur, s'éloignant encore un peu plus de ses grands-parents paysans, un peu plus encore de cette terre, de ces saisons, de cette herbe, de ces bêtes… À la minière d'Alagna, il avait appris les longues journées du mineur, l'angoisse du fond, le plaisir de sortir au jour le minerai* bleuté de cuivre à pleines barelles* ; il avait observé les vieux caporaux renifler le filon, miner les parois dans la bonne direction ; il avait fait l'expérience des dangers de l'eau qui jaillissait soudain des fentes du rocher en jets tumultueux, des craquements sonores roulant de galerie en galerie annonçant les éboulements, du signal des lampes à huile qui s'éteignent les unes après les autres ; il avait appris à calmer l'angoisse des apprentis plongés brutalement dans le noir. Au bout de dix ans, Augustineo était devenu mineur. Puis, pendant les deux années qu'il avait passées aux fonderies de Scopello, un peu plus bas dans la vallée de la Sesia, il avait été brouetteur, puis faiseur de feu, faiseur de lit sur les fourneaux à manche, il avait vu le travail des fondeurs, des coupelleurs*, des affineurs de lingots d'argent.

Mais aujourd'hui, après douze années passées dans la vallée de la Sesia, son village lui manquait ; là-bas, il avait

* Les mots suivis d'un astérisque sont définis dans le glossaire en fin d'ouvrage.

épousé Clara, une fille d'Alagna, morte en couches avec leur premier, leur seul enfant. Il avait juste eu le temps de lui donner un nom, Giacomo, le prénom de son père, juste le temps, à la demande de la famille de Clara, de présenter le corps du petit dans la chapelle San Marco, une chapelle de répit où le prêtre avait fait croire que le petit Giacomo était encore vivant le temps de le baptiser afin d'assurer à cette pauvre petite âme le chemin vers l'éternité des anges en lui évitant le séjour des limbes. Il avait couché Clara et l'enfant dans le petit cimetière d'Alagna, en pleine terre, les corps enveloppés d'un drap blanc cousu, laissant à sa famille l'entretien de la tombe, la neuvaine et les messes anniversaires des trépassés. Le curé avait eu beau lui dire qu'un cimetière était un champ du Seigneur où l'Église semait pour l'éternité, cette épreuve avait laissé Augustineo au bord du chemin de la foi, suspectant désormais en tout homme d'Église une complicité de tromperie sur la vie, sur la vie de sa femme, sur la vie de son enfant. Dans sa douleur, il s'était juré de tourner la page, de quitter cette vallée de la Sesia qui avait pourtant accueilli les espoirs de ses vingt ans, d'oublier cet amour de Clara la brune, ses yeux serpentine et son sourire lumineux qui l'avaient cloué sur place dès leur première rencontre. D'oublier cette nuit d'orage où les éclats se succédaient sans cesse, où les grondements du tonnerre roulaient d'un versant à l'autre de la vallée, couvrant les cris de douleur de Clara, d'oublier aussi la marque de ses ongles qui s'enfonçaient de plus en plus profondément dans son bras à mesure qu'elle quittait la vie. Et avec elle, toutes les femmes, tous leurs regards et leurs sourires qu'il n'était pas loin de soupçonner sources de malheur et de souffrance. Augustineo était devenu un homme seul, un homme solitaire.

Il retrouva facilement la maison de ses parents au fond du village ; le hameau du Villaret n'avait pas beaucoup changé, sauf cette nouvelle odeur écœurante, douçâtre, qui lui rappelait la tannerie d'Alagna. Des chamoiseurs qui travaillaient les peaux de vaches et de chèvres s'étaient installés sur les bords du Dard, déversant dans le ruisseau qui serpentait entre les maisons du Villaret les eaux putrides de leurs bains de chaux et d'écorces de sapin pilées où surnageaient des résidus d'huile de poisson. Il savait que dans la maison, seule sa mère serait là pour l'accueillir. Son père, le vieux charpentier Merlo, était mort deux ans auparavant. Il avait appris la nouvelle par un voiturier du Val de Tignes de passage aux fonderies de Scopello. Après un seul cri tremblant d'émotion, la vieille Baptista accueillit son fils dans une attitude très digne, sans effusion, les épanchements viendraient plus tard, mais Augustineo sentait bien dans le léger tremblement de sa voix que le cœur de sa mère était en éruption. Douze ans qu'elle ne l'avait pas revu ; un homme maintenant, fort, posé, décidé, qui rentrait dans la maison avec toute son histoire, ses peines, ses joies, ses malheurs, les yeux pleins de ses morceaux de vie qu'il avait laissés derrière lui. Elle devina dans son regard la morsure de la solitude qui l'empêcha de lui demander tout de suite des nouvelles de Clara et du petit Giacomo.

Augustineo s'installa dans la maison de ses parents, réapprenant à vivre dans son village. Sa première visite fut pour « oncle » Bartholomée Merlo, un cousin de son père, qui l'accueillit avec beaucoup d'affection. Bartholomée était veuf. Il avait hérité de plusieurs belles pièces de terre, dispersées un peu partout dans la paroisse, aux Roches, à Champadret, à la Croix du Brun et ailleurs encore, qu'il avait acensées à plusieurs paysans. Dans les premières années de leur mariage, Bartholomée et sa jeune femme avaient pris l'habitude d'accueillir dans leur grande maison aux Moulins les gens de passage. Colporteurs, muletiers, marchands de bestiaux, parfois même recors* et sergents de justice y trouvaient un bol de soupe et un garde-paille dans le premier village qu'ils abordaient en arrivant dans cette haute vallée. Après la mort de sa femme, en couches avec leur quatrième enfant, Bartholomée avait aménagé dans la grande maison plusieurs petites pièces pour mieux recevoir ses hôtes, et l'habitude avait été prise, dans le village, de lui adresser tous les visiteurs qui y trouvaient ainsi le gîte et le couvert pour un jour ou deux.

La famille de Bartholomée jouissait d'une grande réputation ; depuis quelques années, il assumait avec trois autres paroissiens la charge de procureur aux œuvres pies pour la construction de l'église de Notre-Dame de Pitié au Plan des Chailles. Augustineo s'en souvenait, avant son départ on parlait beaucoup de ce grand projet : édifier un sanctuaire sur le site d'une source miraculeuse qui avait déjà guéri plusieurs malades, pour accueillir les pèlerins qui n'hésitaient pas à traverser les montagnes pour déposer leurs maux et leurs souffrances entre les mains de la mère douloureuse du Christ. La construction du chœur, de la nef et du dôme était maintenant terminée; l'entreprise avait nécessité beaucoup d'argent et de dons de la part des communiers*. Aujourd'hui, les procureurs devaient organiser le chantier des peintres pour décorer l'intérieur du dôme et les murs. Lucqua Valentino, un maître peintre de la paroisse d'Orta, pays de Milan, s'était engagé dans son contrat à prix-fait* à donner au lanternon du dôme *un color di aria,* à peindre les têtes des chérubins, des feuillages, des fleurages, des frises et même des rabecs* sur les pilastres et les corniches. À eux seuls les décors du dôme étaient un vaste chantier : des cartouches représentant des anges portant les instruments de la Passion et des fleurs répartis en huit quartiers sur trois rangs concentriques. Le peintre s'était même proposé de représenter à la base du dôme les quatre évangélistes et les quatre pères de l'Église. Ce programme de décor tout en feuillage et fleurage convenait fort bien aux procureurs de Pesey, mais voilà, le peintre exigeait que les maçons laissent en place les ponts qu'ils avaient échafaudés pour bâtir le dôme, confectionner les corniches au sommet des pilastres et plâtrer le tout à une trentaine de pieds du sol. Et les maçons, sous la direction de leur maître Pietro Jacchetto, étaient pressés de retourner dans leur paroisse de Riva dans la vallée de la Sesia. Finalement, Bartholomée avait réussi à mettre tout le monde d'accord : les maçons laisseraient les échafaudages en place, les communiers leur paieraient le prix des ais et le peintre démonterait les ponts à la fin de son travail. Un vrai négociateur, ce Bartholomée…

Il avait fini d'élever seul ses trois enfants, tout en s'occupant de sa maison qui n'avait ni nom ni enseigne, mais qu'on avait fini par appeler dans le village « l'auberge à Bartholomée ». Depuis quelques années, il y recevait des pèlerins de plus en plus nombreux attirés par le renom du sanctuaire de Notre-Dame de Pitié. L'aîné de Bartholomée, Laurent, un garçon taciturne et maussade, était devenu meunier dans un moulin que la communauté lui avait affermé après l'avoir racheté à la Confrérie du Saint-Esprit.

Sa sœur, Melchiotte, avait exprimé très tôt le désir de devenir en religion. Son père avait dû vendre quelques journaux* de terre pour payer les frais du noviciat chez les bernardines de Conflans. Et quand elle prononça ses vœux, en 1729, Bartholomée, fier et heureux de donner une fille à l'Église, dut cependant vendre le reste de ses terrains pour constituer une dot qui vînt accroître les biens de la communauté des Filles de la Divine Providence et de Saint-Bernard. Melchiotte Merlo devint sœur Scholastique, religieuse de chœur, revêtit la longue robe blanche, le scapulaire noir, la guimpe et le voile noir du costume des cisterciennes et entra pour toujours dans le silence de la clôture.

Catherine, la dernière fille de Bartholomée, était destinée, selon l'usage, à veiller sur les derniers jours de son père. Encore une enfant quand Augustineo était parti, elle était devenue une belle jeune femme. Elle l'accueillit avec étonnement, une pointe de malice dans son regard et un sourire moqueur.

## 2.
## L'homme au shako en peau de chèvre

Durant les quelques semaines qui suivirent son retour, Augustineo reprit peu à peu contact avec le village, retrouvant les visages, plus ridés, les sourires, moins rieurs, les silhouettes, plus tassées, mais encore familières, qu'il situait sans hésitation, chacun dans sa filiation familiale, s'informant des décès, des mariages, des naissances, tout en les observant avec une certaine distance. Mais son absence de plusieurs années ne l'avait pas fait oublier pour autant.

— Tineo ! Tineo !

Beaucoup l'accueillaient par le surnom de sa jeunesse et de son adolescence. Il s'étonnait de retrouver intactes les amitiés et les aversions qu'il avait laissées douze ans plus tôt, alors que lui avait suivi une route bien différente, mesurant la force de l'adhérence de ses anciens amis et voisins à leur petit coin de vie.

Il alla sur la tombe de son père dans le cimetière entourant l'église ; une simple croix en bois, *Giacomo Merlo, 1652-1732* et quelques fleurs séchées. Il poussa même la porte, un peu par défi, comme pour s'assurer que, désormais, il ne se laisserait plus abuser par les décors, les statues grandeur nature et les ors qui recouvraient l'extraordinaire retable qu'un sculpteur de la vallée de la Sesia avait érigé dans l'église paroissiale, une trentaine d'années auparavant. Pendant plusieurs jours, dans cet automne lumineux, il parcourut la vallée en tous sens, mû par un besoin de retrouver les trajets d'autrefois, les sentiers, les sources, les alpages, la forêt, tous les lieux, les images, les odeurs de son enfance et de sa jeunesse. Curieusement, c'est avec plaisir qu'il retrouvait l'ambiance des montagnettes, des écuries*, des fermes, des granges, lui qui avait quitté sans regret ce monde paysan. Il avait ressenti le besoin, dans sa solitude construite sur plusieurs années d'absence, de retrouver des certitudes oubliées ; celle des heures du coucher du soleil, celle des dangers qui menaçaient les montagnettes en hiver, celle des senteurs poivrées des herbes d'alpage, celle des colères du Grand Nant* qui roulait ses eaux bruyantes au creux de la vallée…

Ce jour-là, fête de Saint-Jean-Baptiste, en arrivant au Pichu, une pente herbeuse au-dessus du hameau des Lanches, il se souvint de cet été chaud et humide, vingt ans auparavant, où une activité inhabituelle avait envahi pendant quelques semaines le haut du Pichu, à la lisière de la forêt. Il gardait les deux vaches de son grand-père sur une parcelle parsemée de petits rochers blancs par la dernière avalanche du printemps. Il avait alors une douzaine d'années, son père était parti cet été-là sur un chantier dans le duché voisin d'Aoste, et il se sentait déjà envahi par l'ennui de cette vie paysanne. Tout en ramassant les pierres et en les réunissant en murgers* le long des limites de la parcelle, il avait entendu de l'autre côté du bois de mélèzes des Chabottes, des voix, des bruits de ferraille, parfois même quelques explosions sourdes. En s'approchant, il avait vu une troupe d'une vingtaine d'hommes qui creusaient une tranchée peu profonde ; il avait reconnu plusieurs hommes de Pesey : Pierre Silvin-Cadere, Maurice à feu Justin Garçon, Claudio Roux, Claude Trésal et encore les deux frères Rey, Jacques et Jean-Baptiste ; il y avait aussi d'autres hommes qu'il ne connaissait pas. Ils creusaient le sol près de la grange des Adornet bâtie à la limite des communaux, sortant des barelles de cailloux qu'ils chargeaient sur des mulets. Tous travaillaient, semblait-il, sous les ordres d'un homme grand, noir de poil, habillé d'une veste en cuir et chaussé de grandes bottes. Il était coiffé d'une sorte de shako en peau de chèvre qu'il portait penché sur le côté pour tenter de masquer son œil gauche fermé, orbite vide, paupière cousue. Même de loin, il apparut alors à Augustineo brutal et rude, aboyant ses ordres, un homme habitué à commander d'une voix forte et d'une main ferme.

Le soir, à la tablée de son grand-père, on ne parlait que de ça ; « ils » auraient trouvé en haut du Pichu une minière de plomb portant quelques onces d'argent. Seuls les jeunes avaient été attirés par cette nouvelle, les anciens, paysans, n'avaient vu aucun intérêt dans ces cailloux qui mélangeaient, disait-on, du plomb et de l'argent. Mais comment les séparer ? Et pour faire quoi ? Ces cailloux, ils avaient eu beau les chauffer dans des marmites de gueuse chez Nicolas Baudin à la Chenery, un hameau proche, c'était resté des cailloux, et des cailloux on en a déjà assez comme ça ici, si ça se vendait, on serait riche depuis longtemps !

Puis, après quelques semaines de curiosité, l'intérêt était retombé, on avait arrêté les travaux à la Saint-Michel Archange, l'homme au shako était reparti, pour Turin disait-on, les mousses et les jeunes mélèzes avaient repoussé sur la modeste tranchée comblée peu à peu par l'éboulement de ses propres parois. Les vaches des Adornet avaient repris possession de leur parcours habituel, et on n'avait plus entendu parler de cette soi-disant minière pendant vingt ans.

Seulement, aujourd'hui, Augustineo savait. Il savait qui était l'homme au shako en peau de chèvre. Dès son arrivée à Alagna, il avait reconnu dans le directeur de la minière de cuivre l'homme autoritaire qui avait dirigé les travaux de prospection à Pesey : Giacomo Lorenzo Deriva. Il avait travaillé sous ses ordres pendant près de dix ans, mais lui, simple mineur dans un effectif de plusieurs dizaines d'ouvriers, n'avait jamais osé évoquer cette recherche menée autrefois à Pesey, d'autant que Deriva avait été alors envoyé officiellement par le bureau des Finances royales de Turin pour faire cette prospection. Son rang officiel, ajouté à son attitude autoritaire avec les hommes, en avait dissuadé plus d'un pour établir le contact…

Une minière à Pesey ? De plomb et d'argent… En tout cas des indices, suffisants pour que les autorités de l'époque déclenchent une recherche, mais pas assez abondants ou de trop mauvaise qualité pour engager une exploitation. Le soir, chez sa mère au Villaret, il se promit d'aller voir sur place ce qu'il restait de ces travaux vingt ans après.

Simplement pour voir…

## 3.
## Pesey, octobre 1734

Claudio Roux profitait du soleil qui éclairait encore les toits du village des Moulins. Dans quelques jours, il resterait caché derrière la montagne pour plusieurs semaines, plongeant le village dans un froid bleuté. Les toits se couvriraient d'abord d'une fine gelée qui resterait blanche jusqu'à la nuit, puis, jour après jour, d'une épaisse couche de neige. Les écuries deviendraient accueillantes, chaudes, où les hommes se rassembleraient volontiers quelques moments dans la journée. Pour l'heure, il était encore temps de regotoyer* le toit de sa maison, de replacer les écoupeaux* en les inversant, de changer ceux que l'humidité chaude de l'été avait corrompus. Il taillait chaque pièce à la hache, puis montait les installer une à une sur le toit. De loin, il vit arriver Augustineo qui s'engageait au sommet de la ruelle. Il savait qu'il était revenu après plusieurs années d'absence, mais les deux hommes ne s'étaient pas encore revus. Bien qu'ils aient le même âge, ils n'avaient pas grandi ensemble, chacun ne s'éloignant guère des parcelles de terre familiales, lui autour des Moulins, Augustineo autour du Villaret. Ils s'étaient croisés parfois à la fête de Saint-Loup ou à la Sainte-Catherine, patronne de la paroisse.

— Oh ! Tineo ! J'ai su que tu étais rentré. Ça faisait un temps…

— Oui, douze ans…

— Je me souviens que tu ne voulais pas rester.

— Oui, j'ai fait mineur à Alagna, puis sur les fours à Scopello, dans la vallée de la Sesia. Ouvrier, quoi ! Mais, dis-moi, toi aussi, tu as été un peu mineur à Pesey, il y a vingt ans.

Devant l'air interrogateur de Claudio, Augustineo reprit :

— Oui, en haut du Pichu, tu te souviens, avec Pierre Silvin, Maurice de Justin Garçon, les frères Rey…

— Oh ! ça n'a pas duré longtemps, on a gratté, mais ça n'a rien donné.

— Tu pourrais me montrer l'endroit où vous avez creusé, tu t'en souviendrais ?

— Pour ça, oui ! Pourquoi ? Tu veux prospecter ?

— Je sais pas encore. Faut voir. Alors, on peut y aller ? Demain ?

— D'accord, un peu avant midi, on se retrouve au pont romano…

Le lendemain, ils firent route ensemble en rive gauche du Grand Nant jusqu'à la passerelle qui enjambait le ruisseau de l'Arc. De là, ils montèrent à travers champs en suivant la rive du torrent qui dévalait la montagne depuis l'alpage de l'Arc. Le froid matinal avait déposé sur ce versant nord une pellicule de givre qui soulignait d'un liseré blanc chaque arbuste, chaque touffe d'herbe crissant sous leurs pas. On entendait une bande de grandes corneilles noires se chamailler dans les bois restés dans l'ombre.

— C'est là, dit Claudio en s'arrêtant au bout d'une vingtaine de minutes de marche.

Avec son pied, il brisait la fine couche de givre, dévoilant un tapis ocre d'aiguilles de mélèzes tombées sous le vent d'automne. Augustineo eut du mal à repérer la trace d'une tranchée ; seule l'ombre portée par le relief blanchi laissait deviner dans le jeune mélézin un vague sillon qui longeait le torrent en direction de la montagne, vers le sud.

— On a gratté sur trois pieds de profondeur, pas plus, sur une cinquantaine de toises*. Regarde, on peut en trouver encore, dit-il en ramassant quelques blocs.

Augustineo comprit tout de suite pourquoi Deriva avait abandonné les recherches : dans les blocs que lui montrait Claudio, les traces de mine* étaient vraiment très faibles, enchâssées dans la gangue. Il avait vu, à la fonderie de Scopello, les bocambres* broyer les blocs pour les réduire en sable : la mine était beaucoup plus apparente. Mais là, ce que lui montrait Claudio, c'étaient des cailloux dans lesquels ne brillaient que d'infimes traces argentées dans de maigres filets gris. Des masses de matières à bocarder* pour jeter beaucoup de stérile et garder bien peu de mine ! Une minière bien pauvre, trop peut-être pour justifier une exploitation…

Mais il y avait autre chose qui paraissait bizarre à Augustineo quand ils longèrent les restes de ces anciens travaux : la tranchée suivait le cours d'eau, comme si ruisseau et filon obéissaient à la même histoire. Son expérience de mineur à Alagna lui avait appris que la surface et le sous-sol n'étaient pas toujours liés, les vieux mineurs ne se fiaient pas à l'une pour trouver l'autre.

— Pourquoi les travaux se sont-ils arrêtés là ? demanda-t-il à Claudio.

— On ne trouvait plus rien, et le *signore* Deriva a décidé de tout arrêter, il disait qu'on perdait notre temps…

Augustineo regarda autour de lui ; la pente du terrain venait buter au pied d'une paroi de roche jaune, friable comme celle du Barmaÿ au-dessus de Beaupraz, une paroi qui marquait la limite des communaux. C'est là, pensa-t-il, qu'il fallait chercher ce filon, au contact de ces deux roches… Ça ne servait à rien de suivre le ruisseau… Une évidence qui soudain rendait possible ce vague projet qui lui trottait dans la tête depuis son retour à Pesey : prospecter à partir des indices de mine mis à jour, vingt ans auparavant, en 1714, en mettant à profit toute son expérience de mineur. Ne plus se fier au relief du terrain. Oublier la pente, le versant, le ruisseau, les arbres. Penser sous-sol et fouir comme la taupe aveugle qui s'oriente avec son museau sensible… Prospecter à partir d'une galerie d'où il pourrait comprendre les roches, leur direction, leur inclinaison. Repérer celles qui enserrent le filon minéral*. Renifler la mine comme les vieux mineurs le faisaient pour le cuivre d'Alagna. Avec un peu de chance, il pourrait devenir, lui, Augustineo, fils de feu Giacomo Merlo, habitant le Villaret, paroisse de Pesey, il pourrait devenir le vrai découvreur d'une minière de plomb et d'argent et jouir de tous les avantages que les Royales Constitutions réservaient aux sujets de Sa Majesté en pareil cas : une récompense proportionnée aux soins et aux peines qu'il se serait données et aux frais qu'il aurait faits pour découvrir la minière, et surtout un pourcentage sur les profits qu'on en tirerait annuellement.

Le soleil était déjà passé derrière la crête quand les deux hommes redescendirent vers le village des Moulins, inondant de lumière les alpages de l'adret et laissant le froid couler sur l'envers resté dans l'ombre. Un vent froid descendant des sommets entraînait les filets bleutés des quelques cheminées allumées dans le village de Nancruet. Ils se séparèrent, chacun gardant une image différente de cette petite virade. Pour l'un, on avait remué des souvenirs vieux de vingt ans, qui n'avaient mené à rien, il oublierait vite, retournant aux tâches les plus urgentes : les réparations du toit, le ménage du soir des deux vaches, finir de remplir le coffre à grains avec l'orge de l'automne et le seigle tardif… Pour l'autre, une promesse, un projet qui se formulait plus clairement, mais aussi qui soulevait beaucoup d'obstacles, de questions, d'incertitudes…

## 4.
## Pesey, novembre 1734

La maison de maître Costerg était située en dessous du Grand Chemin qui conduisait au village de Pesey d'amont. Elle ne comprenait pas moins d'une cuisine, une grande pièce faisant poële*, une cave, trois chambres et un galetas. Notaire royal et collégié, maître Costerg recevait dans la grande pièce, aidé de son fils qui, installé devant une fenêtre haute ouvrant sur la lumière du couchant, recopiait fidèlement tous les actes passés par son père : « *contrats établis à tout ce qu'il appartiendra en présence des témoins à ce requis et bas nommés* », ventes de terrains conclues « *n'étant contraint, séduit ni suborné de personne* », prêts que l'on promettait de rembourser « *sur tous ses biens présents et advenir à peine de tous despens, dommages et intérests* », « *testaments nuncupatifs, inter liberos, olographes ou en faveur de la cause pie* », successions « *viri et uxoris* », héritages « *ab intestat* », legs « *tanquam corpus loco circumscriptum* », inventaires, partages, transactions diverses que les parties font « *touchant les Saintes Écritures et après avoir déclaré pour la seule vérité en cette part comme si elles étaient par devant leur juge compétent* »... Le secrétaire-fils recopiait tous ces actes sur des papiers timbrés à l'effigie de l'Aigle de Savoie couronnée et entourée du collier de l'Annonciade, tarifés à quelques sols* ou à quelques deniers, pour les insinuer, selon les dispositions de Sa Majesté sarde, dans le tabellion* du bourg de Saint-Maurice. Des actes rédigés dans une langue alambiquée, d'apparence savante, parsemée de mots latins, que le notaire était obligé de traduire en mots simples à ses interlocuteurs pour s'en faire comprendre, mais qu'il s'empressait de compliquer dès lors qu'il les écrivait... Les compatriotes d'Augustineo, très portés sur les actes notariés, faisaient le bonheur et la bourse des notaires de villages...

Néanmoins, malgré sa répulsion devant ce galimatias, c'est auprès du notaire qu'Augustineo avait décidé de se renseigner sur les démarches qu'il aurait à faire. Qui était mieux placé en effet que maître Costerg – qui plus est domicilié à Pesey – pour connaître les lois, décrets, arrêtés, édits ? Pour savoir les droits de la couronne sur le sous-sol et les minières et les privilèges réservés à son vassal le seigneur marquis Chabod sur les terres du mandement de Saint-Maurice ? Le notaire Costerg lui dirait aussi à quelle instance il aurait affaire, de l'intendant de Tarentaise à Moustier, du Sénat de Savoie à Chambéry ou de la Cour des comptes de Turin… Augustineo savait que le roi de Piémont Sardaigne avait réglementé, par ses Royales Constitutions, la prospection et l'exploitation des minières dans son royaume. Bien sûr, avec les garçons de sa génération, il avait appris à lire et à écrire à l'école de Pesey qui fonctionnait l'hiver sous la houlette du régent, le révérend Trésal ; cela lui avait permis de signer son nom sur le registre des salaires quand d'autres n'y apposaient qu'une croix. Mais de là à lire les Royales Constitutions et les manifestes de Sa Majesté…

En tant qu'ouvrier mineur, il ne s'était jamais intéressé à ces questions. Propriétaire ? Exploitant ? Droit de seigneuriage ? Comment fait-on pour déclarer la découverte d'une minière ? Quels seraient ses droits, ses obligations ? Devrait-il payer des taxes ? Et à qui ? Et voilà qu'aujourd'hui il était obligé de se les poser. Et puis, ce n'était pas avec les petites économies qu'il avait rapportées du Piémont qu'il pourrait payer tous les frais : les mulets, les outils et ustensiles, les armements et bois d'étançonnage, les ferrements, la poudre et peut-être même les journées de deux ou trois compagnons pour commencer. Fallait-il s'associer avec d'autres pour réunir les premières sommes ? Avec qui ? Toutes ces questions lui laissaient entrevoir un monde qui lui donnait un peu le vertige, un monde abstrait, mais qu'il pressentait bien réel et qu'il lui fallait affronter. Et surtout un monde très éloigné du village…

Le « secrétaire-fils » du notaire vint lui ouvrir la porte et le fit entrer dans la grande pièce dont le mur du fond, sombre, était meublé de quatre armoires hautes en bois de noyer remplies de livres, extraits, grosses, rouleaux, règles, écritoires et semblables choses qui servent à rendre officiels et authentiques les actes passés par le notaire. Le long des murs étaient disposés des coffres garnis de recueils et de parchemins. Au plafond, de gros crochets de fer retenaient des sacs en toile de jute d'où dépassaient pour certains quelques feuillets. Le feu soutenu qui brûlait dans la cheminée peinait contre le froid ambiant. Maître Costerg était assis face à une grande table en noyer, vêtu d'une houppelande en drap de laine dont le col et les manches étaient bordés des restes d'une ancienne fourrure. Une lampe à huile qui charbonnait de temps à autre jetait des lueurs mouvantes sur une statuette de saint Yves revêtu de son lourd manteau ourlé d'hermine, veillant sur ce membre de la confrérie des notaires et magistrats. Maître Costerg prit le temps de finir ses écritures avant de lever les yeux sur Augustineo. Celui-ci se découvrit, plus par respect du lieu qui conférait aux écrits la légitimité des actes officiels que pour l'homme qui les rédigeait.

— Qui êtes-vous ? demanda maître Costerg.

— Hugues Augustineo fils de feu Giacomo Merlo, habitant du Villaret dans cette paroisse.

Et il ajouta, pensant que ce pouvait constituer une recommandation utile :

— Je suis parent avec honorable Bartholomée Merlo.

— Bien. Que puis-je pour vous ?

Augustineo raconta brièvement ses douze années d'ouvrier mineur en Piémont, son retour à Pesey, son souvenir des travaux de recherche menés il y avait vingt ans au Pichu, son projet de prospecter un peu plus haut…

Le notaire l'écouta sans l'interrompre. Chaque interrogation d'Augustineo l'éloignait un peu plus de son ordinaire limité aux affaires entre propriétaires, paysans, artisans, boutiquiers : des ventes de parcelles, des héritages, des prêts entre particuliers. Il n'avait jamais traité d'affaire concernant les minières, le sous-sol. Là, il était question des pouvoirs du prince et des privilèges du seigneur, de taxes et de droit de seigneuriage. Ces questions requéraient des réponses à un sujet de Sa Majesté, habitant sur les terres du seigneur marquis Chabod de Saint-Maurice et non pas simplement à un manant de la paroisse de Pesey. Mais un petit signal avait déjà retenti dans le cerveau de maître Costerg. Ce garçon semble décidé à prospecter une minière, pensa-t-il. Et pourquoi pas ? Il aura besoin de renseignements, d'argent, de recommandations…

— Mon ami, à ce que je vois, votre projet semble fort intéressant et il sort de l'ordinaire. Je dois cependant vous mettre en garde. Vous connaissez l'adage : en creusant le sein de la terre, on creuse souvent le tombeau de la fortune ! Toutefois, il me semble que c'est d'abord une affaire administrative et je crains de ne pas vous être fort utile. Vous devriez demander à monsieur l'intendant de Tarentaise, à Moustier, l'autorisation de prospecter les minières dans la province, il vous donnera la marche à suivre pour déclarer la découverte de votre minière. Mais il y a autre chose. Vous m'avez dit que cette minière pourrait se situer sur des terrains communaux...

— Oui, c'est ce que je crois, au-dessus des parcelles du Pichu...

— Il faudrait en être sûr. Car, voyez-vous, si vous excavez sur la parcelle d'un particulier, il vous faudra son accord, et si votre minière est ouverte sur les terrains communaux, ce sera au syndic et aux conseillers de Pesey d'en décider avec l'accord du châtelain du seigneur de Saint-Maurice.

— Les frères Adornet, ils connaîtront bien les limites de leurs parcelles.

— Pourquoi n'allez-vous pas demander au syndic de Pesey ? Il vous aiderait à situer votre minière sur la mappe qui vient juste d'être achevée.

La mappe ? Ah ! Oui, ce nouveau cadastre. En parcourant les sentiers de la commune, quelques jours auparavant, il avait rencontré du côté du mas des Mérieux un petit groupe de personnes en pleine discussion. Il y avait là Jean-Baptiste Richerme, ses deux fils et François Garçon ; ils étaient accompagnés par deux hommes qui portaient, suspendue à leur cou, une tablette en bois sur laquelle ils dessinaient et écrivaient.

Jean-Baptiste expliqua à Augustineo qu'ils délimitaient leurs biens pour lever un nouveau cadastre. Les propriétaires mitoyens avaient été priés de venir sur place pour fixer d'un commun accord les confins de leurs parcelles respectives, aidés par un mesureur armé d'une grande chaîne en laiton, qui notait les distances en trabucs*, une mesure de longueur en usage dans le Piémont. Le trabucant était accompagné d'un estimateur qui appréciait la nature du produit des parcelles et leur degré de bonté.

— Vous faites ça sur toutes les parcelles de la commune ?

— Sur toutes, sans exception, lui répondit le trabucant. Et on les dessine sur un plan.

C'était donc ça, cette mappe : un cadastre pour lever un nouvel impôt, pensa Augustineo.

— Non pas un nouvel impôt, Tineo, lui dit le syndic tout en déroulant devant lui un grand rouleau d'un papier solide collé sur une forte toile de lin. Un impôt plus juste que la taille, pour que chacun paie selon ce que produit son terrain.

Ils s'étaient donné rendez-vous dans la maison commune, un beau bâtiment dont la porte encadrée de pierres de tuf taillées accueillait le visiteur montant vers le village de Pesey d'amont.

Augustineo découvrit le plan avec étonnement. Malgré les explications du syndic, il ne comprenait pas comment on pouvait dessiner à plat le relief accidenté qu'il connaissait bien : les sommets englacés, les pierriers et rochers, les alpages perchés en altitude, l'adret qui descendait en pentes fortes jusqu'au Grand Nant, les ravines du Nant Feissons et du Poncet, le village des Moulins niché au pied de la forêt de Grand Bois, le Villaret posé en balcon face à la Corbassière. Un pays où les replats étaient rares et dont les trajets se mesuraient en temps de marche et non pas en trabucs…

— Tu vois, pour qu'on s'y retrouve, ils ont dessiné les torrents en bleu, les places de culture en marron avec des rayures comme si elles étaient labourées et piochées, les prés à faucher et les pâtures en vert, et même pour les forêts, ils ont dessiné des petits sapins avec leur ombre. En gris et noir, les rochers et les pierrailles…

— Et ces petites taches rouges ? demanda Augustineo.

— Les bâtiments, les maisons, les granges, les chapelles…

Augustineo avait du mal à mettre derrière ces dessins les paysages qu'il connaissait. Pas facile de se repérer. Il demanda au syndic de lui montrer où était représenté le Pichu.

— Voilà. Le Grand Nant est là, il coule dans ce sens. Et le nant de l'Arc, c'est celui-là. Et le chemin qui vient du pont romano est là.

Cette fois, ayant repéré le sens de la pente, il put suivre du doigt sur le papier le chemin qu'ils avaient emprunté, Claudio et lui, la semaine précédente : la traversée du nant de l'Arc, la montée le long du ruisseau, les anciens travaux. Il était facile de voir que les parcelles venaient buter contre la pente et que la galerie qu'il voulait creuser se situerait au-dessus, là où, sur le plan, la mosaïque des parcelles laissait la place à un espace qui semblait vide, non occupé, où seules quelques ombres vertes et noires figuraient les rochers, où quelques silhouettes d'arbres ombrées suggéraient la forêt.

— Là, on est sur les terrains communaux, lui dit le syndic. Les communiers t'autoriseront à y travailler.

## 5.
## Pesey, juillet 1735

Ce jour-là, dans la maison du Villaret, Augustineo partageait une soupe de fèves avec la vieille Baptista. Il regarda sa mère avec attention. Elle lui sembla plus lasse qu'à l'accoutumée, ses gestes étaient incertains, son pas plus court, en remontant de l'écurie où elle avait été traire les deux chèvres, elle avait dû s'arrêter sur une marche au milieu de l'escalier en pierre pour reprendre son souffle.

— Tu devrais te reposer, M'ma, lui dit Augustineo, tu as gardé les chèvres, le mulet, les deux jardins où tu remontes la terre avant de la piocher, le pré à faner ! Tu devrais t'arrêter.

Baptista posa son assiette et répondit dans un souffle :

— Tu sais, si je m'arrête de travailler, je pense.

Un souffle qui explosa dans la tête d'Augustineo. Fallait-il vraiment payer ce prix pour vivre de la terre ? Travailler durant des journées interminables, courir sans cesse de la maison à l'alpage, redescendre pour les foins, remonter pour la traite ? Surtout ne pas s'arrêter, sous peine de penser !

Le temps était à l'orage et le tonnerre roulait déjà du côté de l'alpage de la Plagne où le ciel s'était rapidement encombré de nuages lourds, d'un gris de plomb. Bientôt ce fut un rideau de pluie qui couvrit toute la paroi des Dames du Midi. Quelques gouttes de pluie, larges et chaudes, commençaient à tomber au Villaret quand ils entendirent le son rauque et répété de la Sarrasine, la vieille cloche qui, depuis le haut clocher de l'église, sonnait les heures sombres, annonçait les dangers et convoquait tous les hommes valides. Incendie ? Attaque de brigands ? Invasion ? Éboulement ? Cette fois, ce devait être pour annoncer l'orage que le vieux Jean Maurice Trésal sonnait la Sarrasine. Augustineo se précipita sur le chemin qui conduisait à l'église, bientôt rejoint par une dizaine d'hommes du Villaret. Le syndic et quelques conseillers, déjà sur la place au pied de l'église et entourés par plusieurs habitants de Pesey, donnaient les premières informations et les premières consignes : le Grand Nant, le nant Tumelet, le nant Feissons avaient débordé, la Gurraz-en-Montagne avait été, disait-on, recouverte par un torrent de boue et de rochers, le pont de Beaupraz avait été emporté, le plus urgent était de protéger le village des Moulins. Chacun y allait de ses peurs et de ses craintes, le souvenir, vécu ou raconté, du débordement du nant Poncet, cinquante ans auparavant, était encore présent dans les esprits. La pluie et le tonnerre avaient été alors si terribles que tous se croyaient perdus, il était tombé près de six pouces de grêle, des grains gros comme des noisettes, tous les habitants de Nancruet avaient dû débagager et une bonne partie des maisons avaient été englouties par une énorme coulée de rochers et de boue. Aujourd'hui encore, en piochant les champs on trouvait des pierres de cheminées au ras du sol. On avait même dû reconstruire la chapelle de la Chenery, Sainte-Marguerite, à l'abri du torrent. Pourtant, pensa Augustineo, cette sainte Marguerite, avec son aventure dans le ventre d'un monstre marin, était censée protéger les habitants des inondations ! Ça n'avait pas marché, mais il n'osait pas le dire publiquement.

Avec précipitation, les hommes se munirent de pics à bois, de haches et de scies, de pelles et de pioches, de cordes et de chaînes. Il fallait construire des barrages de troncs d'arbres et de pierres en rive gauche du Grand Nant pour protéger les biefs qui alimentaient les moulins de la confrérie du Saint-Esprit et le battoir à chanvre. En arrivant sur la berge du Grand Nant en furie, roulant des eaux grises et visqueuses, ils constatèrent que le pont avait été emporté. Pas une seule des énormes billes de mélèze, qui avaient été jetées deux ans auparavant entre les deux rives, n'avait résisté. Quelques hommes du village étaient déjà remontés jusqu'au pont romano pour redescendre de l'autre côté de l'eau. Le vieux pont en pierre avec sa grande et haute arche avait tenu bon. Très vite on abattit plusieurs troncs et l'on construisit des barrages qui forcèrent le courant à rejoindre le lit du Grand Nant. La nuit tombante rendait le spectacle encore plus sinistre, et dans le crépuscule on entendait sans les voir les rochers roulés par le courant, qui se heurtaient les uns contre les autres et parfois ébranlaient le sol sous les pieds des villageois qui s'étaient prudemment retirés sur les berges hautes.

Le lendemain matin, le ciel était limpide. Le froid avait semé une fine couche de neige sur les sommets, mais la forêt restait encore très verte. Seuls les alpages commençaient à prendre une teinte dorée, annonçant les premières gelées en altitude. L'orage de la veille semblait avoir tout lavé et redonné ses couleurs vives au paysage. Avant même le lever du soleil, on était nombreux aux Lanches, à Pré Envers, aux Bettières, à Pierre Blanche pour constater les dégâts. Des chemins obstrués par les monceaux de rochers et de laves boueuses qui commençaient à sécher, tout au long du lit du Grand Nant, des dizaines de parcelles de prairies recouvertes de graviers et de boues craquelées, des troncs d'arbres jonchaient les prés, le lit du Grand Nant lui-même avait été déplacé, dévoyé par ses propres déjections. L'accès au hameau de la Gurraz était rendu difficile par une haute coulée de boue et de rochers. On était inquiet pour le vieux Pantaléon Anxionnaz, un homme notoirement pauvre pour ne pas avoir une vache, qui ne quittait sa maison de la Gurraz que pour vivre à Pesey les mois les plus froids de l'hiver. Plusieurs hommes avaient atteint le hameau et s'activaient pour déblayer les maisons. Aux Bettières, à Vigerand, l'eau avait envahi plusieurs chalets, noyant les bêtes dans les écuries.

Durant les jours qui suivirent, la commune connut une agitation inhabituelle. Le vieil Anxionnaz fut extrait des décombres de son chalet et rapatrié dans sa maison de Pesey d'aval. Blessé à une jambe, il en garderait pour toujours une forte claudication. Très vite, le syndic et les conseillers contraignirent tous les habitants à concourir avec leurs bêtes de charge aux réparations des ponts de Beaupraz et des Moulins et des chemins ruinés par les débordements. Le châtelain du seigneur de Saint-Maurice autorisa à prélever les bois nécessaires dans la forêt sous la surveillance du garde-bois. Instruit par cet événement néfaste, on dut surélever les culées des ponts pour échapper aux prochaines furies du Grand Nant. Les chemins furent tracés dans ces nouveaux reliefs. Tout fut remis dans l'ordre avant les grands froids.

Dans la semaine, plusieurs comparsonniers propriétaires vinrent à la maison commune pour réclamer une révision de la valeur de leurs parcelles retenue par l'estimateur du nouveau cadastre. Les quelques chalets détruits n'étaient pas une grande perte, d'autant que les maisons n'étaient pas soumises à l'impôt ; au printemps prochain, moyennant quelques journées de travail collectif, elles seraient reconstruites et accueilleraient à nouveau la tramée* des hommes et des bêtes dans les montagnettes. Mais la destruction des parcelles était autrement plus grave. Monsieur l'intendant de Tarentaise dépêcha le sieur Secundo Antonine Rascha, le géomètre en charge de la mappe de Pesey, qui, flanqué du trabucant et de l'estimateur, parcourut en deux journées toutes les terres ruinées pour affecter une nouvelle valeur au produit des parcelles. Au total, ce furent plus de cinquante journaux qui n'étaient plus d'aucun produit. Puis on entra dans le détail, communier par communier. C'était le montant de l'impôt futur qui était en jeu, les discussions furent âpres. Pour l'un, c'étaient ses prés à faucher aux Lanches, sur la rive gauche :

— Vous avez classé mes parcelles en foin de bœuf à quinze sols le quintal*, aujourd'hui, elles ne valent même plus pour produire de la blache* !

On les lui reclasse en foin de marais à douze sols.

Pour l'autre, l'estimateur avait classé ses places de culture en dessous des Moulins dans la catégorie « bled seigle » à seize sols le bichet :

— Elles ont été toutes engravelées, je ne pourrai rien y cultiver !

On les porte au registre en landes et broussailles, il pourra en tirer au mieux deux deniers par fascine.

Augustineo se renseigna discrètement auprès du trabucant : non, le haut du Pichu n'avait pas été touché, le nant de l'Arc avait bien grossi, mais il n'avait causé aucun dégât.

En revenant au Villaret, Augustineo perçut tout de suite que ce jour ne serait pas comme les autres. Par la porte de l'écurie restée ouverte, il entendit bêler les chèvres, des voisines étaient attroupées devant l'entrée de la maison, la mine grave.

— On l'a trouvée dans l'écurie, près des bêtes, elle n'a pas eu le temps de finir la traite… On l'a portée jusque dans la chambre.

Sa mère était allongée sur le lit, déjà dans une posture de gisante. Augustineo s'effraya de ne pas ressentir de chagrin comme cela aurait dû être le cas en pareille circonstance, le plus urgent étant de faire taire ces chèvres qui bêlaient en bas comme des pleureuses. Et puis il fallait prévenir Bartholomée, il s'occuperait du curé, des funérailles. En fin d'après-midi, le glas commença sa longue plainte du pardon lancée depuis le clocher de l'église, relayant la petite cloche de la chapelle Saint-Pierre qui avait averti plus tôt voisins et amis habitants du Villaret.

Le lendemain, le pas lourd et lent du cortège funèbre montant vers l'église ne s'interrompit que le temps d'une halte sur la pierre des morts. La funèbre procession ne cessait de lui rappeler cet autre rythme qui avait accompagné à Alagna les funérailles de Clara et de leur petit Giacomo. Entouré de Bartholomée et de Catherine, Augustineo revoyait sa propre enfance, les moments de tendresse avec sa mère, qui restaient enfouis dans son plus jeune âge, dans les premiers apprentissages de sa vie, il en gardait des impressions de douceur et de chaleur, et c'est là que se nichait la douleur du décès de sa mère, c'est là qu'il devrait construire son deuil. En grandissant, son père l'avait initié à son métier de charpentier, lui avait appris les gestes et les outils, mais il travaillait sur des chantiers, chez les autres, il n'avait pas d'atelier. Sa mère, restée dans le sillage de ses propres parents, lui avait fait partager toutes les tâches paysannes au fil des mois et des saisons, mais Augustineo était resté sans enthousiasme, sans passion pour les champs, sans amour des bêtes, sans intérêt pour les récoltes. Il était sorti de l'enfance sans projet, sans futur, quand ses amis écrivaient déjà leur avenir. Pierre deviendrait maréchal-ferrant, Jean-Baptiste, Claudio et Ambroise continueraient à travailler les parcelles de leur père, Antoine les avait quittés pour le Petit puis le Grand Séminaire et deviendrait curé d'une paroisse alentour, Martin irait rejoindre son oncle François parti dans les Allemagne faire le commerce des draps. Mais lui, Augustineo, fils d'un artisan charpentier et d'une mère cultivatrice, n'avait pu se décider. Il comprenait maintenant que son départ pour le Piémont était moins dû à son rejet de la vie paysanne qu'à son incapacité à trancher alors parmi les choix qui s'offraient à lui. La vie avait décidé pour lui, il était devenu mineur. Le décès de sa mère était le dernier acte de son enfance. Aujourd'hui, c'était décidé, il ouvrirait une mine à Pesey.

Le lendemain de l'enterrement, à la tombée du soir, alors qu'il rentrait pour apprendre à vivre seul dans le silence de la maison devenue trop grande, Augustineo passa devant l'échoppe de Joseph Dupraz, le sabotier. Sa sœur, Jeanne Marie, était sur le seuil de la porte.

— Si tu as besoin, on peut t'aider, lui dit-elle dans un sourire affectueux.

Elle avait cherché son regard, clairement, pour lui dire qu'elle partageait sa peine.

Augustineo vendit les chèvres et les deux lopins de terre à potager. Désormais, quand il aurait épuisé les réserves de grains, de fromage, de pain d'orge et d'avoine cuit par sa mère pour l'année et de viande séchée, qui restaient dans la maison, il devrait acheter de quoi vivre. C'était peut-être ça, pensa-t-il, être paysan, c'est manger ce qu'on cultive, et être ouvrier, c'est acheter ce qu'on mange… Ce n'était pas un mode de subsistance nouveau pour lui. À la Sesia, c'était comme ça qu'il vivait : il touchait le salaire de son travail.

Il garda le mulet, la maison et les deux journaux de pâture et de prés à faucher.

## 6.
## Pesey, septembre 1735

Alors qu'Augustineo déambulait entre les étals du petit marché qui se tenait habituellement le dimanche au pied de la montée de l'église, sous de modestes halles soutenues par deux grosses colonnes maçonnées, le fils-secrétaire aborda Augustineo ; maître Costerg le priait de venir à son étude dès que possible.

— Mon ami, monsieur l'intendant a bien voulu me renvoyer, par le pedon* arrivé hier de Moustier, la supplique que nous lui avions adressée, accompagnée de sa réponse. Je vous la lis (Augustineo se demanda pourquoi le notaire lui donnait du « Mon ami »...). « *Vu la requête cy-jointe, nous disons que le suppliant est autorisé à prospecter les minières dans la province de Tarentaise.*

*Disons également que le suppliant devra, en cas de découverte, en informer le présent bureau pour qu'il puisse en alléguer devant le magistrat dans les termes portés par les Royales Constitutions.*

*Moustier, le 16 septembre 1735*

*Signé pour l'intendant de Tarentaise empêché, Sylvestre, secrétaire.* »

— Ça veut dire que je peux commencer à excaver ? demanda Augustineo.

— Oui, et il vous faut garder précieusement cette lettre, elle est la preuve que les fonctionnaires de Sa Majesté vous autorisent à prospecter et, en cas de découverte d'une minière, que vous en êtes l'auteur. Mais ce que monsieur l'intendant ne dit pas et qui va de soi, c'est que vous devez tenir informé le seigneur de Saint-Maurice de vos projets.

— L'accord du syndic et des conseillers de la commune ne suffit-il donc point pour travailler sur des communaux ?

— Voyez-vous, mon ami, la culture d'une minière donne lieu à un droit de seigneuriage à payer aux royales Finances ou au seigneur si celui-ci est investi du droit des minières. Allez donc voir le châtelain du seigneur Chabod, il vous renseignera.

Et comme pour signifier la fin de cet entretien, le notaire ajouta :

— Vous devez me payer huit sols pour le pedon.

Je n'en ai donc pas fini de ces formalités, pensa Augustineo en posant les huit sols sur la table du notaire.

Le châtelain du seigneur Chabod était installé dans le bourg de Saint-Maurice, dans une maison de la grand'rue montant vers l'église. Augustineo était descendu le matin à l'aube avec un voisin qui menait un mulet chargé de fromages. Il se faisait dans cette rue un grand commerce en miel, fromages, cuirs, pelleteries, mulets, poulains, génisses, chèvres et moutons. Le sieur Pillet, un chevalier de bonne maison, tenait son officine à l'étage ; la pièce était pleine de gens qui attendaient d'être reçus, venant des paroisses alentour, profitant de ce jour de marché pour régler leurs affaires avec le châtelain : différends entre voisins, vols de bétail, injures, coups. Le sieur Pillet ne pouvait pas juger ces affaires, mais il pouvait tenter de les régler en entendant les parties. Par contre, il avait la réputation d'être intraitable pour faire rentrer gabelle, taille, banalités et autres subsides extraordinaires dans l'escarcelle du seigneur Chabod, marquis de Saint-Maurice.

— Ah ! Non, vous ne pourrez pas vous entretenir avec Son Excellence. Il est à la cour de Turin, mais il m'a fait l'honneur de gérer les affaires de Sa Seigneurie sur place. Je vous écoute.

Augustineo comprit que sa recherche n'intéresserait pas beaucoup le marquis. Oui, il avait des tâches beaucoup plus importantes, il était lieutenant général de l'infanterie de Sa Majesté. Oui, il détenait le droit des minières, mais il ne croyait pas à l'avenir de cette industrie. Oui, vous pouvez gratter sur les terres de la communauté de Pesey, il n'est point nécessaire de vous le signifier par écrit.

Voilà un discours qui me laisse le champ libre, pensa Augustineo.

Il consacra les jours suivants à organiser son chantier. Il pourrait commencer en octobre et se donnait tout l'hiver pour prospecter. D'après ce qu'il avait vu des anciens travaux, le gîte prenait une orientation du levant vers le couchant, une galerie d'une quinzaine de toises de longueur orientée du nord vers le midi devrait être suffisante pour recouper le filon et le localiser. Il attaquerait à la jonction entre le socle dur et ce rocher jaune et friable, une zone fracturée où l'excavation ne devrait pas être trop difficile. S'il avait décidé de mener seul ces travaux, ce n'était pas seulement pour garder l'entière paternité de sa découverte éventuelle. Cette prospection dans la montagne, c'était aussi la recherche d'une nouvelle vie, un tête-à-tête avec lui-même, et il ne souhaitait pas que d'autres interfèrent dans cette intimité. Une galerie de quinze toises ne lui faisait pas peur, il lui faudrait deux ou trois masses, une pointerole, une bonne dizaine de fleurets*, un ou deux pics. Pas de poudre, trop chère, pas d'étançonnage, inutile pour une galerie étroite. Pour évacuer les débris, une hotte suffirait. Il avait repéré qu'en stockant les matières à la sortie de la galerie, il pourrait former un replat qui en faciliterait l'accès.

Son premier coup de pic résonna dans la froidure immobile de ce début novembre. Il s'arrêta pour écouter, effrayé par ce bruit qui lui parut obscène dans la quiétude matinale. Seuls quelques oiseaux s'envolèrent silencieusement. Augustineo avait l'impression de briser un univers antique, de bouleverser un équilibre de début du monde, de déranger le ciel et la terre. Coup après coup, il imposa sa présence bruyante aux arbres, aux rochers, au torrent tout proche, manière de leur signifier que désormais, chaque jour et pour longtemps, il serait là, qu'on entendrait ses coups de masse, ses ahanements d'effort, ses cris et ses jurons, mais qu'on se rassure, on s'habituerait, ce tintamarre étrange s'étoufferait au fur et à mesure de sa progression au cœur du rocher.

Augustineo travailla durant tous les mois de grand froid. Chaque jour, il rejoignait son chantier solitaire, traçant son chemin dans la neige fraîche. Dans la forêt, le froid était si intense qu'il formait une vapeur de petits cristaux en suspens qui enveloppait les arbres. Chaque matin, il découvrait de nouvelles traces d'animaux entre les troncs de mélèzes et d'épicéas, de nouvelles scènes des crimes perpétrés pendant la nuit parmi le petit peuple de la forêt : quelques bouquets de plumes, quelques touffes de poils. Il retrouvait avec plaisir le front de taille de la veille, mesurant la progression de sa galerie. Il se mettait alors à l'ouvrage avec une sorte de rage, non pas une colère, mais une obsession, une certitude de découvrir cette minière, plus même, un devoir de prouver à ses amis et voisins qu'on pouvait accéder aux trésors du sous-sol. Même si on disait au village que ces cailloux ne serviraient à rien, qu'on ne saurait jamais les travailler comme la pierre à bâtir, la chaux, le bois, le cuir des vaches et des chèvres, la laine des moutons que tout un chacun savait utiliser. Depuis qu'il était revenu du Piémont, il s'était senti en décalage par rapport à ses anciens amis ; ce n'était pas tant les années d'absence qui l'avaient éloigné d'eux, mais bien plutôt cette vie d'ouvrier des minières si différente de la leur. Au marché le dimanche, à la veillée ou même dans les ruelles quand il les croisait, ce n'étaient que des histoires de potagers brûlés par le gel, de poulaillers massacrés par le renard, de vaches échappées du troupeau ou de la levée de l'herbe en montagne. Augustineo ne savait que leur répondre, il se sentait inculte devant eux, ignorant de leur vie, de leur travail, de leurs plaisanteries qu'il ne comprenait pas. Bien sûr, on parlait parfois de sujets plus généraux : les réparations du pont de Bellentre pour lesquelles l'intendant demandait une participation aux communiers de Pesey, le dernier procès avec la communauté de Landry à propos des communaux indivis ou encore la récente nomination de l'archevêque de Tarentaise. Même là il se sentait incompétent, il n'avait plus rien à dire.

S'il ne trouvait pas ce filon, il devrait repartir et cette fois quitter définitivement le village.

Un petit compagnon prit l'habitude de venir chaque matin, une hermine dans sa livrée blanche de l'hiver, qui attendait son arrivée, assise à l'écart, toujours sur le même rocher, immobile. Elle guettait chaque sortie d'Augustineo courbé sous sa hotte de gravats et disparaissait en milieu de journée pour réapparaître le lendemain matin.

Un jour, à la fin du mois de mars, alors que l'hiver montrait déjà des signes d'essoufflement, alors qu'au fond de sa galerie Augustineo avait de plus en plus chaud, qu'il avait plaisir à se rafraîchir chaque fois qu'il sortait au jour avec sa hotte de déblais, en revenant vers son poste il entendit un craquement sourd qui fit vibrer le sol sous ses pieds. Une partie du toit de la galerie s'effondra devant lui, laissant apparaître, à la lueur de sa lampe à huile, derrière les monceaux de roche jaune effritée, une paroi sombre, fortement fracturée en grands blocs, parcourue de fissures étroites et profondes. Il fut à la fois rassuré de ne plus devoir progresser dans la roche friable qui se désagrégeait trop aisément sous ses coups de pics et inquiet de devoir désormais déranger cet équilibre colossal qui laissait prévoir des éboulements chaotiques. L'étançonnage devenait indispensable. Les frères Adornet lui vendirent vingt pièces de sapin à couper dans un mas proche de son chantier. Il alla chercher le mulet au Villaret pour tirer les troncs jusqu'à l'entrée de la galerie. Les bois glisseraient sur la neige sans dommage pour les chemins ou les prés qu'il devait traverser.

À compter de ce jour, son travail changea. Il dut attaquer la roche dure au fleuret et à la masse, choisir avec soin les fissures qui donneraient les plus gros éclats, déblayer à l'aide du pic et étançonner immédiatement après. Il songea qu'à Alagna, ce travail aurait été fait par trois postes : mineur, boiseur, déblayeur. Mais il était tout seul et il en était fier.

Tout en travaillant, Augustineo réfléchissait sur ce qu'il devait faire quand il aurait trouvé sa minière. D'abord la déclarer auprès du bureau de l'intendant de Tarentaise qui lui avait donné l'autorisation de prospecter. Le mieux, c'était de leur apporter un morceau de minéral à Moustier et obtenir une reconnaissance officielle de sa trouvaille. Et après ? Cette minière devrait être exploitée, rapporter de l'argent, c'est à cette seule condition qu'il pourrait en négocier la découverte. Mais être découvreur ne le transformait pas pour autant en entrepreneur, d'ailleurs il n'en avait ni l'envie ni les moyens et il ne voyait personne à Pesey qui soit capable de cultiver cette minière, personne n'y croyait. Ici, on construisait sa vie sur les quelques parcelles de terre que le seigneur vous autorisait à travailler ou que l'on possédait dans le meilleur des cas, le marché une fois par semaine pour vendre ses fromages, une fois par an pour vendre ses bestiaux... Il lui fallait attirer quelqu'un de l'extérieur, quelqu'un qui ait les connaissances et les moyens. Le nom de Giacomo Lorenzo Deriva lui vint tout naturellement à l'esprit, le *signore* Deriva, son directeur lorsqu'il travaillait à la minière d'Alagna, celui-là même qui avait déjà prospecté à Pesey, l'homme au shako en peau de chèvre. C'est ça qu'il devait faire, apporter à Alagna un échantillon de quelques livres, Deriva le ferait analyser et il serait convaincu.

Après tout, Alagna n'était qu'à une douzaine de jours de marche de Pesey. Passer le Petit-Saint-Bernard, descendre jusqu'à Aoste, puis Pont-Saint-Martin, remonter la vallée de la Lys jusqu'au village de Gressoney, puis passer le col de la Valdobbia – à cette époque il ne devrait pas être trop enneigé – et redescendre vers la vallée d'Alagna en suivant la Vogna. Pour franchir les cols, il savait par expérience qu'on devait faire la route en convoi, des marchands, des pèlerins, des soldats, peu importe, c'était le nombre qui faisait la sécurité. Par beau temps, celui du Petit-Saint-Bernard était assez sûr : le chemin muletier était fréquenté par de nombreux passages, l'hospice était un refuge toujours ouvert... Passer le col de la Valdobbia était autrement plus risqué, les tourmentes y étaient fréquentes, un simple sentier jalonné de quelques abris construits en pierres d'où pouvaient surgir à tout moment des partis de brigands et de tire-goussets bien décidés à détrousser les voyageurs.

Augustineo s'était fixé un rythme de travail régulier qu'il s'efforçait de suivre scrupuleusement, comme s'il avait été salarié, dans une équipe où le travail de chacun dépendait du travail de l'autre. Sa journée commençait avant le lever du soleil. Il se mettait en chemin pour une heure de marche, après avoir soigné le mulet. Parfois, il s'arrêtait aux Moulins chez son ami Pierre, le maréchal, pour prendre quelques fleurets qu'il avait fait affûter. Il s'accordait une pause à la mi-journée pour manger un bout de pain de seigle et de fromage et se désaltérer dans le ruisseau de l'Arc qui courait sous son manteau de glace. À cette heure, l'hermine était déjà repartie. Il profitait de cette pause pour recharger sa lampe d'huile de noix. Quand il revenait au Villaret, le soleil d'hiver était couché depuis longtemps.

Il s'octroyait une journée complète de repos le dimanche. Dans les ruelles du Villaret ou au marché de Pesey, les gens l'abordaient avec curiosité. Il ne s'était jamais caché de son projet, mais ne s'attardait pas volontiers sur les détails. Bien sûr, on lui demandait si sa galerie avançait, si ce n'était pas trop dur de travailler tout seul, là-haut au Pichu, c'est un coin froid, toujours à l'ombre, il faut attendre le milieu de l'été pour pâturer là-haut ! Il sentait bien dans les regards qu'on ne le prenait pas au sérieux, cette histoire de minière n'aboutirait à rien, on avait déjà abandonné les travaux il y avait plus de vingt ans. Si Tineo s'obstinait tout seul comme une vieille mote*, c'est qu'il ne savait rien faire d'autre...

Quoiqu'il ne partageât point toutes ses idées, il prit l'habitude de passer deux ou trois fois par semaine chez « l'oncle »

Bartholomée. Il l'écoutait patiemment raconter ses déboires avec le curé ou ses difficultés à faire payer leurs rentes à ceux qui en avaient fait la promesse pour financer la fabrique paroissiale, mais il trouvait chez lui une sorte de quiétude, de réconciliation avec son propre village. Il y retrouvait aussi le beau regard de Catherine et son sourire moqueur, qui ne parvenaient cependant pas à le faire sortir de cette chape de tristesse qui recouvrait ses jours et ses nuits et qui le maintenait dans la voie de la solitude. Le visage livide de Clara flottait encore dans sa mémoire. Habité en permanence par la recherche obstinée de sa minière, sa solitude ne lui pesait pas, mais il redoutait le jour où la mine apparaîtrait sombre et brillante, sous les coups de son pic. Il savait que, ce jour-là, il se viderait de l'énergie qui le soutenait, ce jour-là il aurait besoin de parler, besoin de partager, besoin de chaleur. Et il redoutait tout autant la prospection infructueuse qui s'éterniserait pendant des années, sans résultat, desséchant peu à peu son ardeur, détruisant sournoisement, mois après mois, sa vitalité et sa vigueur. Il s'enfoncerait alors dans une solitude sans retour et une mélancolie fatale.

C'est à la mi-avril qu'Augustineo repéra les premières traces de mine dans une large fissure. Très vite, il dégagea la veine minérale qui se présentait en petits nids, en filets qui se suivaient, parfois très rapprochés, parfois espacés les uns des autres, mais toujours enserrés dans la gangue noirâtre. Il était tellement persuadé de l'existence de sa mine qu'il n'extériorisa pas sa joie, mais elle était bien là, dans son ventre, silencieuse, le comblant tout entier. Il avait l'impression de devenir soudain plus grand, plus fort, plus sûr de lui. Redoublant d'activité, rassemblant tout son savoir-faire de mineur, toute son expérience, il dégagea la fissure sur toute sa largeur, sur deux ou trois pieds, puis entreprit d'en révéler la hauteur en creusant un puits le long de la fissure. Mais très vite il se rendit compte qu'il ne pourrait poursuivre le creusement du puits sans moyens supplémentaires, il lui faudrait miner, cuveler les parois, installer des treuils pour déblayer. Et puis ce petit boyau qu'il avait percé sur quelques toises s'avèrerait vite trop étroit, il faudrait l'agrandir, installer des armements pour étançonner, sans compter que l'eau commençait à suinter de la roche ; depuis quelques jours, il devait exhaure* avant de travailler. Là s'arrêtait son travail de prospection en solitaire, là devait commencer l'exploitation…

Le jour suivant, Augustineo fabriqua, pour fermer sa galerie, une solide porte en bois munie d'une serrure et renforcée par des ferrements que lui avait préparés Pierre, le maréchal. Il détacha du filon deux bons échantillons de mine choisie*, ramassa tous ses outils, ferma la porte à clef et s'en retourna chez lui au Villaret.

Le lendemain, il se rendit à Moustier pour faire enregistrer sa découverte. Bien qu'il fût arrivé à la première heure, il dut faire antichambre toute la matinée dans les bureaux de Son Excellence le chevalier Joseph Angiono, l'intendant de Tarentaise. On l'avait prié d'attendre dans ce couloir faiblement éclairé par une petite ouverture dans le mur du fond. Il serrait entre ses pieds le sac qui contenait l'échantillon de sa mine. L'agencement des locaux de l'intendance laissait percevoir la gouvernance parcimonieuse, mais néanmoins efficace propre à l'administration provinciale sarde. Malgré la sobriété du décor, Augustineo était impressionné par ce lieu de pouvoir. Un pouvoir dont il sentait la présence partout : derrière les portes des bureaux, dans le grand escalier qui devait conduire au sein même de l'autorité, dans la silhouette des secrétaires qui traversaient le couloir avec un air affairé.

Son entretien avec l'intendant fut bref. Il lui demanda simplement dans quelles conditions il avait trouvé cette minière. Un secrétaire réceptionna l'échantillon sans même le regarder et se contenta d'enregistrer sa découverte.

## 7.
## Alagna (vallée de la Sesia, Piémont), mai 1736

À soixante-deux ans, Alessandro Hôtte avait cessé de travailler à la minière de cuivre de Saint-Jacques, au-dessus d'Alagna. Il avait terminé ses quarante-cinq ans au fond avec le statut et la paie de maître mineur, mais en avait gardé une déformation du dos et une surdité à gauche qui ne l'empêchaient cependant pas de faire pousser dans son jardin des légumes pour toute l'année. Ce jour de mai 1736, après qu'on eut frappé à la porte, il s'apprêtait à ouvrir à un voisin ou à sa nièce qui lui rendait visite deux ou trois fois par semaine. Il lui fallut quelques instants pour admettre que c'était bien Augustineo qui était devant lui, Augustineo Merlo qui était retourné dans son pays en Savoie depuis plus d'un an, le jeune Augustineo qu'il avait formé pendant des années au métier de mineur et qui était devenu son ami. Pendant des années, le jeune homme avait écouté le vieux maître mineur raconter pendant les veillées les histoires de ses ancêtres walsers venus des pays alémaniques, poussés par la faim, s'installer dans cette vallée des Alpes, cultiver les pentes, exploiter la forêt, construire leurs maisons qu'ils enveloppaient d'une curieuse charpenterie en bois. Alessandro racontait aussi l'ancienne minière d'or présent dans la roche avec du cuivre. Il accueillit Augustineo chez lui le temps de ses démarches auprès du *signore* Deriva et plus même s'il le voulait.

La maison d'Alessandro était située à l'adret, un peu au-dessus du torrent de la Sesia. Depuis la galerie en bois qui faisait le tour de l'étage, sur laquelle quelques brassées de foin finissaient de sécher, on pouvait observer les installations minières situées sur le versant d'en face : le grand bâtiment pour le pilage et le lavage du cuivre, la fonderie des mattes* flanquée des trombes* pour activer ses fours, le bâtiment des recuits, le grand canal d'écoulement qui charriait la mine depuis la machine d'extraction et d'épuisement des eaux jusqu'aux piloirs*, la machine élévatrice des minéraux de la galerie Saint-Jean… Augustineo était impressionné par cet aménagement du site : on avait su utiliser bien à propos les replats de terrain pour y construire les bâtiments, capter la Sesia dans une prise d'eau, canaliser les eaux qui dévalaient des pentes pour flotter le minerai et activer les bocambres et les souffleries des trombes… Il reconnut sans peine le sentier qui empilait ses lacets à flanc de montagne pour atteindre l'entrée de la mine. Il l'avait emprunté deux fois par jour pendant dix ans, le matin encore embrumé de sommeil, le soir écroulé de fatigue. Mais durant toutes ces années, il était resté confiné dans son rôle d'ouvrier, concentré sur ses gestes de mineur, limité dans ses déplacements quotidiens. Il avait excavé des milliers de quintaux de minerai sans savoir ce qu'on en faisait. Il n'avait jamais eu accès à cette vue d'ensemble qu'il découvrait aujourd'hui depuis la maison d'Alessandro surplombant le torrent de la Sesia.

Giacomo Lorenzo Deriva surveillait le départ d'un convoi de mulets chargés de mine bocardée en partance pour les fonderies de Scopello, à quelques heures de marche d'Alagna. Le maître voiturier était déjà passé devant lui, en tête de sa troupe, laissant à ses muletiers le soin de serrer la file des retardataires. Le directeur inspectait chaque bête qui passait devant lui, chaque harnachement, chaque sac de mine pilée. Il était dans un état de grande excitation et de colère. Pour le troisième jour consécutif, le déblaiement de la galerie du Saint-Esprit n'était toujours pas suffisant. Les matières stériles encombraient les passages au point d'empêcher l'excavation du minéral. Il avait convoqué le chef de l'entreprise de déblaiement :

— Cet état ne peut durer, *signore* Moulin, la galerie est tellement encombrée que, hier, j'ai été obligé de me traîner sur le ventre pour parvenir jusqu'aux mineurs ! L'air y est très impur, tellement impur qu'on ne pouvait tenir les lampes éclairées !

— Pardonnez-moi, *signore* Deriva, deux de mes déblayeurs sont tombés malades et…

— Vous savez très bien qu'il suffit qu'un seul déblayeur abandonne son poste pour perturber le déblaiement de toute une galerie. Débrouillez-vous pour les remplacer. C'est avec vous que j'ai passé le prix-fait, c'est vous le responsable !

— Les travaux des champs ont commencé, et…

— *Signore* Moulin, je vous avertis. Si demain la galerie du Saint-Esprit n'est pas entièrement débarrassée des matières qui y sont accumulées, je répudie votre prix-fait à vos dépens !

Augustineo avait assisté à la scène, restant volontairement en retrait. Deriva n'avait pas changé, il avait gardé ce ton âpre et rugueux et il portait toujours ce shako penché pour tenter de masquer cette horrible blessure qui mutilait son œil gauche. Des dizaines de mulets bâtés défilaient sans relâche devant lui. Quand le chef des déblayeurs fut parti, il s'avança.

— *Signore* Deriva, vous me reconnaissez ?

— Merlo ! Tu es revenu de ta Savoie ?

— Oui, de Pesey.

— Ah ! Oui ! Pesey ! Mais tu sais, j'ai tous mes effectifs, je n'embauche pas.

— Je ne suis pas venu vous demander du travail, je veux vous montrer un échantillon d'une minière que j'ai découverte à Pesey, du plomb avec de bonnes traces d'argent…

— À Pesey ? Là où j'ai prospecté il y a plusieurs années ?

— Non, *signore*, bien plus haut, au moins vingt toises plus haut. Je peux vous montrer le papier de monsieur l'intendant de Tarentaise.

— Fais-moi voir cet échantillon.

— Voilà, je vous en ai apporté un demi-rub*, assez pour l'analyser. Je l'ai cueilli sur un filon qui fait trois ou quatre pieds de large sur au moins deux toises de hauteur. C'est une veine très puissante.

Deriva examina attentivement l'échantillon, le retournant sur toutes ses faces et le soupesant longuement.

— Tu as travaillé tout seul pour découvrir cette minière ?

— Oui, et durant tout cet hiver.

— Écoute, je descends aujourd'hui à Scopello, donne-moi ton échantillon, je vais le faire analyser à la fonderie. Reviens me voir dans deux jours ici, à Alagna, à la laverie Sainte-Marie.

Augustineo mit à profit ce temps d'attente pour aider Alessandro à son jardin. L'hiver rigoureux avait laissé ses traces de neige épaisse sur les parties de terrain restées dans l'ombre. Ils les parsemèrent de terre brune à grandes pelletées pour en accélérer la fonte. Tout en travaillant, ils échangèrent leurs souvenirs sur les compagnons qu'ils avaient connus. Mais dans les moments de silence, c'est sa Clara qui revenait sans cesse dans la tête d'Augustineo, Clara et Giacomo qui dormaient pour toujours dans le cimetière, si proches et déjà ailleurs. Il hésitait à s'y rendre, sachant qu'il ne résisterait pas au poids du chagrin.

Il retrouva le *signore* Deriva dans une pièce attenante au piloir Sainte-Marie. Le local était exigu, mais il les protégerait du bruit de mitraille du bocard tout proche. Le directeur de la minière était accompagné d'un homme d'une quarantaine d'années, taciturne, qui salua Augustineo d'un bref mouvement de tête.

— J'ai fait analyser ton échantillon, Merlo, il semble de qualité satisfaisante. Bien entendu, il faut confirmer la puissance du filon avant d'entreprendre la culture de cette minière. Tu vas retourner à Pesey avec Dominique Arnaud que je te présente. C'est un maître mineur de grande expérience, il dirigera les premiers travaux. Vous serez aussi accompagnés de deux mineurs, Joseph Prin et Claus Vasserman. Vous emporterez quelques instruments, une poche, un demi-cercle gradué, une chaîne en laiton et quelques outils pour commencer les travaux. En passant dans la Vallée d'Aoste, vous vous arrêterez à Morgeix, chez les frères Celers, pour acheter de la poudre noire.

— Vous allez commencer à exploiter, *signore* Deriva ? demanda Augustineo.

— Pour l'instant, on va confirmer ta découverte. Mais sois tranquille, Merlo, si cette minière est profitable, dès que je serai dédommagé de ces premières dépenses, je t'associerai aux bénéfices. En attendant, je te paierai tes journées de mineur.

— J'ai le papier de l'intendant de Tarentaise… Euh, pour la découverte, on pourrait faire une convention…

— Une convention ! Bien sûr ! Bien sûr ! Mais entre nous, on peut se faire confiance, la parole suffit entre gens de minière, n'est-ce pas, Dominique ?

Dominique Arnaud acquiesça d'un hochement de tête, sans un mot.

— Vous partirez dans deux jours, je vous fournirai cinq mulets pour transporter votre ménage et les outils, avec un muletier, Hans Grobber, il connaît bien la région. Le mieux avec les bêtes est de descendre la vallée de la Sesia, passer par Crevacuore pour rejoindre Biella et la vallée d'Aoste par les piémonts. C'est plus sûr que par la montagne.

Le matin du départ, Hans Grobber les attendait avec ses bêtes. Pendant tout le temps où ils bâtèrent les mulets, le muletier ne prononça pas un mot, répondant par des gestes de la main ou par des mouvements de la tête. Augustineo crut qu'il était muet ou que, ne parlant que sa langue allemande, il préférait se faire comprendre par gestes, ou encore qu'une trop longue coexistence avec ses bêtes lui avait fait perdre la langue des hommes. Les cinq hommes se mirent en route en compagnie d'un convoi de mulets qui devaient voiturer de la mine de cuivre jusqu'à la fonderie de Scopello, puis ils poursuivirent seuls leur route, longeant la rivière de la Sesia dont les eaux laiteuses étaient grossies par la fonte de neiges.

Dans la traversée de la petite bourgade de Varallo, Hans Grobber qui menait leur convoi en tête s'arrêta sur une place.

— Je dois mettre notre voyage sous la protection de la Madone delle Grazie, dit-il en italien sans accent, en entravant les bêtes.

Et il pénétra dans une église qui s'ouvrait sur la place. Ses compagnons le suivirent, plus par curiosité que pour y trouver quelque protection. En entrant, dans la pénombre, ils virent Hans agenouillé, contemplant une paroi recouverte de belles peintures qui racontaient en images la vie du Christ, depuis l'Annonciation jusqu'à la Résurrection. Au centre, le Christ en croix entouré des deux larrons. L'ensemble fourmillait de paysages, de personnages vêtus de costumes bigarrés, en drapés chatoyants, de soldats en armures, de chevaux harnachés, les visages exprimaient la joie, la tendresse, la souffrance, l'effroi, la fureur. Hans, qui avait pris la peine de regarder avec attention, découvrait à chaque regard de nouveaux détails : visages, coiffures, armes, animaux… Mais ce qu'il aimait le plus, c'était d'observer les mains que le peintre avait dessinées avec une grande élégance, fines, déliées. Hans Grobber, muletier taciturne, enregistrait ces images raffinées qui l'accompagneraient plus tard tout au long des chemins pierreux et poussiéreux au rythme lent de ses mulets. Claus Vasserman, l'un des mineurs, chuchota :

— Laissons-le seul, c'est son habitude quand il entreprend un voyage.

Ils sortirent, éblouis par le soleil déjà haut à cette heure.

Augustineo avait fait ses adieux la veille à Alessandro et à Alagna. Il était resté un grand moment debout devant la tombe de Clara et de Giacomo, dans le petit cimetière qui s'étendait au pied du clocher de San Giovanni Battista. Une seule grande et belle dalle gravée. Il leur expliqua qu'il commençait une nouvelle vie à Pesey, qu'il ne reviendrait plus à Alagna.

## 8.
## Pesey, les Lanches, juin 1736

En cette matinée de la Saint-Jean, les Lanches bruissaient d'une grande activité. On aurait dit que toute la population de la vallée, celle des hommes comme celle des bêtes, s'était donné rendez-vous sur les prés au-dessus du hameau, certains même débordaient de l'autre côté du Grand Nant, envahissant le hameau de Beaupraz. On avait réuni les bêtes de dizaines de propriétaires, en quelques troupeaux qui monteraient dans les alpages communaux de la Sévolière, la Carrelière, la Plagne, la Grassaz, les Carroz, les Gex, les Platières... C'était la grande remue d'estive. Plusieurs bêtes étaient montées la veille de la paroisse de Landry, beaucoup de ces alpages étant en indivis avec cette communauté. Les tintements des carons étaient assourdissants, chaque bête en portait un attaché à un large collier de cuir portant la marque du propriétaire. Les vaches étaient excitées par le grand air et la lumière du printemps, par les jappements des chiens, par l'odeur de l'herbe neuve et les promesses de l'inalpage. Ce n'était pas la même excitation que celle qui les avait saisies, quelques semaines auparavant, au sortir des écuries après ces longs mois d'hiver encordées dans les stalles. Bien sûr, on les sortait deux fois par jour pour aller boire au bachal*, mais au printemps, c'était la grande libération : elles sautaient dans tous les sens, le cul en l'air, la queue droite, tout en ruades et beuglements. Aujourd'hui, regroupées dans un même troupeau, elles cherchaient leur place, disputant leur rang à coups de cornes, front bas et œil provoquant, dans un simulacre de combat ou meuglant pour accélérer le moment du départ.

Les hommes étaient réunis, commentant le temps, la poussée de l'herbe, l'état des chemins après les avalanches du printemps. Le curé avait relevé sa soutane pour marcher à son aise. Il recevrait des communiers une pièce de gruyère pour aller ce jour bénir la montagne et une autre à la démontagnée, au lendemain de l'Exaltation de la Sainte-Croix. Les mulets, regroupés eux aussi, déjà bâtés, paraissaient plus calmes. L'un d'eux, un animal robuste au poil noir et fourni, portait harnaché sur son dos un grand chaudron de cuivre qui devait bien peser deux quintaux. Les communiers l'avaient commandé, plusieurs semaines auparavant, à un magnin de la paroisse de Cuccaro, province d'Alessandria, pays d'Italie. On ne trouvait plus de maître potier dans la région. Celui de Pesey, Jean-Baptiste Rey, était le fils de celui qui avait recouvert en fer blanc le clocher de l'église. Après le départ de son père, il était resté à Pesey, étamant pévus*, casseroles et marmites pendant vingt ans, et un beau jour il était retourné dans son village, à Nancy-sur-Cluses, emportant avec lui tout son attirail. Le grand mulet devait transporter le chaudron jusqu'aux chalets de la Plagne.

Dans tout ce remue-ménage, personne ne prit attention aux quatre hommes et à leurs mulets qui arrivèrent ce matin-là en haut du Pichu. Ils commencèrent par construire une baraque en planches adossée au rocher, près de l'entrée de la galerie.

Dominique Arnaud avait déclaré qu'il fallait loger au plus près de la minière, ils s'y installeraient avec Joseph Prin et Claus Vasserman. Quant à Augustineo, il retournerait dans sa maison du Villaret, préférant s'imposer des allers et retours quotidiens. D'accord pour vivre de la minière, mais pas au prix de vivre comme un forain, loin de son village. Et puis il y avait Bartholomée, Catherine, il s'arrêterait souvent chez eux pour une soupe, une veillée avant de rejoindre la grande maison vide. Sans compter le voisinage amical et affectueux au Villaret de Jeanne Marie et de Joseph qui lui feraient signe de la main depuis leur échoppe de sabotiers pour partager un repas du soir.

Le matin où ils attaquèrent les travaux, Dominique lui demanda la clef de la porte qu'il avait posée à l'entrée de la galerie. Une bonne grosse clef, forgée par Pierre Richerme, qui représentait pour Augustineo l'accès à son invention, qui défendait son projet, protégeait *sa* minière contre ceux qui voudraient en profiter sans l'avoir méritée. Mais Dominique Arnaud avait raison, il fallait bien commencer l'exploitation de la minière là où Augustineo avait cessé sa prospection. En lui remettant la lourde clef, Augustineo eut le sentiment de se dessaisir d'un bien personnel, un geste irrémédiable, peut-être même une erreur…

En quelques semaines, à eux quatre, ils percèrent le puits sur une profondeur d'une vingtaine de pieds et attaquèrent une deuxième galerie plus bas, à la verticale de la première, en suivant la direction du filon, dégageant une veine de plusieurs pieds de hauteur. On avait été obligé de recourir à la poudre noire apportée de la vallée d'Aoste pour dissiper le roc. Dominique Arnaud et Claus Vasserman foraient et minaient, Joseph Prin déblayait et Augustineo, naturellement, se proposa de boiser, d'étançonner et de cuveler. Au sommet du puits, ils installèrent un tour qui permettait, en enroulant une corde de chanvre, de remonter les matières dans des sacs de cuir. Très vite, le manque de bras devint critique, surtout pour le déblaiement et le triage. Les matières excavées s'accumulaient à la sortie de la galerie. Dominique Arnaud avait négocié avec Nicolas Baudin pour stocker le minéral dans sa maison à la Chenery, comme l'avait fait le *signore* Deriva vingt ans auparavant. Encore fallait-il casser et trier, la mine d'un côté et les stériles de l'autre – il était inutile de voiturer des cailloux stériles –, charger les mulets, les conduire à la Chenery, décharger... Tant que Joseph devait faire ça tout seul, les matières s'accumulaient dans les pieds de Dominique et de Claus, les obligeant à interrompre le minage et la purge du front de taille. Et puis l'eau s'accumulait au fond du puits, un seau sur deux que remontait Augustineo avec son treuil était rempli d'eau !

Aidé d'Augustineo, Dominique avait tenté de recruter plusieurs hommes du village, mais ils s'étaient heurtés à un refus, personne ne voulait engager ses bras dans cette aventure jugée sans lendemain. Même les garçons qui s'apprêtaient à passer l'hiver en Piémont préféraient se risquer sur la route du Petit-Saint-Bernard plutôt que de travailler dans un boyau humide et dangereux. Les uns iraient s'embaucher sur les chantiers de la ville de Turin qui s'embellissait chaque année de nouveaux monuments à la gloire de Sa Majesté sarde, roi de Chypre et de Jérusalem, d'autres ressortiraient du grenier la balle de leur frère aîné et iraient vendre à Gênes savonnettes, pommades, croix, bagues, boutons, peignes et autres petites espèces de marchandises. Seuls deux jeunes acceptèrent la proposition de Dominique, rejoints par un homme de trente-cinq ans, déserteur français du régiment du Vivarais, qui, roulant de paroisse en paroisse, s'était arrêté à Pesey et proposait ses services de peigneur de chanvre. Mais on était loin du compte, le chantier n'avançait pas, la mine s'accumulait dans la grange à la Chenery. Un marchand ferratier à Conflans, le sieur Rosset, contacté par Dominique, voulait bien l'acheter, mais, disait-il, votre mine n'est pas assez choisie, il y a encore trop de stériles, je vous achèterai du plomb d'œuvre, voire du sable métallique bocardé et lavé, pas des cailloux.

Tout en travaillant à ses boisages et étançonnages, Augustineo observait la marche du chantier. Il n'y voyait que lenteur et incurie. Et surtout il ne voyait aucun produit généré par la minière. Le *signore* Deriva avait soumis l'intéressement d'Augustineo aux profits de la minière à la condition d'être dédommagé des frais, et à ce jour, Augustineo ne voyait sur cette minière que des dépens, mais aucun profit de leur travail. On excavait beaucoup, on cassait autant, on triait un peu, mais le sieur Rosset n'achetait rien. Et Dominique Arnaud, lui, ne disait rien, il s'absentait parfois plusieurs jours, à Moustier, à

Conflans, mais à son retour il opposait un mutisme total à ses compagnons qui l'interrogeaient : avait-il trouvé un marchand de métaux qui achèterait le minéral ? Aurait-on des déblayeurs, des casseurs, des trieurs de mine ? Dominique se contentait de répondre par des « peut-être », des « je ne sais pas », des « il faut attendre ». Il payait régulièrement les ouvriers tous les quinze jours ou toutes les trois semaines, dix-huit sols par jour pour tout le monde. C'était plus que le salaire du manouvrier du maçon, mais moins que celui du maçon. Augustineo se demandait d'où venait cet argent. Dominique ne pouvait pas aller le chercher à Alagna. Alors ? À Moustier, à Conflans, au bourg de Saint-Maurice ? On disait qu'il y avait des prêteurs, des banques, des officines… Puisque la minière ne faisait pas encore de profits, qui payait ces frais ? Deriva ?

## 9.
## Le Villaret, juin 1736

En rentrant chez lui au Villaret, ce soir-là, Augustineo avait une fois encore ruminé toutes ces questions sans réponse et, une fois encore, elles le renvoyaient à cette impression qui était peu à peu devenue une certitude : « on » le poussait hors de « sa » minière, « on » le laissait dans l'ignorance. Certes, c'était bien lui le découvreur, les papiers de l'intendant en attestaient, certes « on » lui payait ses journées, mais « on » lui cachait tout.

D'où venait l'argent ? Qui décidait ? Auprès de qui Dominique Arnaud allait-il chercher ses ordres et l'argent chaque semaine ?

— Bonsoir, Tineo, je t'ai préparé une soupe…

Il sursauta, perdu dans ses réflexions, et s'aperçut soudain qu'il était arrivé devant sa maison et que Jeanne Marie l'attendait, assise sur le banc, sa silhouette noyée dans la pénombre. Elle portait encore le tablier de cuir qu'elle revêtait chaque jour pour se protéger des coups malheureux de tranchets ou de gouges.

— … et le feu te fera une maison moins froide…

Ah ! Oui, c'est vrai, la maison froide quand je rentre le soir…

— … et la soupe, on pourrait la manger ensemble…

À cet instant, Augustineo émergea de ce fatras de questions sans réponse qu'il ressassait. Jeanne Marie ! Il avait bien remarqué à plusieurs reprises que la pile de bois à côté de la porte se reconstituait tous les jours, que l'écuelle et le gobelet de la veille avaient été lavés et rangés, que le pichet d'eau qu'il avait vidé le matin en partant était à nouveau plein d'eau fraîche le soir en rentrant. Il se doutait bien que Jeanne Marie y était pour quelque chose, mais il n'y avait vu, tant il était assailli par son travail à la minière, que des gestes normaux d'entraide entre voisins. Des gestes qu'il avait dépouillés de toute intention personnelle, qu'il avait rejetés dans l'anonymat du voisinage. Depuis des années, il avait délibérément choisi la voie de la solitude pour se prémunir de nouveaux malheurs, pour se réfugier dans le souvenir d'une Clara définitivement morte. Et voilà que ce soir, soudainement, la voisine devenait une belle femme qui avait préparé avec affection son retour dans sa maison. Il la vit enfin, grande, le visage plein encadré d'une abondante chevelure rousse, éclairé par des yeux verts. Quel âge pouvait-elle avoir ?

La soupe était refroidie depuis longtemps, ils parlaient encore au milieu de la nuit, quand ils découvrirent qu'ils avaient une arrière-grand-mère commune. Ils eurent du mal parce que dans la famille de Jeanne Marie, depuis des générations tous les hommes s'appelaient Joseph et toutes les femmes étaient des Jeanne.

— Tes parents habitaient au Villaret ?

— Oui, une maison vers les Grangettes. Elle a brûlé quand j'avais douze ans, mon père est mort en essayant de sortir ma mère qui était opprimée sous une poutre. Elle est décédée une semaine après l'incendie.

— Je ne me souviens pas de toi…

— Moi, si ! Le fils de Giacomo Merlo, le charpentier. Mais j'étais trop jeune pour que tu me voies, on disait que tu ne voulais pas aller en champs avec les bêtes, je t'admirais, moi non plus, je ne voulais pas les traire. Quand tu es parti au-delà des monts, je t'ai admiré encore plus !

— Plus de maison ! Plus de parents !

— Joseph mon frère et moi, nous avons été recueillis par une sœur de ma mère, puis Joseph est parti pendant un an à Moustier pour apprendre le travail chez un cordonnier et quand il est revenu, on s'est installé dans l'échoppe près de la tannerie.

Longuement elle évoqua ses parents, ses années à la régence* où les filles l'avaient surnommée « la Rossette ». Plus tard, ses amies l'avaient tenue écartée de leurs divertissements et de leurs épanchements. Elles se justifiaient : *« Toi, ce n'est pas pareil, tu n'es pas comme nous, tu as pris la couleur du renard ! »* Tout en effleurant les paumes larges et soyeuses d'Augustineo, elle raconta ses doigts piqués par les alênes, entaillés par les tranchets, meurtris pendant les jours et les mois durant lesquels elle apprit, dans l'échoppe de son frère, à couper les peaux, à coudre le cuir, à percer les œillets. Quand elle parlait, elle penchait légèrement la tête vers l'avant, Augustineo avait l'impression qu'elle ne parlait que pour lui dire des choses importantes, des choses qu'elle ne disait qu'à lui. Il devenait à l'instant son confident, le dépositaire de ses souvenirs, de ses fragilités. Il plongeait dans l'onde cristalline de ses yeux verts, elle se laissait pénétrer par son regard velouté, leurs mains se joignaient sans cesse, elle se lovait dans son étreinte large et puissante, il enfouissait sa tête dans le flot ambré de sa chevelure, l'amour les submergea tout le reste de la nuit.

Quelques semaines après leur première rencontre, Jeanne Marie vint s'installer dans la grande maison d'Augustineo. La plupart de leurs voisins au Villaret eurent tôt fait de fermer leur caquet aux mauvaises langues qui ne manquèrent pas de dénoncer cette vie maritale hors du mariage. Quoi d'étonnant pour cet homme ouvrier et cette femme artisane de vivre en dehors des règles d'une société de laboureurs regroupés autour de leur clocher ? Ils avaient choisi un autre chemin, il fallait les laisser libres d'aller à leur guise. Ce ne fut pas l'avis du curé qui, un jour, croisa Jeanne Marie de retour du marché de Pesey.

— Jeanne Marie, ma fille, n'as-tu pas honte ! Tu devrais retourner sous l'aile protectrice de l'Église avant que le Malin ne gâte ton éternité !

— Je suis sous la protection d'Augustineo, monsieur le curé, et je n'ai jamais été aussi bien protégée…

Le vieux prêtre n'insista plus, il avait compris que ce couple était sorti de son obédience et même sorti de la façon de vivre communément admise jusqu'à présent. Il se jura d'en parler à monseigneur qui devait venir à la prochaine visite pastorale. Le modeste curé qu'il était devait-il accompagner ces changements de mœurs de ses paroissiens ? Ou au contraire fallait-il montrer la fermeté des récentes constitutions synodales ?

Pour Augustineo, ce ne faisait aucun doute, il était maintenant sûr d'avoir fait deux découvertes : la minière et Jeanne Marie.

## 10.
## Pesey, juillet 1736

Ce jour de juillet 1736, à l'heure du couchant alors que le soleil filtrait à travers les arbres sur le sommet du revers de Bellentre, une petite troupe d'une dizaine d'hommes montait le chemin le long du Grand Nant. On comprenait à leur silhouette et à leurs habits, à leur bagage et à leurs longs bâtons ferrés qu'ils s'étaient équipés pour un long voyage. On comprenait aussi à leurs pas qu'ils avaient marché longtemps et dans leurs yeux brillait la joie d'être enfin arrivés. À leur tête marchait un homme d'une certaine prestance, la trentaine, le teint hâlé, la barbe courte, le regard vif et souriant. Il émanait de lui une autorité naturelle servie par des yeux d'un brun soyeux qui trahissaient une grande douceur et une forte personnalité.

Giovani Vercellina était originaire de la paroisse de Bolzano, province de Novare, il était accompagné de son fils Aurelio et de huit compagnons, originaires de diverses provinces du Piémont, Transella, Muriaglio, vallées de la Chiusella et d'Aoste : un bocardier et son aide, trois déblayeurs, un maçon, un charpentier et un fondeur. Giovani Vercellina, lui, était un spécialiste dans l'aménagement des sites miniers et des artifices de traitement des mines ; il avait organisé les ateliers de triage, concassage, lavage et grillage de la minière de la Fosse des Anciens, dans la vallée de Sessera, au nord de Biella, une mine de plomb luisante qui rendait une once d'argent pour soixante livres de plomb par quintal. Remarqué par Giacomo Lorenzo Deriva lors d'une tournée, il avait été recruté pour organiser les artifices de surface de la toute nouvelle minière de Pesey. Giovani Vercellina avait mis comme condition que son fils Aurelio soit embauché avec lui. Ses parents avaient trouvé la mort dans l'inondation de leur grange, et malgré toutes les recherches, on n'avait jamais retrouvé le corps de sa femme. Il avait élevé seul son fils Aurelio.

Augustineo et Giovani Vercellina sympathisèrent tout de suite, peut-être rapprochés par le même destin qui avait frappé leurs jeunes compagnes. Quelques jours après leur arrivée, Augustineo proposa à Giovani de s'installer avec son fils dans la maison du Villaret, que Jeanne Marie avait si bien arrangée. La maison était assez grande pour les héberger. Jeanne Marie les installa dans une des pièces à l'étage. Le soir, chacun prenait sa part des travaux de la maison, le bois à couper, les lampes à remplir, l'eau à chauffer. Parfois, Joseph Dupraz les rejoignait pour une veillée, ils échangeaient leurs souvenirs, ils se racontaient leur famille, leur enfance. Joseph expliquait pourquoi il avait installé son échoppe au Villaret, à côté de la tannerie des frères Richermoz. Il pouvait ainsi choisir directement ses peaux parmi celles qui séchaient avant d'être roulées en balles et arrimées sur le dos des mulets qui les voitureraient jusqu'à Moustier ou même Conflans. Augustineo racontait ses grands-parents paysans, son père charpentier, lui ouvrier mineur à Alagna, Clara et Giacomo, la découverte de la minière, la rencontre avec Jeanne Marie. Giovani racontait son pays de Novare, son travail sur la minière de la Sessera. Aurelio tombait de sommeil, écoutait toutes ces histoires et les transformait en légendes. Giovani attendit que Aurelio fût endormi pour raconter à ses nouveaux amis ce qui encombrait sa tête et son cœur depuis des années.

Ce jour-là, la pluie avait cessé. Giovani et le petit Aurelio étaient partis au marché de Bolzano, laissant ses parents et sa femme Angelina s'occuper des moutons. La famille possédait une grange dans la vallée de l'Agogna, prudemment construite sur un replat un peu en hauteur et loin de la gorge du torrent. Depuis quelques années, le père de Giovani prenait en pension les moutons de plusieurs propriétaires, regroupés en vue de la transhumance d'estive. Une quarantaine de bêtes qu'il était prudent de rentrer dans la grange pour la nuit. Il n'avait cessé de pleuvoir durant les jours précédents, une pluie chaude à grosses gouttes. Curieusement, l'Agogna était resté un mince filet d'eau seulement un peu boueuse. On n'y avait pas prêté attention, sauf quelques anciens qui s'inquiétaient : avec tout ce qui était tombé, le torrent aurait dû rouler plus gros comme à l'accoutumée, il devait être retenu plus haut. Les parents de Giovani installaient les bêtes pour la nuit, distribuant des poignées de foin, regroupant les agneaux avec leur mère, tandis qu'Angelina, restée à l'extérieur, rabattait les retardataires vers la grange.

La sonnerie des cloches de l'église San Giovani surprit tout le monde sur le marché. Ce n'étaient pas les volées joyeuses de l'angélus et d'ailleurs il était trop tôt. Le son grave, répétitif, insistant du tocsin annonçait le danger que tous redoutaient : l'embâcle de l'Agogna venait de lâcher ! Tout en se rassurant de savoir la grange construite hors d'atteinte du torrent, Giovani se précipita, la peur lui vrillait le ventre, le petit Aurelio sentait qu'il fallait rester silencieux, peinant à suivre les grandes enjambées de son père. Le spectacle qu'ils découvrirent en débouchant dans la petite vallée était irréel. L'eau s'était déjà retirée, laissant une épaisse couche de boue luisante qui avait tout envahi, comblant tous les espaces entre les deux rives, y compris le replat où la grange se dressait, apparemment épargnée. Le torrent était retourné dans son lit, finissant d'évacuer une eau noire où surnageaient quelques branches arrachées. Giovani se tourna vers son fils :

— Va chercher de l'aide, des pelles, vite ! Cours !

Giovani entreprit de marcher jusqu'à la grange, de la boue jusqu'aux genoux, buttant parfois contre des obstacles invisibles, se relevant maculé jusqu'aux épaules. Après plusieurs efforts pour entrouvrir un battant de la porte, luttant contre la couche de boue visqueuse qui commençait à durcir, il pénétra enfin dans la grange, accueilli par un silence total. Il appela plusieurs fois, d'une voix affaiblie par l'angoisse. Ses yeux s'accoutumèrent peu à peu à la pénombre, il découvrit sur le mur du fond une paroi qu'il ne connaissait pas, faite d'un curieux matériau, on aurait dit un tissu grossier, de la laine peut-être avec, çà et là, des protubérances grisâtres. C'est seulement quand il reconnut une tête de mouton qui dépassait de la surface verticale, les yeux vitreux et la langue noirâtre, qu'il comprit : devant la montée de l'eau, les bêtes étaient montées les unes sur les autres pour tenter d'échapper à la noyade, formant un mur qui s'élevait jusqu'à la ferme. La grange n'avait pas été bousculée par le flot torrentueux, l'eau était montée peu à peu, piégeant les bêtes.

Ni les parents de Giovani ni Angelina n'étaient là, ils avaient dû rentrer à la ferme un peu plus bas. Il était rassuré, mais ce mur de bêtes noyées était étrange, menaçant. Les villageois arrivèrent avec Aurelio. On dégagea la porte de la grange, éclairant d'une lumière crue cet étrange mur de cadavres d'animaux. On s'étonnait, personne n'avait rien vu de semblable, on tentait de reconstituer la panique des moutons se hissant les uns sur les autres au fur et à mesure de la montée de l'eau. Soudain, l'un des hommes avisa une patte qui émergeait de la surface verticale et la tira d'un coup sec vers lui. Tout le mur de bêtes mortes s'effondra sur lui-même dans un mouvement flasque avec un bruit mouillé, révélant les cadavres des animaux enchevêtrés. Les hommes s'écartèrent vivement, puis se rapprochèrent à nouveau.

— C'est alors que j'ai vu les corps de mon père et de ma mère au milieu de ce magma de laines mouillées, de boue et de suint. J'étais figé devant cette image, par l'effroi plutôt que par le chagrin. On a dégagé les corps, mais j'ai continué à fouiller dans ce charnier humide en criant le nom d'Angelina ! Elle n'était pas dans la grange. J'ai cherché son corps pendant des jours sur les rives de l'Agogna, fouillant le cours du torrent jusqu'au Po. Aujourd'hui encore je la cherche dans ma tête.

Tous gardèrent le silence un long moment. Aurelio s'était endormi. Pour Augustineo, ce fut un temps de recueillement. Pour Giovani, son silence fut rempli d'une angoisse qu'il connaissait bien : dans la panique de l'eau menaçante, ses parents avaient eu le même comportement que les moutons, se hissant sur les bêtes suffocantes pour être à leur tour piétinés. L'angoisse était là, ses parents s'étaient conduits comme les bêtes, une solidarité animale dans la survie, qu'il n'aurait jamais cru possible.

Giovani avait raconté ce drame avec sobriété, les yeux fixés sur des images qu'il avait revues des années durant. Quand il eut fini, il avait retrouvé son sourire, une manière de dire à Augustineo et à ses amis : « *Je vous ai raconté tout ça, maintenant je n'en parlerai plus.* »

Augustineo ressentit un grand respect pour cet homme qu'il ne connaissait que depuis quelques semaines et déjà si proche. Un soir, il se risqua à poser à Giovani une question qui ne cessait de le tourmenter.

— Giovani, quand tu es arrivé, tu as dit que tu étais envoyé par Deriva & Capson. Qui est ce Capson ?

— *Ces* Capson, ils sont deux, Camillo et Francesco Capson, deux frères, anglais de nation, qui se sont associés avec les deux frères Deriva, Giacomo Lorenzo et Orazio Michele. Ils ont formé ensemble une société pour exploiter la minière de Pesey.

— Une société ?

— Oui, chacun a apporté de l'argent pour payer tous les travaux.

— Mais alors, ce n'est pas le *signore* Deriva qui exploite la minière ?

— Non, c'est la société.

— Et ce n'est pas lui qui décide ?

— Non, c'est la société qui paie, c'est elle qui décide.

— Mais la société, c'est qui ? Le *signore* Deriva m'avait promis de m'intéresser aux profits de la minière !

— Vous avez fait une convention ?

— Non, il m'a dit que sa parole suffisait.

— Mon pauvre Augustineo, tu es bien naïf ! Les Deriva & Capson ont formé leur société alors que tu n'étais pas encore revenu d'Alagna. Ils ont prétendu avoir découvert la minière du Pichu et obtenu l'autorisation d'excaver. Et Orazio Michele Deriva a obtenu du seigneur Chabod de Saint-Maurice à Turin la concession pour dix années de tout droit de préemption et de seigneuriage à ses dépens sur les profits de la minière. La société lui a versé mille livres à ce qu'on dit.

Augustineo fut envahi d'une vague de colère, de colère et de honte. Colère de savoir que le seigneur de Saint-Maurice avait reçu mille livres alors qu'il n'avait rien fait pour découvrir cette minière. Son châtelain lui avait pourtant bien dit qu'il n'était pas intéressé par cette activité ! Et honte à l'idée de s'être fait berner par le *signore* Deriva qui avait tout manigancé dans son dos, sans l'en informer. Mais le *signore* Deriva était-il tenu de l'aviser de ces démarches ? Après tout, c'était lui l'entrepreneur. Sauf que maintenant l'entrepreneur c'était cette société, cette « Deriva & Capson ». Il connaissait le *signore* Giacomo Lorenzo Deriva, mais pas son frère et encore moins ces deux Anglais. Augustineo avait l'impression que cette société était comme un écran entre lui et Deriva, rendant opaques leurs rapports d'homme à homme. La promesse avait été faite par Deriva, c'est à lui qu'il demanderait des comptes, mais pour ça, il fallait attendre que la minière fasse des profits.

Il attendrait…

## 11.
## La minière, septembre 1736

L'arrivée de ces « artistes » changea bien des choses dans la marche de la minière. Giovani Vercellina se révéla un aménageur avisé du site qu'il conçut pour l'exploitation et non pas seulement pour l'extraction, en fixant l'emplacement de chaque artifice : la casserie, le bocard et la laverie, les magasins où serait entreposé le schlich*, ce sable métallique issu du bocardage et du lavage. On ne serait plus tenu d'entreposer le minéral chez Baudin. Il situa aussi trois espaces pour griller la mine en les entourant sur trois côtés de murailles de quatre pieds de hauteur et il traça l'emplacement de la future fonderie. Il fit creuser un canal de dérivation du ruisseau de l'Arc, mettant à profit la pente du terrain pour que l'eau ait la force de faire tourner la roue du bocard et mouvoir tous les artifices qui en auraient besoin. L'ouverture du canal n'avait pas moins de vingt onces de largeur et quinze de hauteur, ses parois étaient construites en murs à sec, bien garnis de mousses et de gazon, et le fond en terre forte battue à refus des demoiselles*. Il implanta également un hangar pour entreposer le charbon de bois à proximité de la fonderie. Enfin, une piste muletière desservit bientôt chaque atelier.

Giovani Vercellina surveillait l'un de ces chantiers avec un soin particulier. Il avait demandé à un maître architecte et maçon, un certain Jean-Marie Jacquet, de construire un fourneau à manche qui, si l'on suivait la méthode allemande pour fondre les métaux, permettait d'obtenir du plomb d'œuvre. La construction de ce four ne mobilisait pas beaucoup de bras, mais elle méritait toute la science du maître. Ce Jean-Marie Jacquet appartenait à une lignée de maîtres maçons, charpentiers et tailleurs de pierre originaires de la vallée de la Sesia ; il avait déjà travaillé avec son père, à la construction de l'église de Saint-Laurent de la Côte, puis pour les communiers de Pesey à l'édification du dôme de l'église de Notre-Dame de Pitié au Plan des Chailles. Le vieux Pietro Jacchetto était retourné dans sa paroisse, et le fils Jacchetto était devenu Jacquet en restant en résidence à Pesey. Maître Jacquet avait assez de savoir-faire pour exercer son art aussi bien sur une église que sur un four. Pour lui, qu'elle abrite l'office divin ou la calcination du minéral, une voûte restait une voûte. Après de longues discussions avec Giovani Vercellina et le fondeur, un certain Martin Presbitero, qui avait appris son métier aux fonderies de Scopello, ils avaient conçu un ensemble de deux fourneaux à manche munis de trombes hydrauliques avec leur museau à porte-vent pour activer les feux. Le corps des fours était bâti en pierre serpentine résistante à la chaleur et le chemisage en briques d'argile que l'on remonterait après chaque campagne de fonte. Une unique cheminée réunissait les vapeurs et fumées des deux fours. Il appartiendrait à Martin Presbitero de réaliser le chemisage et la sole des fours, une brasque composée d'un mélange de cendres et d'argile tassé au pilon de fer. C'était un travail très technique que peu de fondeurs pouvaient prétendre réussir. Ils étaient quelques-uns comme Martin à passer de fonderie en fonderie dans les provinces du Piémont et d'Aoste. Giovani Vercellina mettait beaucoup d'espoir dans la construction de ces fours qui produiraient le plomb d'œuvre, la seule matière que la minière de Pesey pouvait espérer mettre dans le commerce et en tirer profit.

Tous ces aménagements furent achevés juste avant la gêne des grands froids. À l'intérieur des galeries, les mineurs et déblayeurs continuaient l'excavation. Dominique Arnaud, en sa qualité de maître mineur, poursuivait le plan d'extraction qu'il avait arrêté à son arrivée à la minière : une galerie d'accès qui s'enfonçait en pente douce le long du filon et une galerie de rabais qui permettait d'acheminer le minéral au pied du puits d'où il était remonté par les treuils et entreposé à l'extérieur. Augustineo était devenu le charpentier boiseur des galeries et cuveleur des puits, aidé par le jeune Aurelio Vercellina et deux boiseurs. Giovani Vercellina avait réussi à convaincre quelques jeunes journaliers, désœuvrés en hiver, de travailler comme manouvriers sur le site du Pichu : il ne s'agissait pas de creuser dans les galeries, mais de travailler en surface, auprès du maître maçon pour élever les murailles des ateliers et des canaux ou auprès du charpentier hydraulique pour construire la roue et les flèches du bocard et assembler les traversines des tables de lavage.

Au printemps 1737, ils étaient une quarantaine à œuvrer. Les parois de roche jaune et le front des mélèzes et des sapins de haute futaie renvoyaient en écho les bruits du chantier, chaque outil sonnait sa note, masse, pic, scie, marteau, pelle. On avait construit une petite forge à l'entrée des galeries, tenue par Sébastien, le fils de Pierre Richerme, qui faisait chanter son enclume sur laquelle il forgeait les fleurets, bourroirs et épinglettes pour les mineurs. Les masses à long manche des casseurs faisaient entendre leurs cliquetis permanents. Le bocard à neuf pilons était encore silencieux, le bruit émanait de ceux qui s'affairaient à sa construction. Les maîtres criaient sur leurs aides, les muletiers sur leurs bêtes. On avait allumé de grands feux où chacun venait de temps à autre capter un peu de chaleur sur ses mains engourdies par le froid.

Le chantier avançait vite, la minière s'organisait, mais le sieur Rosset n'achetait toujours rien... Augustineo attendait. Il pensait à la petite hermine blanche qui avait observé ses premiers coups de pioche. Il l'évoquait souvent avec Jeanne Marie, le petit animal était devenu entre eux l'emblème de la minière.

La présence de tous ces étrangers au village ne passa pas inaperçue. Certains s'étaient installés dans la baraque construite par Dominique Arnaud, agrandie et rehaussée d'un étage pour accueillir les nouveaux venus. D'autres avaient choisi de vivre chez l'habitant, à Nancruet ou aux Moulins. C'était surtout la messe dominicale à Pesey qui était une occasion de rencontres. À la sortie de l'église, au marché, ce petit groupe d'hommes était l'objet de toutes les curiosités. Est-ce que leur village était loin ? Est-ce qu'on y cultivait comme ici des raves, des fèves, des choux, du seigle ? Et des tartifles que l'on trouvait maintenant sur les marchés ? Les hommes répondaient, heureux de cet accueil, dans leur langue comprise par tous au prix de quelques adaptations. Peu à peu, on comprenait qu'ils honoraient le même Dieu et qu'ils étaient les sujets du même roi. Parfois, on échangeait discrètement quelques carottes de tabac de contrebande. La minière restait le principal sujet des interrogations, on ne voyait pas encore très bien à quoi servirait cette industrie, mais on voyait qu'en deux ans à peine, le Pichu était devenu le centre d'une activité nouvelle, grâce au travail obstiné d'Augustineo. Ce dernier complétait les réponses de ses camarades par des explications sur le fonctionnement de la minière, sur ce fameux plomb d'œuvre qu'on allait bientôt produire, ce mélange de plomb et d'argent qui valait très cher. Certains allaient jusqu'à demander à qui et à quoi cela servirait ? Augustineo restait évasif, ne sachant pas très bien quoi répondre… On repartait avec la conviction que l'avenir de cette industrie était loin d'être sûr, qu'elle était faite plus de brillant que de solide et que malgré les hivers froids qui traînaient en longueur et les étés trop secs et trop courts, il valait mieux continuer à besogner avec son père les quelques places de culture, les quelques quartannées* de foin et les quelques vaches qu'il vous laisserait dans quelques années. L'essentiel était la terre.

## 12.
## La minière, printemps 1737

Lorsque l'hiver desserra enfin sa morsure de gel et de froidure et que les ruisseaux secouèrent leur carapace de glace, Giovani Vercellina décida qu'on pouvait mettre en eau le bocard et la laverie. Avant même d'être construits, on avait dédié le bocard à Antoine, le saint ermite des bois, et la laverie à Marie, la mère compatissante, deux saintes personnes que l'on honorait également au-delà et en deçà des monts. La grande roue à godets de quatorze pieds de diamètre était prête, déjà fixée à l'arbre, un tronc de bois de large* de fort diamètre entouré de douelles taillées et assemblées pour former un gros cylindre de douze pieds de longueur, maintenues par des cercles métalliques clavetés. L'arbre était hérissé de cames qui viendraient soulever alternativement chacune des neuf flèches du piloir réparties en trois batteries. Francesco Benetto, le charpentier hydraulique, avait travaillé plusieurs semaines avec le bocardier pour fabriquer et agencer toutes les pièces de cette grande machine, prenant modèle sur celle qu'il avait fabriquée à la Fosse des Anciens à Sessera. Pour l'auge à piler, il avait fait venir du bois de chêne qu'on ne trouvait pas dans ce pays, dans lequel il avait taillé les pièces de grande longueur et les pièces de flan. Certaines étaient assemblées à mi-entaille, d'autres à queue d'hyronde, colmatées entre elles avec de la mousse pour retenir l'eau dans l'auge. Il avait confectionné les flèches dans des bois de mélèze, un bois qui prend le poli, des pièces de douze pieds de long, cinq de large, quatre d'épaisseur, soigneusement dressées à la varlope pour qu'elles coulissent entre les moises du cadre charpenté qui les maintiendrait à la verticale. Les maréchaux, Pierre et son fils Sébastien, avaient forgé les masses des pilons en fer ni aigre ni poreux, qui, chacune, pesaient près de quatre-vingts livres, les cames, les grilles en fers carrés, les crampons qui renforçaient l'assemblage des bois. Le temps était venu de faire fonctionner cette machine imposante en mettant en eau le canal d'amenée qui remplirait les augets de la roue.

Pour Giovani Vercellina, la mise en service du bocard était d'autant plus importante qu'il fabriquerait le sable métallique à livrer à la fonte. Cette machine faisait le travail de dizaines de casseurs. Tout le monde assista à la manœuvre. L'eau arriva avec force, inondant tout l'artifice, la roue commença à tourner lentement, puis s'immobilisa d'un coup. Francesco descendit au cœur du bocard, se glissant avec précaution près de l'arbre et des flèches, encore immobiles. Toute la structure vibrait d'être contrariée, elle pouvait se déclencher à tout moment. Il s'efforçait de repérer le défaut, s'activant, trempé comme une soupe, avec son maillet et une masse, recalant certaines pièces, en ajustant d'autres. Il demanda à ce qu'on tarisse le débit de l'eau, le temps de hisser toutes les flèches et de les bloquer en position haute. Il se fit aider par le bocardier pour soulever les quatre-vingts livres de chaque pilon et placer une contre-fiche qui l'empêcherait de retomber. Remise en eau, la roue s'ébranla, d'abord lentement, puis de plus en plus vite, entraînant l'arbre dans une rotation régulière. Les tourillons soigneusement graissés avec de vieux oings tournaient sans heurt dans les crapaudines de laiton zingué que Francesco avait fait venir de la fonderie de Scopello. Le défaut était à rechercher dans la course verticale des pilons. On dériva à nouveau l'eau du canal et la roue s'immobilisa en silence après avoir vidé ses derniers augets. Francesco et ses aides inspectèrent minutieusement chaque pilon, s'assurant de leur libre course entre les moises, vérifiant la position des mentonnets qui devaient être soulevés par les cames. Après une journée de travail, Francesco dut constater que toutes les flèches fonctionnaient correctement, que rien ne venait s'opposer à leur va-et-vient vertical. Restait alors à vérifier chacune des trente-sept cames métalliques disposées sur l'arbre. Elles étaient fichées dans l'arbre, maintenues en place par des coins en bois enfoncés à force. Ils repérèrent rapidement celle qui, sortie de son logement, venait se coincer sur l'une des flèches, bloquant ainsi tout le mouvement.

Le premier concassage eut lieu quelques jours après ces essais. Le bocardier s'activait pour recharger la sole sous chaque pilon avec les matières que lui apportaient les charretteurs depuis la casserie. La roue tournait maintenant rapidement, le bocardier donnait l'impression d'être constamment à la poursuite de sa machine pour l'alimenter. Chaque pilon montait et descendait plusieurs fois par minute, s'écrasant lourdement sur les blocs de minéral, dans un bruit assourdissant de mitraille. Quand, pour quelque raison de défaut ou d'entretien, le bocard devait s'arrêter, son silence était entendu par tous sur tout le site. Lentement, les bruits reprenaient, le cliquetis des casseurs, l'enclume de Sébastien, le grincement des brouettes, les cris des muletiers, pour être à nouveau couverts par le grondement sourd mêlé de claquements secs du bocard qui reprenait sa course. La présence de cette machine qui faisait le travail de plusieurs hommes changea radicalement le site de la minière. Désormais, c'était elle qui imposait son rythme, qui donnait ses ordres. Augustineo retrouvait les bruits et l'affairement qu'il avait connus à la mine d'Alagna. Quant à Giovani Vercellina, il était satisfait de voir que la minière peu à peu devenait usine.

On avait construit à la suite du bocard le labyrinthe de canaux en bois dans lesquels se déposaient, emportés par un courant d'eau calmée, les sables bocardés selon leur poids spécifique, des plus lourds comportant beaucoup de minéral aux plus légers composés surtout de matières pierreuses pauvres. Les sables seraient ensuite « lavés » sur quatre tables de lavage pour éliminer le maximum de matières stériles.

Si la construction de ces tables n'avait posé aucun problème à l'équipe du charpentier, les modèles étant connus depuis fort longtemps, leur mise en service se révéla difficile. Augustineo l'avait déjà constaté à Alagna : les mineurs et les boiseurs étaient des hommes, les déblayeurs et brouetteurs étaient des hommes, les casseurs et les bocardiers étaient des hommes, mais sur toutes les minières, le lavage du minerai sur les tables était dévolu aux femmes. Leurs aptitudes naturelles, disait-on, convenaient mieux au maniement du râble et du petit balai en forme d'éventail qu'elles utilisaient pour remonter le sable à contre-courant sur les tables et séparer le minéral des masses pierreuses, le bon du mauvais. Le travail des laveuses serait pénible, toujours penchées sur leur table, les mains continuellement dans l'eau froide au bord du gel, à transporter des sacs de schlich trempé pesant près du quintal, pour un salaire de quelques sols par jour, moins que les mineurs, moins que les casseurs, moins que les brouetteurs. Moins que les hommes… Augustineo avait pressenti la difficulté de trouver à Pesey des femmes pour faire ce travail, qui accepteraient de passer du champ à la minière, de la maison à l'atelier… Augustineo et Giovani passèrent plusieurs jours à visiter les familles de peu de bien, qui pourraient être attirées par un complément aux maigres ressources de leurs cultures. Mais les mines n'avaient pas bonne réputation, on disait que pour les travaux pénibles, on y engageait des malfaiteurs, des galériens, voire des condamnés à mort, alors, vous pensez bien, ma fille n'ira jamais travailler avec des gueux pareils. Giovani se montrait rassurant, c'était un travail comme un autre, Augustineo affirmait qu'il en connaissait plusieurs qui venaient d'Alagna, c'étaient d'honnêtes ouvriers. Sans compter les admonitions du curé qui, chaque dimanche du haut de sa chaire, répétait qu'un honnête paroissien se devait de cultiver sa terre au sein de sa famille. Pour finir, ils réussirent à convaincre Jeanne Marie Garçon et Marie Anne Poccard, deux veuves dans le besoin, Jeanne Maurisse Benoit, une pauvre femme qui gagnait quelques sols en confectionnant des chemises et en tricotant des bas et Barbara Mérendon dont le mari était absent depuis neuf ans et sa fille Pétronille âgée seulement de quatorze ans. Tous les matins, elles rejoignaient Augustineo et Giovani sur le chemin de la minière, les unes depuis Pesey, les autres depuis les Moulins.

À la fin du mois de juin, elles avaient pu laver suffisamment de schlich pour que l'on envisage de procéder aux premiers grillages en plein air. Près de quatre cents quintaux de schlich finissaient de sécher dans le hangar. Ces grillages et la mise à feu des deux fours à manche à partir du mois de septembre allaient exiger beaucoup de charbon de bois. Les opérations de fonte dureraient plusieurs semaines à feu continu et on ne pouvait pas se permettre de manquer de combustible. Dès son arrivée, Giovani Vercellina avait fait savoir dans les villages de Pesey que la minière achèterait toutes les quantités de bois que l'on pourrait lui apporter. Ils furent nombreux à venir avec leurs mulets chargés de bois de corde* qu'ils avaient glanés parmi les taillis des mas environnants. Giovani avait affecté deux ouvriers à la fabrication du charbon de bois. Ils s'affairaient autour de trois fours en forme de cône, construits avec plusieurs étages de bûches, recouverts de leur chemise en terre, qui laissaient échapper des volutes de fumée blanche. L'un des charbonniers, Giuseppe Chiesi, natif de Valchiusella, disait que c'était l'eau qui s'échappait du bois. Et il ajoutait dans un grand rire qui éclairait son visage noirci : « *Faccio traspirare la mia legna et la mia legna mi fa traspirare !* » Malgré ce nouvel atelier, Giovani Vercellina comprit qu'il ne disposerait jamais assez de charbon pour la prochaine campagne de fonte. Les paysans apportaient leur bois en petites quantités et surtout de manière irrégulière, *« quand ça nous laisse le temps »* disaient-ils. Il prit alors contact avec trois charbonniers habitant Pesey depuis plusieurs années. Ils s'étaient installés sur la commune voisine de Bellentre où ils exploitaient les bois communaux dans la montagne de Pramain. L'un, Henri Jannenaud, était natif du Puy en haute Alsace et les deux autres, les frères Alexandre et Antoine Touza, venaient de Saint-Pierre, une paroisse de la vallée d'Antrona. Giovani fut heureux de trouver chez les frères Touza des compatriotes de la province de Novare. Ils fabriquaient un charbon de bonne qualité, calciné à cœur tout en restant ferme, ce qui était important pour ne pas être réduit en poussière lors de la voiture* à dos de mulets jusqu'à la minière. Deux semaines plus tard, dans la maison d'Augustineo au Villaret, Giovani Vercellina signait au nom de la société Deriva & Capson une convention qui obligeait les associés Jannenaud et Touza à fournir, d'ici à la Saint-André prochaine, la quantité de quinze cents charges de charbon qu'ils feraient dans le bois que la société achèterait à la communauté de Bellentre, pour le prix de vingt sols la charge rendue dans les magasins de la minière. En outre, les charbonniers s'engageaient à laisser de distance en distance des baliveaux qui portent graine pour que la forêt puisse se repeupler.

Lorsque les premiers mulets arrivèrent à la minière, un convoi d'une douzaine de bêtes bâtées de leurs charges de charbon menées par un certain Barthélémy Gontheret, ce dernier annonça à Giovani Vercellina qu'il s'était associé avec Antoine Chesal et que désormais ce serait eux qui feraient la voiture des charbons pour le compte des charbonniers. Giovani comprit que si les habitants de Pesey rechignaient à travailler à la minière, ils savaient s'organiser pour s'approprier les tâches annexes.

Martin Presbitero, le fondeur, avait préparé les aires de grillage, cinq toises carrées environ d'un sol bien sec et bien uni, dans lequel il avait creusé de petits canaux qui évacueraient l'humidité. Chaque aire était murée sur trois côtés et quatre pieds de hauteur. Les couches de schlich mélangé avec du charbon avaient été déposées (*« strata super strata »*, disait-il pour étaler ses connaissances) sur un lit de bûches. Le grillage à feu très lent chasserait du minéral les substances nuisibles, volatiles, tels le soufre et l'arsenic, durant cinq à six semaines, jusqu'à la fin du mois d'août. Martin Presbitero avait une haute idée de sa profession et de lui-même : s'il avait accepté de faire les lits et conduire les feux sur les trois fours de grillage, c'était uniquement pour dépanner, mais il ne cessait de rappeler à Giovani Vercellina qu'il était fondeur et non simple grilleur. Ce à quoi Giovani lui avait rétorqué que le succès des fontes dans ses fours à manche dépendait de la qualité du grillage, lequel ne pouvait être bien conduit qu'avec un charbon bien calciné et un schlich bien affiné par les laveuses, à partir d'un minéral bien bocardé, et que donc il ne pouvait se prétendre en haut de la chaîne de travail, mais bien en bas. Et que donc il devait rabaisser sa crête, comme on disait à Novare.

Dès les premiers feux de grillage, toute la minière fut envahie par une forte odeur de soufre que tout le monde s'accorda à comparer à celle d'œufs qu'on aurait laissé pourrir dans un coin du poulailler. Cette puanteur traîna jusqu'à la Saint-Michel. Martin Presbitero avait grillé les quatre cents quintaux de schlich, il en avait même retraité une bonne centaine qui avaient échappé à la calcination. Il pouvait maintenant démarrer sa campagne de fonte.

Faute de main-d'œuvre suffisante, il n'utilisa qu'un des deux fourneaux. Il commença par sécher la brasque faite d'un mélange de cendres, de poussière d'os et d'argile, par un feu vif pendant plusieurs heures, puis il procéda au chargement du four par couches successives d'un mélange de schlich et de charbon de bois. Il affecta un ouvrier à la conduite de la trombe hydraulique qui faisait pénétrer l'air par un porte-vent à l'intérieur du foyer. Aidé par un jeune garçon promu aide-fondeur qui faisait là ses premiers pas dans le monde de la métallurgie, ils conduisirent le feu pendant un mois, armés de spadelles et de ringards pour éliminer les scories et les mattes, se relayant pour maintenir un feu continu. Ils obtinrent plusieurs lingots de plomb d'œuvre qui, à la coulée du four, avaient pris la forme ovale de la lingotière de sable formée dans le sol de la fonderie. Après cette première fonte dont Martin Presbitero fut très fier, il fallut détruire les parois dégradées par la chaleur et reconstruire un nouveau chemisage à l'intérieur du bâti en pierres maçonnées. Une deuxième fonte eut lieu durant cet automne. On eut encore le temps avant l'hiver de retraiter les mattes et les scories grumeleuses et ternes pour obtenir quelques lingots supplémentaires qui allèrent rejoindre les premiers dans un hangar bien fermé.

Pour Augustineo, ces lingots de plomb d'œuvre représentaient les premiers profits de la minière. Encore fallait-il qu'ils soient vendus. Il lui faudrait encore attendre le printemps prochain, le col du Petit-Saint-Bernard serait alors dégagé des neiges, pour laisser passer les convois de mulets qui viendraient chercher les lingots de plomb et les conduire à Morgeix, chez les frères Celers qui les affineraient dans une coupelle* à l'allemande pour séparer le plomb marchand et l'argent.

Depuis quelques semaines déjà, l'hiver s'annonçait le matin par de petites gelées blanches. Un froid à pierre fendre s'installa à partir de la fête de tous les saints. Le gel paralysa tous les artifices de la minière, rendant cassantes toutes les pièces qui se mouvaient avec souplesse dans la chaleur de l'été. L'eau des torrents continuait à rouler sous la glace, mais elle se figeait dans les canaux de la laverie et alourdissait les roues du bocard et du martinet. Francesco Benetto, le bocardier, Martin Presbitero, le fondeur, et leurs aides respectifs s'en retournèrent dans la vallée de la Sesia, les laveuses et les jeunes manouvriers de Pesey restèrent chez eux. Ils raconteraient à la veillée leur travail à la minière, les machines, les fours et toutes ces nouveautés qui avaient été construites au Pichu. Seuls Dominique Arnaud et quelques mineurs pouvaient continuer à excaver pour quelque temps dans la chaleur souterraine et Augustineo à boiser quelques galeries. La neige empêcha bientôt le stockage du minéral. La minière s'assoupit pour l'hiver.

Giovani Vercellina visitait les syndics des communes alentour pour négocier des coupes de bois à faire au début de l'été prochain.

## 13.
## Turin, novembre 1740

En arrivant à Turin, Robert Antoine De Vlieger, tout seigneur du Plisson qu'il fût, était rompu par les journées interminables du voyage qui l'avait conduit depuis son fief de Bois-le-Duc, en Brabant, jusque dans la capitale du royaume de Piémont Sardaigne. L'Europe du nord au sud ! Des jours de roulage dans des voitures mal suspendues, des nuits d'inconfort dans des auberges mal tenues et pour finir une traversée en portage du col du Grand-Saint-Bernard sous la tourmente ! Il fallait vraiment que William Savage, un gentilhomme anglais qui était devenu son associé, ait de bonnes raisons pour le faire venir à Turin. Sans doute tous ces désagréments étaient-ils le prix à payer pour assurer l'avenir de la Compagnie Anglaise qu'ils avaient créée pour exploiter les minières de cuivre, de plomb, d'argent et autres substances métalliques qui, disait-on, abondaient dans le sol du duché de Savoie. Leur compagnie avait entrepris depuis quelques années les premiers travaux dans les minières de cuivre et de plomb des paroisses d'Aiguebelle et d'Argentine en Maurienne, mais elle s'était heurtée à de nombreuses difficultés avec les naturels du pays. « *Il convenait,* avait écrit William Savage dans sa missive, *que nous prenions ensemble des décisions radicales pour l'avenir de la société.* »

William Savage louait pour le compte de la Compagnie Anglaise un bel appartement à l'étage, place Carline, à deux pas du palais royal.

— Mon cher Robert, avez-vous fait bon voyage ? demanda William en l'accueillant.

— Oui, si l'on juge qu'un voyage est bon quand on arrive à destination. Pour le reste...

— Vous verrez, Turin est une belle ville. Depuis que Sa Majesté détient la couronne royale, la capitale s'embellit sans cesse.

— *Goodness me !* William, n'est-ce pas une dépense démesurée cet appartement luxueux en plein centre de Turin ? À ce que je sache, notre compagnie n'a pas encore retiré autant de profits que nous le souhaitions des dépenses considérables que nous avons faites.

— Je vais vous expliquer le déroulement de nos affaires en Savoie et vous comprendrez pourquoi votre avis est essentiel pour éclairer les mesures que nous devons soumettre à Sa Majesté.

William Savage et Robert De Vlieger avaient fondé la Compagnie Anglaise, une société dont le capital était formé par soixante-quatre portions partagées avec cinq autres associés. Persuadés que dans ce pays on ne savait absolument point ce que c'était que d'exploiter les minières et de séparer les métaux, ils avaient fait venir à très grands frais de l'étranger des artistes, experts en l'art des mines et de la métallurgie.

— Vous savez très bien, mon cher William, que ce n'est pas exact, coupa le seigneur du Plisson, depuis des siècles, ce pays utilise pour séparer les métaux les fourneaux à manche, un art perfectionné qu'il détient des Saxons...

— Certes, mais les opérations à l'allemande sont fort ennuyeuses et dispendieuses, leur grillage est imparfait, leurs fourneaux doivent être bâtis à proximité d'un cours d'eau pour activer les feux par des trombes et surtout ils consomment des quantités considérables de charbon de bois, ce qui contribue à dépeupler leurs forêts. Et de toutes les manières, si l'on veut obtenir des concessions de minières dans ce pays, il est de la plus grande importance de présenter notre compagnie comme porteuse d'un art métallurgique nouveau.

— Vous êtes passé maître dans l'art de séduire !

— De séduire les gouvernants, surtout ! Nous devons présenter notre art de calciner, fondre et affiner les minerais au four à réverbère comme un procédé moderne, économique. Notre compagnie doit être vue comme apportant de nouveaux arts lucratifs dans ces contrées pour la plus grande gloire de Sa Majesté et pour le plus grand profit de ses sujets.

— Si je comprends bien, il nous faut obtenir une protection spéciale du roi.

— Oui, et c'est pour cela que j'ai cru utile d'installer notre société ici, à Turin, près de la cour, près de la Chambre des comptes, près du bureau de l'Artillerie avec lequel nous aurons à traiter. Nous ne pouvons plus conduire nos affaires depuis nos travaux de Maurienne.

William rappela à Robert du Plisson que la Compagnie avait fait venir d'Angleterre en Savoie plusieurs ouvriers versés dans cet art depuis le comté de Derbyshire. Pour mieux les engager à quitter leur patrie, il avait fallu payer leur voyage en chaise roulante jusqu'à Londres, la traversée à Calais, les auberges à Paris, à Lyon. Leurs gages avaient été très augmentés, ils avaient bénéficié de beaucoup d'avantages.

— Et bien que ce fût une dépense considérable pour la Compagnie, poursuivit William Savage, plusieurs d'entre eux ont été débauchés par des seigneurs du pays. La Compagnie a été obligée de les remplacer par d'autres, venus de l'étranger. Nous devons mettre fin à cette profonde et cruelle injustice.

— Cette dépense fut-elle si considérable ? demanda De Vlieger.

— Il suffit de regarder les comptes, cher ami.

William Savage sortit un gros registre de son bureau et l'ouvrit à la page de l'année 1739.

— Voyez vous-même. La plupart viennent du Derbyshire : Clendon, maître mineur, Batty, maçon spécialisé dans la construction des fours, Bunting et les frères Cash, des fondeurs expérimentés, Jones, raffineur, Woodhouse, essayeur, et encore Flint, Clift, Knoles, Williams, parfois accompagnés de leur femme et même de leurs enfants. En outre, ils ont exigé qu'on leur fournisse des vêtements pour le voyage, des bottes, des redingotes, des chemises, des bas, des souliers, des chapeaux et même des culottes en peau de bouc prétextant que leurs culottes en toile de Manchester s'useraient avec le roulage ! *Gosh !* La Compagnie n'a tout de même pas supporté tous ces dépens pour qu'on lui détourne ses ouvriers !

— Mais qui les a détournés et pourquoi ?

— Monsieur le baron de Châteauneuf, avec qui nous avions conclu un contrat d'excavation, s'est persuadé qu'il pouvait cultiver lui-même les minières de ses fiefs d'Argentine, de Valmenier et de Bonvillaret, mais comme il n'est pas entouré des talents nécessaires, il a cru bon d'attenter à la fidélité de notre maçon et de l'un de nos fondeurs en leur promettant des gages plus forts. Et ce fut encore l'an passé monseigneur Grisella, l'évêque de Maurienne, marquis de Rosignan, qui entreprit d'exploiter les minières de Saint-André, Valloire, Saint-Alban, Saint-Jean. Ce seigneur proclame haut et fort que nos ouvriers anglais étant étrangers et sans possessions foncières, ils doivent être considérés comme sujets à fuir du matin au soir ! Ça ne l'a pas empêché d'en débaucher deux pour sa propre industrie...

De Vlieger en convenait : sans ouvriers sûrs et fidèles, la Compagnie ne pouvait poursuivre ses activités en Savoie. Et que dire de ce maçon tué lors de l'édification d'un four à Bonvillaret dont tous les biens avaient été saisis par les Gabelles royales !

— Ce royaume applique la loi d'aubaine avec la plus extrême sévérité, précisa William Savage. Les ouvriers que nous recrutons en Angleterre craignent que leur veuve et leurs héritiers soient dépouillés.

Après avoir dressé la liste de toutes les cruelles oppressions dont leur compagnie fut victime depuis ces quelques années, les deux hommes convinrent d'adresser au roi une supplique pour obtenir sa protection. Ils demanderaient que, par lettres patentes, il soit défendu à toute personne de quelque qualité et condition qu'elle soit dans tous ses États de terre ferme de ne point attenter à la fidélité des ouvriers de la Compagnie.

— Il serait bon d'attirer l'attention de Sa Majesté sur les profits que ses sujets peuvent tirer en apprenant de nos ouvriers l'art de fondre dans nos fours à réverbère avec du petit bois en place du charbon. La Compagnie doit montrer qu'elle est disposée à partager ces usages secrets avec les naturels du pays.

Pour Robert De Vlieger, il conviendrait d'inscrire cette supplique dans une durée de quarante années.

— C'est le temps nécessaire dont une compagnie minière doit pouvoir disposer pour explorer, excaver et affiner les métaux avant d'en tirer profit.

Quant à William Savage, il proposa que ce privilège royal s'appliquât à toutes les minières d'or, d'argent, de cuivre, de plomb et d'autres substances métalliques situées dans le territoire dépendant directement de la gouvernance du roi.

— Y compris lorsque ces minières se situent sur le fief d'un seigneur vassal ? demanda De Vlieger. Car c'est bien avec ces nobles seigneurs que nous avons eu tous ces différends.

— Vous avez raison, cher ami. La Compagnie ne peut prétendre jouir d'un privilège royal sur la minière d'un seigneur qui est investi du droit des minières. Notre supplique doit se limiter au domaine royal immédiat.

— Mais elle doit porter sur toutes ces minières au-delà des monts.

— Au-delà et en deçà des monts. La Compagnie doit penser à l'avenir, il n'y a pas de raison de limiter son activité future au seul duché de Savoie !

L'élaboration de cette supplique et la rédaction de tous les articles leur demandèrent plusieurs jours de travail. Ils la remirent dans les mains du sieur François Verani, l'intendant général de l'Artillerie qui, dans l'organisation de la cour à Turin, était l'instance habilitée à traiter toutes les affaires concernant les minières.

— Vous devez attendre maintenant les royales déterminations de Sa Majesté, leur dit l'intendant en leur laissant entendre que leur supplique serait instruite avec soin par ses services, et qu'en particulier on ne manquerait pas d'exiger en contrepartie d'un tel privilège la fourniture des métaux bien purgés et dépouillés de pierres sauvages, l'or et l'argent aux royales Gabelles pour la Monnaie, le cuivre et le plomb pour les fabriques de l'Arsenal.

# 14.
# Pesey, juin 1741

Depuis un an, Giovani Vercellina et son fils Aurelio habitaient une maison dans le village des Moulins. Ils avaient insisté auprès d'Augustineo pour ne plus être à sa charge dans sa maison du Villaret. Cela faisait maintenant trois ans que la minière produisait des lingots de plomb d'œuvre qui étaient envoyés en Val d'Aoste pour être raffinés. Plusieurs mineurs, venus du Piémont ou pour quelques-uns du Tyrol, s'étaient installés à Pesey. Le bocardier, lui, arrivait de la vallée de la Sesia dès que le dégel d'avril commençait à grossir les ruisseaux. Sa première tâche était de recruter les laveuses à Pesey. Les voituriers, eux, n'attendaient pas la fonte des neiges pour livrer leurs charges de charbon. Quant au fondeur et à ses aides, ils venaient chaque année pour la campagne de fonte de septembre à novembre. Giovani avait été nommé caporal de la minière. La missive qui portait sa nomination, signée par Giacomo Lorenzo Deriva, « *Directeur de la Société d'exploitation de la Minière de Pesey Deriva & Capson* » et arrivée par l'intermédiaire du châtelain du marquis de Saint-Maurice, n'avait mis que quatre jours pour parvenir à Pesey depuis Turin, alors qu'il avait fallu quinze jours à Augustineo pour venir d'Alagna avec Dominique Arnaud en 1736 ! Augustineo s'était également étonné que l'homme au shako en peau de chèvre ne vive plus à Alagna. En outre il se disait « directeur » de la minière de Pesey tout en restant à Turin ! Pour lui, c'était Giovani qui dirigeait réellement les travaux, sur place.

La promotion de Giovani, sans aller jusqu'à entamer son amitié avec Augustineo, avait cependant inséré entre eux une certaine distance hiérarchique que chacun s'efforçait d'oublier dès qu'ils quittaient la minière. Ils continuaient à se voir fréquemment chez l'un ou l'autre au Villaret ou aux Moulins ou encore chez « l'oncle » Bartholomée dont la maison était généreusement ouverte.

À la minière, Augustineo avait pris le jeune Aurelio sous sa protection. Le fils de Giovani était devenu un solide garçon d'une vingtaine d'années. Il tenait de son père le regard rieur et les yeux verts de sa mère. Dans les travées de l'église, pendant la messe du dimanche, les filles de Pesey se murmuraient des chuchoteries en coulant des regards mutins vers Aurelio qui faisait semblant de ne pas les voir. Dès son arrivée, le jeune homme avait accompagné Augustineo dans les galeries et peu à peu s'était initié aux gestes des boiseurs. Aujourd'hui, cinq ans après, Aurelio était devenu un charpentier de mines confirmé. Il maniait avec précision le cordeau à plomb, taillait les pièces à mi-entaille, tenons et mortaises, fabriquait et posait lui-même avec un grand talent les chapeaux, corniches, piliers et semelles des étançons, ainsi que toutes sortes d'étampes et limandes qui forment le boisage des fosses. Et surtout, il s'était aguerri au travail dans les galeries, à l'obscurité, aux dangers des éboulements et des inondations, au maniement des outils et de la lampe à huile.

Parfois, le soir surtout, cette solidité d'homme jeune se fissurait au souvenir de sa mère roulée par les eaux furieuses de l'Agogna. Dans les mois qui avaient suivi sa disparition, les images de sa mère, de celle qui avait veillé sur son enfance, avaient été nettes, proches de la présence, réconfortantes. Parfois, dans son esprit, d'autres images s'imposaient brutalement, des images de boue, de moutons, des corps de ses grands-parents. Peu à peu, il avait acquis le pouvoir de les maîtriser. Dès qu'elles surgissaient, il les chassait comme on étouffe les premières flammèches pour éviter que ne se propage l'incendie. Mais dans sa mémoire, avec les années et dans ce nouveau pays où son père l'avait emmené, l'image était devenue floue, les traits s'étaient estompés, il ne lui restait aujourd'hui qu'une odeur de céréales et de fumée de bois. Sa mère avait pris son temps pour mourir.

Un dimanche, Bartholomée invita Augustineo, Jeanne Marie et Giovani à voir l'avancement du retable majeur de la chapelle de Notre-Dame au Plan des Chailles. Cela faisait déjà trois ans que Joseph Marie Martel avait accepté le prix-fait que lui avaient proposé les procureurs aux œuvres pies de Pesey. Le contrat avait été signé chez maître Costerg, le notaire royal et collégié à Pesey. L'honorable Joseph Marie Martel était un maître sculpteur natif de la paroisse de Campertogno, dans la vallée de la Sesia. Les procureurs lui avaient remis un dessin représentant la Vierge Marie en pitié, recueillant le corps du Christ, pour le reproduire en relief dans un retable d'ordre composite. Le sculpteur devait en outre réaliser les statues des saints Joachim et Joseph, le père et l'époux de la Sainte Marie, ainsi que des anges portant les instruments de la Passion.

Les procureurs lui avaient attribué la maison de Nancruet, qui faisait partie du bénéfice de la nouvelle chapelle, pour y installer son atelier et sa famille et travailler chaque pièce du maître autel et du retable.

La veille, quatre paroissiens avaient voituré les premières pièces du retable depuis Nancruet jusqu'au Plan des Chailles où maître Martel les assemblerait. Curieux équipage que ces quatre mulets : l'un portait le tableau central de la pietà ; le sculpteur l'avait fait en haut-relief, de la plus belle forme et finesse, les chairs étaient peintes en couleurs naturelles, plutôt blanches que trop rouges, les habillures en bleu de Berlin, rouge carmin et vert de vessie, le cadre était fait en ouvrage chantourné d'une belle forme, le fond était coloré en cinabre et le relief supérieur doré, entouré d'anges. Le tableau avait été emmitouflé dans une toile bourrée de foin pour le protéger des chocs en chemin. Sur les bâts de deux autres mulets, on avait arrimé les quatre colonnes torses qui devaient soutenir le retable, les deux tournant en dehors garnies à vignes et les deux en dedans à roses, leurs feuillages dorés et les raisins et roses en couleurs naturelles. Le quatrième mulet portait, ficelés de part et d'autre de son dos, saint Joachim et saint Joseph qui fermaient la marche en se balançant au gré du déhanchement de l'animal. Maître Martel avait sculpté les deux statues dans deux branches candélabres d'un vieux pin cembro ; elles n'étaient pas encore peintes, et le bois d'arolle légèrement rosé conférait à ces deux personnages d'une taille presque humaine une couleur chair assez troublante. D'autres voyages suivraient pour voiturer les moulures de la corniche architrave, les piédestaux, les platebandes et deux panneaux en prédelles où le sculpteur avait représenté en bas-relief la fuite en Égypte et Jésus au milieu des docteurs.

Augustineo et Jeanne Marie, emmenés par Bartholomée, rejoignirent à grandes enjambées les autres procureurs aux œuvres pies, laissant Giovani accompagner le pas plus lent de Catherine, la fille de Bartholomée. Ils avaient dépassé le hameau de Pracompuet. Le sentier se creusait entre deux murets de pierres sèches. Pour l'aider dans un passage un peu raide, Giovani tendit la main à Catherine. Elle ressentit d'emblée une attirance vers lui, une attirance qui n'en finissait pas, qui, elle en eut soudain la certitude, n'en finirait pas. Elle en fut éblouie. Ils se voyaient pourtant régulièrement depuis plusieurs mois, mais leur relation était restée une connivence, une complicité non dite faite de regards, de sourires. Le contact de leurs doigts et la chaleur de leur paume transformaient d'un seul coup leur relation. Pour Giovani, le sourire lumineux de Catherine se superposa à l'image d'Angelina qui, un bref instant, parut lui sourire avant de s'effacer lentement. La chaleur de sa main effaça instantanément l'image obsessionnelle de son corps roulé par les eaux boueuses de l'Agogna. Il tendait la main à une femme vivante.

Ils poursuivirent leur chemin vers le Plan des Chailles sans désunir leurs mains.

## 15.
## Pesey, août 1741

Bien que la minière ait enregistré des profits depuis quelques années, le *signore* Deriva, contrairement à sa promesse, n'avait toujours rien proposé à Augustineo en reconnaissance de sa découverte. Après avoir longuement hésité, ce dernier s'était résolu à écrire à la Chambre des comptes à Turin pour faire reconnaître ses droits de découvreur de la mine comme en disposaient les lois et constitutions de Sa Majesté. Plus exactement, il avait fait écrire, car il était un peu perdu dans ces démarches. Il savait que c'était la Chambre des comptes qui recevrait son plaintif, mais à qui adresser la lettre ? Cette Chambre avait-elle un président ? Un directeur ? On parlait d'un procureur général, d'un seigneur collatéral… L'oncle Bartholomée lui avait conseillé de donner procure à un avocat qui le représenterait dans ses requêtes. Il lui avait recommandé un certain Nicolas Crusillat qui avait eu l'occasion de défendre la cause du curé de Pesey pour récupérer une cense annuelle trop vite oubliée par ses donateurs qui en avaient fait la promesse. Ce Crusillat était de Montmélian, mais il traitait beaucoup d'affaires entre Turin et le duché de Savoie.

Augustineo montra la lettre que spectable Nicolas Crusillat venait de lui adresser. Le praticien lui annonçait qu'un séquestre devait être pourvu dans quelques jours pour garantir ses droits de découvreur. « *Enfin,* ajoutait-il dans sa lettre, *j'ai bon espoir…* »

Il s'engageait en outre à poursuivre le procès à ses frais moyennant la moitié des droits à venir d'Augustineo.

— Le procès est en cours, alors, constata Augustineo avec satisfaction.

— Mais il est loin d'être terminé, lui rappela Bartholomée en affichant un scepticisme nourri par l'expérience.

La lettre comportait encore quelques lignes griffonnées à la hâte en dessous de la signature de Crusillat. *« Le signore Deriva se rendra à la minière de Pesey pour assister à la prochaine campagne de fonte. Il sera accompagné du signore Camille Capson et de deux ouvriers fondeurs anglais. »* D'habitude, Martin Presbitero, le fondeur, allumait ses fours aux alentours de la Saint-Maurice, pensa Augustineo, bientôt donc, en septembre. Il avait un peu de temps pour se préparer à une confrontation avec Deriva, qu'il n'avait pas souhaitée.

Giovani était déjà au courant de la venue de Giacomo Lorenzo Deriva. Mais que venait-il faire sur la minière avec ces deux fondeurs anglais ? Et pourquoi s'accompagnait-il de l'un de ses associés anglais ? À croire qu'il y aurait du changement dans la gouvernance de la minière !

## 16.
## Pesey, septembre 1741

Martin Presbitero avait allumé son four depuis trois jours. Cette année, on avait fait venir deux grilleurs qui avaient calciné six cents quintaux de schlich sur les trois places de calcination. Les aides-fondeurs s'affairaient pour faire le mélange du sable métallique avec le charbon sous le contrôle vigilant du maître des fontes, et le jeune Joseph Gontheret, préposé à la conduite de la trombe hydraulique, réglait le souffle d'air dans le museau porte-vent en peau de veau. Le ronflement rauque du four était parfois interrompu par le tintement métallique des spadelles, et par les orifices du four, les matières incandescentes jetaient des lueurs mouvantes sur les murs de la fonderie.

Deux hommes s'étaient approchés et commentaient, dans une langue que Martin ne connaissait pas, la marche du fourneau qui leur paraissait familière. Giovani l'avait prévenu, ce devait être ces deux fondeurs anglais arrivés hier au soir avec le *signore* Deriva. Originaires de Lancaster, ils avaient fait partie du premier contingent des ouvriers que la Compagnie Anglaise avait fait venir d'Angleterre pour exploiter les mines d'Argentine et d'Aiguebelle. Séduits par les gages confortables que leur avait proposés le baron de Châteauneuf, ils étaient passés à son service au grand dam de la Compagnie Anglaise qui voyait lui échapper, une fois de plus, deux de ses meilleurs ouvriers spécialistes.

Durant toute la journée, Giacomo Lorenzo Deriva, Camille Capson et les deux frères Cash avaient parcouru tous les artifices de la minière. Ils n'adressaient pas la parole aux ouvriers, se contentant des seules explications fournies par Giovani. Leurs questions ne portaient que sur le rendement de chaque poste. Pourquoi employait-on encore des casseurs alors que le bocard à eau faisait le même travail, mieux et plus vite ? Et ce bocard, pourquoi seulement neuf flèches ? On aurait pu en construire un deuxième, il y avait assez d'eau ! Et ces laveuses, elles devaient travailler plus vite, cesser de parloter ! Quand le petit groupe pénétra dans les galeries d'excavation, c'est à peine s'ils jetèrent un œil sur les ouvrages. Pourquoi utiliser encore des barelles portées par deux hommes pour déblayer alors qu'un seul homme peut transporter un quintal de matières avec une brouette ? Augustineo travaillait dans le puits, sur une plateforme à mi-hauteur, en train de réparer une portion du cuvelage. En levant les yeux, il reconnut sans peine la silhouette du *signore* Deriva penché sur l'orifice du puits. Le contre-jour ne l'avait pas empêché de distinguer le shako et cette manière d'incliner la tête pour mieux voir de son seul œil valide. Mais l'avait-il reconnu ?

À la fin de la journée, Giacomo Lorenzo Deriva tint une réunion dans la baraque des étrangers. Étaient présents Camille Capson qui, engoncé dans son habit bourgeois, ne disait pas un mot, et les deux fondeurs anglais qui ne cessaient de parler entre eux. Giovani Vercellina avait insisté pour que soient également présents Dominique Arnaud le maître mineur, Francesco Benetto le bocardier et Martin Presbitero qui avait hésité à laisser pour quelques heures la conduite du four à ses aides-fondeurs, d'autant qu'on n'était pas loin d'opérer une première coulée de plomb. Cette assemblée, pensa-t-il, ne durera pas longtemps, je serai revenu à temps. Dans la grande pièce commune de la baraque, les lits avaient été poussés sur les côtés, les garde-paille empilés les uns sur les autres, les ustensiles de cuisine rangés dans un coin. On n'avait pas l'habitude de tenir des réunions ; à la minière, les problèmes se réglaient sur les postes de travail, peu importe, on se tiendrait debout. Chacun avait le sentiment que le *signore* Deriva allait leur parler de l'avenir de la minière, de leur travail.

Avec la brutalité dont il était coutumier, Giacomo Lorenzo Deriva annonça d'emblée que ses associés et lui, au vu des faibles quantités produites de plomb d'œuvre et surtout de son faible degré de bonté, avaient décidé de faire construire un four à réverbère selon la méthode anglaise ainsi qu'un petit four d'affinage pour produire des culots d'argent et des barres de plomb. On ne changerait rien sur l'excavation ni sur le bocardage ni sur le lavage, sinon qu'il fallait travailler plus et plus vite. Francesco Benetto était fermement invité à réduire le nombre de ses aides pour mener son bocard et celui de ses laveuses sur les labyrinthes. Les déblayeurs évacueraient désormais les matières à l'aide de sacs en cuir dans les galeries basses et de brouettes à la sortie des fosses. Quant aux casseurs, deux manouvriers seraient suffisants pour réduire les blocs les plus gros.

Cela n'annonçait rien de bon, pensa Giovani en écoutant Deriva, mais ça ne changeait pas grand-chose.

Puis Giacomo Lorenzo Deriva présenta les frères Cash, John et Thomas, deux fondeurs expérimentés, anglais de nation, qui désormais affineraient le plomb d'œuvre selon la méthode anglaise. Ils avaient appris leur art sur les fours à réverbère à Kalstedge. On ne serait plus obligé de voiturer le plomb d'œuvre jusqu'à Morgeix pour le faire affiner. Martin Presbitero se sentit attaqué dans son amour-propre de fondeur : on n'avait pas attendu les Anglais pour savoir séparer le plomb et l'argent dans les fours à coupelle, et ce n'était pas ces deux Cash qui allaient lui apprendre son métier de fondeur ! Mais il n'en dit rien, sentant que la présence de ce Capson aux côtés de Deriva et de ces deux fondeurs anglais faisait tirer la minière vers ces nouvelles méthodes.

Ce que Deriva ne dit point et n'avait point l'intention de dire, c'est que la société avait conclu un accord avec les Cash, qui les intéressait au cinquième des produits de la mine. Et ce que les gens de la minière sur place n'avaient pas non plus besoin de savoir, c'est que la marche de la minière était désormais confiée à un homme d'affaires, bourgeois de Moustier, un certain Vittorio Bergonzi. C'est lui qui, sur les rapports des deux frères Cash, déciderait du commerce des produits de la minière. En particulier, le sieur Bergonzi assurerait la vente et le voiturage des plombs et de l'argent de Pesey aux marchands de Savoie et du comté d'Aoste, tandis que, depuis Turin, Deriva pourrait continuer à entretenir les relations de la société avec l'Arsenal et les royales Gabelles. Ainsi, rien ne changeait en apparence pour le travail à la minière, mais le commerce de ses produits était devenu prédominant pour l'organisation de la société Deriva & Capson.

Augustineo savait qu'il pourrait croiser le *signore* Deriva à la sortie de sa rencontre avec les Anglais et les maîtres mineurs. Le jour déclinait, en septembre la nuit arrivait vite, et la forêt accentuait encore la pénombre qui envahissait la minière. Giacomo Lorenzo Deriva sortit en premier, suivi de Camille Capson.

— *Signore* Deriva, c'est moi, Augustineo Merlo.

— Ah ! Merlo ! Le sieur Augustineo Merlo qui a osé se plaindre auprès de la Chambre des comptes !

— Mais, *signore*, je vous ai écrit par deux fois, et je n'ai point eu de retour.

— Je ne t'ai jamais rien promis, et tu dois être un foutu manant pour agir de la sorte. Mais sois tranquille, ton plaintif n'y fera rien et ce n'est pas ton avocaillon de province qui fera changer d'avis le procureur général que je connais bien !

— *Signore* Deriva, j'ai découvert cette minière et aujourd'hui vous en tirez profit !

— Je ne te dois rien, tu m'entends ! N'oublie pas que je te paie pour travailler dans *ma* minière. Et ne t'avise point d'ourdir ici quelques manœuvres contre moi, tu le regretterais ! Et maintenant, retourne dans ton trou !

Deriva écarta violemment Augustineo et poursuivit son chemin en appelant Thomas Cash. Augustineo vit de loin les deux hommes discuter à voix basse. L'Anglais jetait de temps à autre les yeux vers Augustineo en hochant le la tête. On aurait cru des conspirateurs fomentant un mauvais coup.

C'est à cet instant qu'on entendit des hurlements provenant du fourneau. Plusieurs ouvriers s'étaient déjà attroupés. Martin Presbitero se précipita, regrettant déjà d'avoir laissé des aides-fondeurs inexpérimentés seuls devant le four qui avait déjà atteint sa température maximale. Un homme était étendu à terre, sur le dos, devant un ruisseau de plomb en fusion qui s'écoulait du four et se répandait lentement sur le sol d'argile. Quelques ouvriers le tiraient pour l'éloigner de la lave rampante. Martin reconnut le jeune Joseph Gontheret à ses vêtements, car le pauvre garçon avait le visage et la poitrine recouverts d'une carapace de plomb qui s'était déjà solidifiée au contact de l'air froid, lui faisant comme une armure moulée sur son corps. Les aides-fondeurs lui racontèrent que, devant l'absence prolongée de Martin, ils avaient décidé de procéder à la coulée du four. Le trou de coulée, situé en partie basse, était obstrué par un bouchon de scories grumeleuses qu'ils avaient essayé de repousser à l'intérieur du four avec leurs ringards. C'est alors que le jeune Joseph, délaissant sa trombe hydraulique, les avait rejoints pour assister à la manœuvre. Muni d'un simple fer de deux pieds de long, il s'était penché près de l'orifice de coulée pour mieux le déboucher. Sous la pression, la lave avait été projetée violemment sur le jeune imprudent, le tuant sur le coup. Les ouvriers présents étaient tous très choqués par cet accident.

— Ce n'est pas un accident, commentèrent froidement les deux fondeurs anglais, c'est une imprudence.

Rentrant chez lui au Villaret, à la nuit tombée, Augustineo, encore ému par cet accident, ne put s'empêcher cependant de repenser à sa rencontre avec Deriva. Il ne savait quoi penser. Il était évident qu'il n'obtiendrait rien de lui. Fallait-il abandonner, suspendre sa requête devant la Chambre, poursuivre son travail de charpentier boiseur ? Ou au contraire, donner à maître Crusillat la consigne de poursuivre, quitte à lui laisser la moitié de ses droits ? Il risquait de perdre son travail. Après tout, il avait le papier de l'intendant qui lui reconnaissait la découverte de la minière ! Et il se souvint que quand Deriva avait fait les premières recherches à Pesey, il agissait sur réquisition de l'intendant général des royales Finances. Il ne pouvait aujourd'hui en prétendre l'exploitation à titre privé, ne serait-ce qu'au nom de sa fameuse société avec des associés anglais. C'était lui, Augustineo Merlo, le découvreur de la minière, qui était dans ses droits.

C'était décidé, il écrirait à maître Crusillat.

Le lendemain, on procéda à la sépulture du pauvre Joseph dont le corps avait été voituré jusqu'au cimetière sur une charrette, accompagné des ouvriers de la minière. Beaucoup d'habitants de Pesey avaient tenu à être présents, des parents, des voisins, des amis. Pour réconforter les parents et la famille, bien sûr, mais aussi parce que Joseph était un gars du pays, la minière avait tué l'un des leurs, ce n'était plus seulement l'affaire d'étrangers piémontais ou anglais. La minière devenait une affaire du pays.

On avait débarrassé le corps de sa carapace de plomb. Elle avait conservé l'empreinte des traits du jeune garçon tel un masque mortuaire en enfonçure. Martin et ses aides s'étaient refusés à retraiter cet objet dans la fonte suivante, comme si la lave en fusion avait capté l'âme de Joseph. Le jeune homme fut sépulturé à la renverse, dans un drap blanc cousu à la chemise qui recouvrait le corps jusqu'aux pieds, sa carapace de plomb posée à ses côtés malgré l'opposition du curé qui estimait que l'objet pouvait gêner le jour de la résurrection.

## 17.
## Pesey, juin 1742

« L'oncle » Bartholomée fut un moment réticent à l'idée que sa fille Catherine épouse un étranger, mais le sérieux et la gentillesse de Giovani, son honnêteté et sa franchise le persuadèrent d'accepter cette union. Et puis Giovani était originaire du Piémont, ça n'en faisait pas un étranger pour autant. Le mariage de Giovani Vercellina et de Catherine Merlo était prévu à la fin du mois de juin. Avant de publier les bans, le curé posa quelques conditions.

— Tu comprends, Giovani, tu n'es pas né dans la paroisse, ton nom ne figure pas sur le registre des baptêmes. Catherine, elle, je sais qu'elle a été baptisée, je connais ses parents, je sais qu'elle n'est pas mariée. Mais toi, es-tu libre ? Tu es arrivé ici avec un fils, j'espère que ce n'est pas un enfant du péché...

— J'ai été baptisé dans la paroisse de Bolzano, province de Novare en Piémont, répondit Giovani. Je suis veuf, je suis venu ici avec mon fils Aurelio après la mort de ma femme.

— Dans ce cas, mon devoir est de procéder à une sommaire apprise*. Tu devras choisir deux témoins qui te connaissent bien, si possible originaires de ta paroisse de Bolzano, ils devront témoigner devant monseigneur l'archevêque, à Moustier, de ta liberté de contracter mariage et de ta moralité. Le curé de ta paroisse devra m'adresser les certificats de ton baptême, de ton mariage et du décès de ton épouse.

— Mon épouse, la mère de mon fils Aurelio, est morte dans une inondation, on n'a jamais retrouvé son corps. Le curé de Bolzano avait dit une messe pour ça.

— Oui, un *requiem absente insepultado copore,* c'est ce qu'on fait dans ces cas douloureux. Mais ne t'inquiète pas, je connais tes dispositions et celles de Catherine, tu dois simplement accepter de faire toutes ces formalités avant la publication des bans.

Giovani accepta bien volontiers de s'y soumettre. La séance de sommaire apprise eut lieu à l'archevêché de Moustier en présence du vicaire général et du révérend official. Giovani avait demandé à Antoine Touza, l'un des frères charbonniers, natif comme lui de la province de Novare, et à Francesco Benetto, le charpentier du bocard. Ils témoignèrent qu'ils avaient connu les parents de Giovani, qui avaient été noyés dans l'inondation de l'Agogna, et qu'on n'avait jamais retrouvé le corps d'Angelina, que Giovani avait élevé son fils seul et qu'il ne s'était pas remarié.

Les bans furent publiés trois dimanches de suite à Pesey et à Bolzano Novarese, et le mariage eut lieu le dimanche suivant en présence de deux témoins : Augustineo et Anna Serret, une amie de Catherine. On n'avait jamais vu à l'église une telle affluence de Piémontais, de Valdôtains et de Valsésians. Après la sépulture de Joseph Gontheret, c'était la deuxième fois que les forains de la minière se mêlaient aux habitants de Pesey pour célébrer un événement de famille. Le curé inscrivit sur le registre les noms de *Jean Vercellin* et *Catherine Merlo*. Giovani Vercellina était devenu Jean Vercellin, par amour, s'intégrant dans ce pays qui l'avait accueilli.

À la minière, l'annonce du mariage de Jean sonna comme une promesse de grandes réjouissances. Il se devait de le fêter avec ses compagnons de travail, mais « l'oncle » Bartholomée s'opposa à la présence de Catherine à une fête entre hommes.

— La bienséance, comprends-tu ? Même si Catherine est maintenant ta femme.

Catherine accepta cette mise à l'écart et rejoignit Jeanne Marie au Villaret, elles passeraient la veillée ensemble, l'événement serait fêté entre hommes…

Ils furent une bonne quarantaine à venir ce dimanche soir dans la baraque des étrangers. On avait partagé du lard, du fromage et du pain. Les derniers arrivés à la minière avaient rapporté quelques flacons de Petit Rouge des vignobles d'Avrier, en passant en Savoie par le Pas du Lac Noir au bout de la vallée de la Grisenche. On avait raconté beaucoup d'histoires des provinces d'Ivrea, de Novare, de la Sesia, d'Aoste et même du lointain duché de Milan d'où venaient trois mineurs tyrolais. On avait beaucoup chanté aussi. Augustineo et Jean avaient écouté avec plaisir ces voix d'hommes, hautes ou graves, mais toujours claires et justes. Un gars de Valchiusella avait apporté un petit ocarina en terre cuite qui gardait quelques traces de vernis rouge. Il accompagnait de ses quatre ou cinq notes tous les chants en impulsant des rythmes qui entraînaient certains à esquisser des pas de danse d'une gestuelle légère, surprenante pour ces corps rustres et lourds. Puis on s'était séparé à la nuit tombante.

En rentrant au Villaret à cette heure tardive, Augustineo passa devant la fonderie. Le bâtiment avait été construit ce printemps après que les frères Cash eurent édifié leur four d'affinage à côté du demi-haut fourneau de Martin Presbitero. La fonderie abritait maintenant les deux fourneaux ainsi qu'un petit local dénommé pompeusement « le laboratoire » où l'on pouvait tester la qualité de l'argent fin et son degré de bonté. Augustineo trouva étrange que le laboratoire fût encore éclairé à cette heure avancée. D'autant que la saison de fonte n'avait pas encore commencé. Il s'approcha pour risquer un œil par la fenêtre, se juchant en équilibre précaire sur une pile de bois.

La petite pièce était éclairée par deux lampes à huile. Thomas Cash était penché sur un petit fourneau à vent construit en briques sur lequel était posé un creuset. Avec un cueilleron, il versait un alliage en fusion en fines lames dans des moules de sable. Plusieurs refroidissaient déjà sur la table. Son frère John les coupait en carreaux dont il rognait les pointes pour former des pièces rondes qu'il frappait ensuite à l'aide d'un maillet de fer entre deux coins.

Augustineo n'en croyait pas ses yeux : les frères Cash fabriquaient de la fausse monnaie avec le plomb et l'argent de la minière ! Il était trop loin pour distinguer s'ils fabriquaient des deniers, des sols ou des livres, ni même l'effigie qu'ils reproduisaient, mais il était fasciné par les gestes des deux hommes, précis, sûrs, rapides.

L'attention de Thomas fut soudain attirée peut-être par l'intensité du regard d'Augustineo à moins que ce fût par les craquements des bois roulant sous ses pieds. Il tourna la tête vers la fenêtre, leurs regards se croisèrent et instantanément, chacun sut le danger que l'autre représentait. Augustineo était devenu un témoin et Thomas risquait d'être dénoncé. Ils connaissaient tous les deux les peines que les Royales Constitutions fixaient pour les faux monnayeurs : étranglés et brûlés en public. Ces lois et constitutions avaient été diffusées dans toutes les communes du royaume. En France, ces criminels étaient pendus et bouillis. Thomas ne pouvait se permettre de laisser cet Augustineo Merlo courir chez le juge maje* du bourg de Saint-Maurice et lui raconter ce qu'il avait vu ce soir. En plus, il avait encore à l'esprit la conversation qu'il avait eue avec le *signore* Deriva : un malheureux accident pourrait advenir à ce Merlo qui avait eu l'outrecuidance de l'assigner devant la Chambre des comptes…

Augustineo entendit Thomas jurer en anglais et se précipiter à sa poursuite. Il courut sur le chemin du pont romano, la nuit était noire. Dans sa course, il se remémorait chaque pierre saillante, chaque branche basse, chaque trou formé par les derniers orages. Entre deux respirations haletantes, il croyait entendre une course précipitée derrière lui, mais il n'en était pas sûr, le vacarme du torrent, la nuit, pouvait parfois receler toutes sortes de bruits : des sonnailles, des meuglements, des conversations, des tintements d'enclume… Si l'Anglais était à sa poursuite, il avait l'avantage sur lui de mieux connaître le terrain, il serait vite arrivé au Villaret. Et Thomas ne connaissait pas sa maison. Cette nuit, il serait en sécurité, mais demain, l'Anglais aurait tôt fait de se renseigner. Il irait demander asile à Jean aux Moulins. Augustineo courut sans s'arrêter jusqu'au village des Moulins, il s'arrêta pour s'adosser au mur de la chapelle, reprendre son souffle et surtout écouter; aucun pas, aucun bruissement, aucun souffle ne perçait la nuit. Il reprit son chemin vers le Villaret d'un pas rapide. Encore tout essoufflé, il raconta tout à Jeanne Marie. Dès demain, elle retournerait chez son frère pour quelques jours et lui irait chez Jean.

Le lendemain matin, Augustineo arriva très tôt à la minière, espérant être déjà au travail dans les galeries où les fondeurs anglais n'avaient aucun motif à pénétrer. Néanmoins, il était inquiet. Les mineurs et déblayeurs arrivèrent pour le poste du matin. Dominique Arnaud leur distribua à chacun les fleurets, masses, pics, ainsi que la quantité d'huile pour l'éclairage pendant huit heures. Pour pénétrer plus avant dans la galerie d'accès, ils attendaient leur maître mineur, regroupés dans une partie élargie de la galerie qu'on appelait « la salle de la prière » parce que les mineurs avaient pris l'habitude de rester un moment en silence et de mettre leur journée de travail sous la protection, pour certains de sainte Barbe, pour d'autres de sainte Catherine, d'autres enfin imploraient directement Notre-Dame de Pitié, mais tous cherchaient une protection féminine. Augustineo scrutait chaque visage dans la pénombre. Il scrutait les souliers de ses compagnons, cherchant à repérer les guillochis qui étaient devenus la signature discrète de Jeanne Marie. C'est seulement vers onze heures, lorsque Jean viendrait faire sa tournée habituelle des postes de travail, qu'il pourrait lui parler des événements de cette nuit. Pour l'instant, il s'apprêtait à rejoindre son chantier de cuvelage dans le puits principal, une plateforme aménagée à six ou sept toises de la surface. L'accès était difficile par trois échelles successives, Augustineo devrait se tenir d'une main aux barreaux glissants, une lampe à huile dans l'autre. La vue de ce puits profond aux parois humides plongeant dans une obscurité totale saisissait d'effroi les boiseurs les plus aguerris. L'angoisse était renforcée par les faibles lueurs intermittentes des lampes de mineurs remplissant les seillons de mine au fond du puits, une quinzaine de toises plus bas. Il était sur le point d'amorcer sa descente lorsqu'il vit un ouvrier portant sur l'épaule une longue étampe de bois. Il reconnut dans cette grande pièce une de ces semelles sur lesquelles les boiseurs faisaient reposer les cadres en bois du cuvelage, entaillée d'une mortaise à chaque extrémité. Augustineo interpella l'homme, pensant que ce pouvait être l'un de ces aides-boiseurs récemment recrutés. L'homme se retourna vivement, la longue pièce de bois atteignit brutalement Augustineo à l'épaule alors qu'il avait le pied sur le premier barreau de l'échelle. Sous le choc violent, il bascula dans le vide, lâchant sa lampe qui tomba en rebondissant entre les parois pour se perdre au fond du puits. Par réflexe, il s'agrippa des deux mains à la corde du tournicot installé pour remonter les seillons de minerai. Par bonheur, le treuil était en position bloquée. Dans un mouvement de pendule, il fut projeté contre l'une des parois et atterrit sur la plateforme aménagée pour réparer le cuvelage. Il resta un moment étendu, sonné par sa chute, une vive douleur au bras gauche. Reprenant lentement conscience, il revit en détail l'accident : le choc de la pièce de bois heurtant vivement son épaule, sa chute dans le puits, ses mains brûlées en glissant sur la corde du treuil, la retombée sur la plateforme. Il en était sûr, ce n'était pas un accident. Il n'avait pas eu le temps de reconnaître l'homme qui l'avait bousculé, mais un boiseur n'aurait jamais eu un tel comportement, ni même un mineur ou un déblayeur, les hommes qui travaillaient dans les galeries étaient trop soumis eux-mêmes aux dangers de la minière pour en faire courir à leurs compagnons.

Augustineo se remit sur pieds, péniblement, et entreprit de remonter les trois échelles. Il n'avait plus sa lampe, en haut l'orifice du puits ne diffusait qu'une faible lueur tombant à la verticale. Son bras le faisait souffrir, l'épaule aussi. Il commença à gravir les premiers échelons, s'assurant par son seul bras droit. La première plateforme lui permit de se reposer un long moment. Il appela, sans réponse. Personne, semblait-il, n'avait été témoin de cet « accident ». Au milieu de la deuxième échelle, il sentit que la corde du tournicot se remettait en mouvement, les seillons remplis de mine gorgée d'eau le frôlaient au rythme de leur remontée. Il appela.

— Ho ! Ho !

La corde s'immobilisa. On l'avait entendu. Une voix lui répondit depuis la surface, rebondissant en écho sur les parois du puits.

— Qui est au fond ?

— C'est moi, Augustineo !

— *Santo cielo !* Où es-tu ?

— Sur la deuxième échelle ! J'ai un bras meurtri. Lance-moi une corde et aide-moi à me tirer de là !

Michele Noir, un jeune gars de Novare, préposé au treuil, confectionna rapidement une boucle sur une longue corde de chanvre dont il fixa une des extrémités sur le tambour du treuil et lança l'autre dans le puits. Quand Augustineo émergea enfin du puits, ils étaient nombreux, boiseurs, déblayeurs, à l'aider. Ils l'étendirent sur le sol et lui immobilisèrent le bras avec de la ficelle de Turin. Pressé de questions, il s'en tint à la version de l'accident : son pied avait glissé sur le barreau de la première échelle. On l'accompagna jusqu'à la baraque des étrangers où il put s'étendre et se remettre.

Vers onze heures, Jean vint le rejoindre. Augustineo lui raconta tout : l'entretien avec le *signore* Deriva, la fabrication des fausses pièces de monnaie dans le laboratoire, « l'accident » de ce matin. Les deux hommes en convinrent, il était plus prudent qu'Augustineo loge quelque temps chez lui. Il n'était pas en état de travailler ce jour-là, Jean le fit accompagner à dos de mulet jusqu'aux Moulins. Il pourrait aller se faire soigner par Antoine Silvin, un vieil homme incommodé des yeux qui exerçait à l'occasion ses dons de renoueur d'os.

## 18.
## Bourg de Saint-Maurice, juillet 1742

Jean Vercellin attendait d'être reçu par le sieur Pillet, châtelain du marquis, dans son officine du bourg de Saint-Maurice. Il avait été prié de venir « *pour vous entretenir d'une affaire de la plus haute importance* ». Il était seul dans l'antichambre du châtelain. En entrant, il avait dû décliner ses nom, prénom et fonction auprès d'un greffier installé derrière une table à écrire : « *Vercellin Jean, piémontais de nation, maître de minière, habitant la paroisse de Pesey depuis six années.* » Le sieur Pillet l'accueillit sans mondanité.

— Je vous ai fait venir, monsieur Vercellin, pour une affaire très délicate. Et d'abord, jurez-moi que vous n'en ébruiterez point la teneur et que vous garderez secrets les termes de cet entretien.

— Tant de précautions augurent d'une affaire d'importance ! Vous pouvez compter sur ma totale discrétion.

— Son Excellence le marquis m'a informé qu'il avait autorisé la société Deriva & Capson à travailler sa minière. En êtes-vous le représentant sur place ?

— Le *signore* Deriva résidant à Turin, il m'a confié la marche générale de la minière, mais je ne peux décider que des affaires courantes.

— Bien. Et connaissez-vous un dénommé Bergonzi ? Vittorio Bergonzi ?

— Je ne l'ai vu qu'une seule fois, répondit Jean. Il envoie de temps en temps un voiturier et sa caravane de mulets à la minière pour enlever les matières qu'il commerce avec des marchands de Moustier ou d'Aoste.

Le sieur Pillet semblait hésiter à poursuivre l'entretien, comme s'il lui manquait encore une information.

— Pouvez-vous me confirmer la présence à la minière de Pesey de deux individus, anglais de nation et fondeurs de profession ?

— Bien sûr, les frères Cash, Thomas et John, ils sont arrivés il y a un peu moins d'un an pour affiner l'argent.

— Résident-ils sur place ou dans un village ?

— Ils logent à la fonderie, dans une chambre construite au-dessus du laboratoire.

Jean se risqua :

— Mais je ne vois point là matière à une affaire d'importance à garder secrète !

— J'y viens, monsieur Vercellin, j'y viens, lui répondit le châtelain. Vous comprendrez les réserves que m'impose la plainte que j'ai reçue du sieur Bergonzi. Il accuse les frères Cash de fausse monnaie.

Jean marqua son étonnement, non pas que les frères Cash

fabriquassent de la fausse monnaie, mais que ce soit Vittorio Bergonzi qui les dénonce. Le châtelain poursuivit :

— Le sieur Bergonzi est venu me voir il a deux jours. Il m'a fait part des soupçons qui pesaient sur les frères Cash lorsqu'ils travaillaient à la mine d'Argentine en 1739. Récemment, il avait rencontré un homme à Moustier qui se vantait dans les cabarets du bourg d'avoir pu acheter des pièces d'une livre de vingt sols à moitié prix auprès d'un Anglais qui se faisait appeler William Cork. Bergonzi, très introduit dans le marché local des métaux, eut tôt fait d'identifier Thomas Cash. Sachant que les frères Cash avaient été embauchés par Deriva à la minière de Pesey, Bergonzi soupçonnait que les fausses pièces d'une livre à l'effigie du roi de Sardaigne étaient fabriquées avec de l'argent de Pesey.

Le châtelain marqua un temps d'arrêt, puis reprit avec solennité :

— S'il est prouvé que ces Anglais sont bien convaincus de fausse monnaie, ils ont commis un crime qui est du ressort du juge maje du bourg de Saint-Maurice et du Sénat de Savoie. Mais je dois instruire cette affaire et réunir toutes les pièces. Dites-moi ce que vous savez et tout ce que vous savez, sans rien omettre.

Jean avait en tête ce qu'Augustineo lui avait raconté. Son témoignage serait la preuve indiscutable du forfait des frères Cash, mais il hésitait à placer Augustineo dans l'engrenage de la justice.

— Si vous renâclez à me dire ce que vous savez, monsieur

Vercellin, puis-je vous rappeler qu'en vertu des Royales Constitutions, ceux qui donnent aide, secours ou conseil aux fabricateurs ou à leurs complices, encourent les mêmes châtiments qu'on réserve aux faux monnayeurs.

Jean était piégé. Il raconta au sieur Pillet la scène qu'Augustineo avait vue dans le laboratoire, un mois auparavant, sans omettre la poursuite de Thomas Cash en pleine nuit et « l'accident » du lendemain.

— Vous auriez dû m'en informer sur-le-champ. La fausse monnaie est un crime de lèse-majesté qui ne saurait souffrir aucun délai de jugement. Votre silence pourrait vous faire, vous et ce Merlo, complices d'un crime attentatoire à l'autorité du royaume. De plus, ces deux individus travaillant pour le compte de Deriva & Capson, la responsabilité de cette société pourrait être recherchée.

— Pardonnez-moi, monsieur, en voulant protéger mon ami Merlo, j'ai mal apprécié la gravité des faits. Mais je ne souhaite qu'une chose, c'est mettre fin à cette activité criminelle.

— Bien. Votre ami, ce Merlo, il me semble l'avoir déjà reçu ici même il y a quelque temps… Demandez-lui de déposer son témoignage chez maître Costerg à Pesey. En l'absence de preuves matérielles, il me faut son témoignage par écrit. Je passe par votre intermédiaire pour gagner du temps, mais il s'agit bien d'une injonction officielle de ma part. Le susdit Merlo devra s'exécuter sans délai, dès réception de la lettre que mon curial* vous remettra en partant.

Jean acquiesça. Le châtelain poursuivit.

— Ces deux individus anglais travaillent et logent à la fonderie, m'avez-vous dit.

— C'est bien cela.

— Et sont-ils présents à la minière en ce moment même ?

— Certainement.

— Bien. Vous devez rester, vous et votre ami Merlo, à ma disposition pour l'instruction de cette affaire. Ne quittez pas la paroisse de Pesey. Et n'oubliez pas : ne parlez à personne de cet entretien sous peine d'être poursuivis pour complicité.

En remontant à Pesey, Jean se rendit directement au domicile d'Augustineo qui se relevait doucement de sa blessure. Il lui remit la lettre du châtelain. Le lendemain, Augustineo était chez maître Costerg qui reçut son témoignage. Le notaire lisait à haute voix.

— « *L'An mille sept cent quarante-deux et le jour treizième du mois de juillet, fait et passé au lieu, à tous qu'appartiendra soit manifeste que s'est, par devant moy Notaire Roïal signé, personnellement établi et constitué le sieur Augustineo fils à feu Jean Merlo de la paroisse de Pesey en Tarentaise, lequel de gré pour soy et par son serment qu'il a fait et prêté touchant les Écritures entre mes mains, a déclaré et déclare pour la seule vérité comme s'il était par devant son juge compétent, n'étant contraint, séduit ni suborné de personne, être bien mémoratif des faits qu'il a vus, savoir qu'au soir du seizième jour du mois de juin de l'an mille sept cent quarante-deux, il a vu par la fenêtre du laboratoire de la fonderie de la minière sise à Pesey deux hommes dans le susdit laboratoire, occupés à fondre, couper en carreaux, rogner et poinçonner des pièces de monnaie.* »

Maître Costerg leva les yeux sur Augustineo.

— C'est bien cela ?

— C'est la vérité.

Le notaire poursuivit.

— *« Le susdit Merlo reconnaît n'avoir point vu l'effigie reproduite au marteau sur ces pièces ni le titre de leur valeur. Il déclare en outre avoir identifié les nommés Thomas et John Cash, frères, anglais de nation et fondeurs à la minière de Pesey depuis le mois de septembre de l'année précédente icelle. De quoi tout j'ai accordé acte usant de mon office pour servir et valoir ainsi qu'appartiendra, fait, lu et stipulé dans ma maison dessus le grand chemin au village de Pesey d'amont, signé par le sieur Augustineo Merlo et par moi Notaire Roïal et en présence de mon fils, secrétaire, témoin à ce requis. »* Voilà, mon ami, vous pouvez aller, je transmettrai cet acte au châtelain.

Le lendemain à l'aurore, une petite troupe d'hommes en armes se présenta à la minière, un sergent de justice monté sur son cheval, accompagné de quatre archers à pied, armés de fusils. Ils procédèrent à la prise de corps des deux frères Cash en les interpellant dans leur chambre. Les deux hommes n'opposèrent aucune résistance. Les soldats saisirent leur matériel de fausse monnaie : fourneau à vent, flattoir, estanques, rechaussoir, pile et trousseau. Le sergent voulut également saisir les effets personnels des deux Anglais. Il ne récupéra pas grand-chose, quelques nippes, deux couteaux, une boîte à tabac, un traité sur l'affinage des plombs et de l'argent en usage dans les mines de Winster, comté de Derby en Angleterre, et une bible en langue anglaise. « *Pour payer les frais du procès* », dit-il.

Ce matin-là, après le départ des deux fondeurs encadrés par les soldats de justice, on ne parlait que de ça. La minière de Pesey avait abrité des faux monnayeurs ! Cela n'allait pas rehausser l'image de la minière aux yeux des villageois. Et comment allait-on raffiner en l'absence des deux frères Cash ? Personne ne savait ici mener les opérations d'affinage au four à réverbère…

Augustineo regarda avec soulagement la petite troupe s'éloigner dans la vallée.

## 19.
## Turin, septembre 1742

William Savage et Robert De Vlieger attendaient Giacomo Lorenzo Deriva au siège de la Compagnie Anglaise, place Carline à Turin, installés dans de confortables bergères de style Queen Anne qu'ils avaient fait venir d'Angleterre à grands frais. Ils ignoraient le but de cette visite que Deriva avait sollicitée, mais ils s'en doutaient. Il exploitait la minière de Pesey en Tarentaise, une exploitation très rentable à ce qu'on disait, où il avait introduit, de son propre chef, un affinage au four à réverbère. Mais la société avait connu quelques déboires avec son personnel, en particulier les frères Cash qui avaient déserté les rangs de la Compagnie Anglaise. Savage et De Vlieger étaient à peu près sûrs que le Turinois allait leur demander des techniciens pour calciner et affiner la mine.

Giacomo Lorenzo Deriva arriva à l'instant même où la cloche de l'église Sainte-Pélagie sonnait le premier coup de onze heures. Deriva avait croisé Savage à plusieurs reprises dans les couloirs du bureau de l'Artillerie, mais ne connaissait pas De Vlieger. L'apparence sauvage de Deriva, son accoutrement rustique, son visage rendu effrayant par la balafre qui avait déchiré son œil gauche composaient un personnage incongru dans ce décor raffiné et compassé. Les présentations faites, les trois hommes commencèrent par échanger des banalités sur l'exploitation de leurs minières respectives. William Savage évoqua leurs débuts durs et ingrats en Savoie, à Cevins, à Argentine, à Aiguebelle. Deriva raconta les prospections qu'il avait menées avec son père dans les vallées de la Stura et de Gezzo, puis l'exploitation de la mine d'Alagna. Habilement, William Savage évoqua la désertion de certains techniciens que la Compagnie Anglaise avait fait venir à ses frais.

— C'est le cas des frères Cash, deux de nos fondeurs qui ont été débauchés par monsieur le baron de Châteauneuf, malgré la sévère défense faite par les lettres patentes de Sa Majesté d'employer aucun de nos ouvriers. Il me semble que ces ouvriers sont aujourd'hui à vos ordres, monsieur Deriva…

Deriva s'empressa de décliner toute responsabilité en ce qui concernait les frères Cash.

— Ces deux individus sont venus me voir de leur propre gré. Il est vrai que nous avions passé un contrat d'association, mais vous n'êtes pas sans savoir qu'ils ont eu des ennuis avec la justice.

— Oui, de la fausse monnaie, dit-on…

— Bien entendu, j'ai répudié notre contrat. Les deux hommes sont actuellement retenus à la prison de Moustier en attendant de comparaître devant le Sénat de Savoie. Ils sont passibles de la peine de mort. Je suis fort contrarié de cette affaire qui nuit gravement à notre société.

— C'est effectivement une position délicate. Mais en quoi peut-on vous aider, cher monsieur ?

— Eh bien, justement, je me demandais s'il vous était possible de détacher de vos effectifs un fondeur et un affineur pour poursuivre le travail des Cash sur le four à réverbère qu'ils ont construit à la minière de Pesey, le temps de former nos ouvriers. Moyennant compensation, bien sûr…

Nous y voilà, pensa Savage en se tournant vers De Vlieger comme pour obtenir son accord du regard. Puis s'adressant à Deriva :

— Votre requête mérite réflexion. Les tourments que nous ont réservés les nobles seigneurs de Maurienne nous contraignent à redéployer nos ouvriers sur plusieurs minières. Nous pourrions vous donner réponse sous huitaine. Soyez assuré que la Compagnie Anglaise fera tout pour vous satisfaire.

Après le départ de Deriva, William Savage afficha un large sourire.

— Voilà une affaire qui s'annonce fort bien, dit-il à Robert De Vlieger.

— Vous n'allez pas aider ce Deriva, William, c'est un concurrent !

— Certes, mais un concurrent qui va nous aider à mettre la main sur l'une des plus belles minières de la Savoie.

— Expliquez-vous, je vous prie.

— En construisant un four à réverbère à Pesey, les frères Cash ont introduit dans cette minière un des éléments de notre méthode de fonte. En lui fournissant un fondeur et un affineur, on dotera la minière de Pesey de tous les artifices pour calciner, fondre et raffiner selon notre méthode.

— Mais c'est toujours Deriva & Capson qui exploite, objecta De Vlieger.

— En leur cédant tout droit de préemption et de seigneuriage sur cette minière pour mille livres, le marquis de Saint-Maurice s'est fait berner, il n'était pas conscient de l'importance des revenus que l'on peut tirer de la culture de ce gisement. Il suffirait de lui ouvrir les yeux, de lui proposer une rente du même montant, mais versée chaque année pendant une trentaine d'années pour le faire changer d'avis…

— … et le convaincre de répudier le contrat qui le lie avec Deriva en le faisant appeler devant le Sénat !

— Nous pourrions alors exercer sur la minière de Pesey l'exclusivité que nous ont accordée les lettres patentes de Sa Majesté.

— Mais ce marquis n'est-il pas investi du droit des minières comme il le prétend et le clame partout ?

— Il semble que non, c'est en tout cas ce que nous disent

nos juristes à Londres, qui se sont procuré l'acte d'inféodation de Chabod par le duc de Savoie voici cent cinquante ans. Si c'est bien le cas, alors la minière de Pesey relève du domaine royal immédiat où nos privilèges peuvent s'exercer. Vous comprenez, mon cher Robert, qu'en prêtant aujourd'hui deux fondeurs à Deriva, on l'élimine dans un an ou deux, et la Compagnie Anglaise récupère une minière très fructueuse et tout équipée suivant nos vues.

— Mon cher William, vous faites un redoutable condottiere !

— Eh bien ! Je crois qu'une visite à monsieur Chabod de Saint-Maurice s'impose…

## 20.
## Pesey, mai 1743

En ce dimanche matin, sous la halle au pied de l'église, le marché était particulièrement animé autour d'un groupe de personnes entourant Joseph Dupraz, le sabotier. Dans son échoppe au Villaret, il confectionnait avec sa sœur, Jeanne Marie, des socques de toutes tailles et aussi de gros souliers, lourds, à empeigne de vache et double semelle garnie de deux ou trois rangées de clous selon ce qu'on demandait. Des souliers parfaits pour aller par les champs et les bois et que les mineurs aussi avaient adoptés pour parcourir les galeries. À l'occasion, il fabriquait aussi des harnachements de mulets et des courroies ou des jougs pour mener les bœufs. Joseph Dupraz était très aimé dans toute la paroisse et même au-delà sur les marchés du bourg de Saint-Maurice et d'Aime. Sa gentillesse et sa serviabilité l'avaient fait surnommé « Bon cœur », mais certains, pour le moquer, l'appelaient « Bon cuir ».

Ce jour-là, il revenait du marché où il avait entendu des rumeurs inquiétantes. On disait qu'une armée de soldats espagnols était entrée en Savoie. De tout ce qui se disait sur les étals du marché, il n'avait pas retenu grand-chose, sinon que Sa Majesté sarde s'était alliée dans cette guerre à l'impératrice d'Autriche contre les Espagnols et les Français. Une guerre de plus entre souverains, en avait-il conclu, qui jetterait les peuples les uns contre les autres. On disait que l'intendant de Tarentaise était passé au bourg avec une caravane de mulets chargés des papiers de l'intendance et des recettes des gabelles pour les faire promptement passer en Piémont. On disait aussi que les Espagnols réquisitionnaient dans toutes les communautés pour obtenir de la viande, des bleds, du foin, de l'huile pour leurs troupes. Certains qui les avaient rencontrés disaient que leurs officiers étaient fort courtois et de bonne éducation, mais que leurs miquelets étaient des soldats d'aventure, des mercenaires qui avaient le mousquet facile. « Bon cœur » en était certain, les soldats espagnols seraient bientôt à Pesey !

Ce n'est qu'une semaine plus tard qu'on vit arriver un détachement d'une douzaine de miquelets commandés par un capitaine monté sur un grand cheval noir. Nicolas Garçon, le syndic tout récemment nommé, le reçut dans la maison commune. Il fut fort impressionné par l'uniforme chamarré de cet officier et par ses manières courtoises. Il s'attendait à souffrir la rudesse d'une soldatesque pillarde sans scrupule. Comment voir dans cet homme bien mis et de bonnes manières un ennemi à la tête d'une troupe d'envahisseurs ? Après un premier échange d'amabilités, le capitaine sortit de son dolman orné de brandebourgs un document qu'il lut en français.

— Monsieur le syndic, sur ordre de Sa Majesté Don Felipe, par la grâce de Dieu infant d'Espagne, grand amiral d'Espagne et des Indes, et généralissime des armées de Sa Majesté Catholique en Italie et en Savoie, votre communauté devra, à compter de ce jour, contribuer à son royal service en livrant les fournitures suivantes pour l'entretien de son armée : vingt bichets de froment, vingt de seigle et autant d'orge, quatre cents livres de viande, trente-cinq pots d'huile, trente livres de chandelles, vingt garde-paille et deux cents quintaux de foin. Ces fournitures seront livrées par vos soins au casernement de Moustier.

— Monsieur l'officier, protesta le syndic, vos exigences surpassent nos capacités !

Le capitaine répondit sur un air faussement aimable.

— Je ne crois pas, monsieur, ne tentez pas de vous faire plus pauvres que vous ne l'êtes. Avant de fuir en Piémont, votre intendant m'a communiqué le rôle de la taille de votre communauté. Je dois reconnaître que votre système fiscal est remarquablement bien fait. Et je vois ici plus de cinquante chefs de famille dont le revenu passe quarante livres à l'année.

— Mais comment faire la levée de toutes ces fournitures ?

— Comme pour un quartier de votre taille royale. Vous avez désigné un exacteur, je crois.

— Oui, Maurice Tresallet.

— Eh bien ! Demandez à ce Maurice Tresallet de procéder comme à l'accoutumée. Après tout, ce n'est qu'un quartier supplémentaire.

Et le capitaine ajouta avec un sourire qui n'avait rien de bienveillant :

— À moins que vous ne préfériez que mes hommes s'en chargent… à discrétion.

Le syndic comprit qu'il ne servirait à rien de protester davantage et qu'il perdrait plus à s'opposer qu'à se soumettre. Il prit des mains de l'officier espagnol la liste des réquisitions qu'il lui avait lue. Le militaire ajouta :

— Je dois encore m'acquitter d'une autre mission ici. Baillez-moi, je vous prie, un guide qui me conduise moi et mes hommes à la fonderie d'argent.

Le détachement espagnol arriva à la minière vers midi. Les soldats prirent position sur les principaux ateliers : l'entrée des galeries, la fonderie, le bocard, la laverie, l'entrepôt du plomb d'œuvre. Une heure après son arrivée, l'officier espagnol avait réuni tous les ouvriers sur le terreplein devant la fonderie. Du haut de sa monture, il prononça officiellement le séquestre de la minière. Les travaux devaient cesser sur-le-champ. Les ouvriers piémontais devaient repartir chez eux incontinent, à l'exception du sieur Vercellin qui était, à compter de ce jour, nommé gardiateur de la minière. Tout Piémontais interpellé en Savoie sera considéré comme un ennemi et traité comme tel. Les quelques ouvriers et les laveuses de Pesey devaient rentrer chez eux. Le ton de l'officier était ferme et sans appel. Martin Presbitero s'interposa avec véhémence. Avec son grand tablier de fondeur en cuir de vache, son bonnet de laine enfoncé jusqu'aux oreilles et son ringard qu'il tenait dressé d'une main telle une lance, il faisait figure de guerrier antique. Il s'adressa à l'officier espagnol :

— Monsieur, de quel droit entravez-vous la marche de cette minière ?

— Du droit des armes, monsieur.

À cet instant, Martin empoigna son ringard des deux mains. Était-ce pour se soutenir plus aisément ou pour se déplacer ? Toujours est-il que ce geste fut perçu comme un signe d'agressivité, l'un des soldats épaula et tira, atteignant Martin en pleine poitrine. Le fondeur s'affaissa lentement, sans un cri, les deux mains toujours agrippées sur la longue barre métallique, glissant jusqu'au sol. Le ringard tomba dans un tintement sonore au milieu de l'assistance muette d'effroi. Les soldats entourèrent leur chef, craignant une réaction de la part des ouvriers, mais seuls les deux aides-fondeurs se précipitèrent vers leur maître. Jean s'avança vers l'Espagnol.

— Je proteste solennellement ! Cet homme ne vous menaçait aucunement. C'est un meurtre !

— Nous sommes en guerre, monsieur, lui répondit l'officier.

Puis se tournant vers les ouvriers :

— Allons, messieurs, emportez le corps de cet homme et évacuez la minière sur-le-champ.

Et s'adressant à Jean :

— Sachez que je regarde les dirigeants de votre société comme les ennemis de notre souverain. Quant à vous, vous êtes consigné ici pour veiller au bon état de cette minière en attendant qu'il soit statué sur son devenir. Je vous laisse deux hommes qui assureront la sécurité de l'établissement ; vous leur fournirez le gîte et le couvert dans le cadre des réquisitions que j'ai arrêtées avec le syndic de votre communauté.

Le capitaine espagnol et ses hommes passèrent le reste de la journée à parcourir la paroisse en tous sens et réquisitionnèrent une trentaine de mulets qu'ils rassemblèrent à la minière. Le soir même, toute activité avait cessé : les galeries avaient été évacuées, leur accès fermé, le canal d'amenée de l'eau dévoyé dans le ruisseau de l'Arc, la roue du bocard bloquée, le labyrinthe et les tables de lavage nettoyés. Un silence lourd s'était abattu sur la minière, seul le fourneau de Martin continuait à rougeoyer, mais sans le vent des trombes il s'éteindrait lentement, on perdrait la coulée en cours. La petite troupe des Espagnols s'installa pour la nuit dans la baraque des étrangers que les ouvriers piémontais avaient désertée, emportant leur maigre ménage qui tenait bien souvent dans une petite besace. Les deux aides-fondeurs, choqués par la mort de leur maître, étaient partis les premiers.

Jean décida de passer la nuit à la minière, craignant des gestes violents de la part des quelques hommes restés sur place. Le lendemain, les Espagnols formèrent un convoi de mulets chargés de plus de cent rubs de plomb d'œuvre et s'engagèrent sur le chemin de Moustier, non sans avoir pillé les réserves de seigle des moulins de la confrérie du Saint-Esprit aux Moulins.

Une semaine plus tard, un soir, Jean, Catherine, Augustineo, Jeanne Marie et Aurelio regardaient le feu s'éteindre doucement dans la cheminée aux Moulins. Le meurtre de Martin Presbitero, la présence des soldats espagnols, les réquisitions supportées par chacun, l'arrêt de la minière les rendaient moroses. Aurelio avait assisté à la mort de Martin et en avait été révolté. Pendant plusieurs jours, il avait revu les images de la scène, les visages rigolards des soldats devant la chute lente de Martin glissant le long de son ringard, la morgue de l'officier qui n'avait pas daigné descendre de sa monture pour s'adresser aux ouvriers, le mépris affiché de ces militaires pour le travail accompli sur la minière. Il en avait nourri une haine de l'occupant espagnol et une envie farouche de l'affronter avec les mêmes armes. Son projet avait pris forme et il l'annonça ce soir-là à la veillée : il s'engagerait dans l'armée du roi Charles-Emmanuel. Aurelio était bien bâti, sa taille excédait de beaucoup les trente-huit onces minimum fixées par les Royales Instructions pour être enrôlé. Il se voyait déjà vêtu d'un uniforme chamarré, fait de dentelles, de plumes et de panache, on lui donnerait un fusil long et un nom de guerre. Il choisirait « Martin ».

Et lorsque les assentements de soldats furent décrétés pour la défense du pays et pour en chasser les ennemis, lorsque la communauté de Pesey fut sommée d'élire deux soldats qui allaient servir dans les troupes de Sa Majesté, il se porta volontaire.

## 21.
## Chambéry, hôtel d'Allinges, siège de la Délégation générale, janvier 1745

Jean Joseph Chabod, le vieux marquis de Saint-Maurice, montrait son agacement en tapotant le parquet en bois de sa canne au pommeau d'ivoire. Il n'avait pas eu beaucoup de chemin à faire, depuis son hôtel de la rue Juiverie à Chambéry jusqu'à l'hôtel d'Allinges dans la même rue, mais il y était venu en carrosse pour marquer son arrivée en affichant son rang. Il n'avait pas l'habitude d'être ainsi « convoqué », lui qui pouvait se prévaloir de ses titres de marquis de Saint-Maurice, comte de Saint-Jeoire et d'Hauteville, baron de Creste et de Lupigny, seigneur de Chitry, Mionnax et Vallières, lui qui était lieutenant général de l'infanterie, qui servait son roi, même si ce n'était qu'à titre honorifique, comme colonel du régiment du Chablais et qui avait reçu les insignes de chevalier des saints Maurice et Lazare. Convoqué, qui plus est, avec ces spéculateurs de la Compagnie Anglaise qui foulaient aux pieds les droits traditionnels de la noblesse savoyarde et qui intriguaient à la cour de Turin pour obtenir du roi des privilèges exorbitants. Décidément, pensa-t-il, Sa Majesté faisait fort peu de cas des droits traditionnels de la noblesse, que ce soit les exonérations de la taille ou l'exploitation des minières. Il ne connaissait pas ce Grosset, ni ce Sherdley et encore moins ce Crosby, ces nouveaux dirigeants et actionnaires qui représenteraient les intérêts de la Compagnie Anglaise à cette réunion. Il avait rencontré, trois ans auparavant, un certain William Savage qui, lui au moins, lui avait montré l'intérêt de la culture de la minière de Pesey. Ce fondateur de la Compagnie Anglaise était décédé l'année précédente d'une fluxion de poitrine, et De Vlieger, son ami et cofondateur de la société, atteint d'un étrange dérangement du cerveau, avait été reconnu dément et mis sous sûre garde. Il avait cependant cédé ses actions, et aujourd'hui la Compagnie était donc dirigée par ce trio Grosset, Sherdley et Crosby. Le marquis de Saint-Maurice s'était renseigné : Walter Grosset était seigneur de Loghie, issu de la petite noblesse écossaise, sans bien, Henry Sherdley n'était qu'un roturier parvenu et Crosby n'était qu'un petit gentilhomme de Saint-Martin-aux-Champs, dans le comté de Middlesex. Mais la basse extraction de ces hommes ne les a pas empêchés de mettre en doute mon investiture sur la minière de Pesey, pensa-t-il.

Il se rassura à l'idée que le marquis de La Ensenada rehausserait par ses qualités le niveau de cette assemblée. Zenón de

Somodevilla y Bengoechéa, marquis de La Ensenada, chevalier de la Toison d'Or, commandeur de Piedra Buena dans les ordres de Calatrava, de Carrizosa et de Saint-Jacques de l'Épée.

Voilà un homme qui conjugue beaucoup de qualités, pensa le marquis de Saint-Maurice ! Certes, c'est un représentant des autorités espagnoles d'envahissement, mais c'est surtout un seigneur de haut rang. Son maître, l'infant d'Espagne, a confirmé tous les droits de la noblesse en Savoie, nous devrions nous entendre…

En arrivant à la Délégation générale, Henry Sherdley avait le sentiment de franchir la dernière étape d'un long parcours. Depuis plusieurs mois, il faisait le siège d'Antoine Richa, le nouvel intendant général de l'Artillerie à Turin, prenant la suite de ce pauvre Savage. Une perte cruelle pour la Compagnie, ce Savage, pensa-t-il, il avait réussi à implanter la société dans un pays hostile aux méthodes anglaises de métallurgie. C'est à lui que la Compagnie doit privilèges et protection de Sa Majesté. Il faudra que je sois vigilant avec Chabod, songea-t-il en voyant l'air bougon du marquis de Saint-Maurice, il fait partie de cette noblesse savoyarde qui nous est hostile et qui peut fort bien ternir l'image de la Compagnie aux yeux du roi. Mais aujourd'hui, ses efforts seraient récompensés, l'intendant de l'Artillerie avait dû convaincre Sa Majesté d'inclure la minière de Pesey dans les privilèges accordés à la Compagnie. L'intervention du comte de Rocheford, ministre plénipotentiaire anglais à la cour de Turin, avait pesé sans conteste sur la décision de Sa Majesté.

Walter Grosset et Robert Crosby arrivèrent ensemble. Ils saluèrent courtoisement le marquis de Saint-Maurice et plus froidement Henry Sherdley. Crosby glissa à l'oreille de Grosset :

— Il aurait pu nous attendre...

— Il fait cavalier seul, comme à l'accoutumée, répondit Grosset tout en se souvenant que Sherdley possédait maintenant près de quarante pour cent des actions de la Compagnie.

Il ne faut pas lui laisser la maîtrise de la société, pensa-t-il, en se rassurant à l'idée que Crosby et lui réunissaient encore à eux deux plus de la moitié du capital de la compagnie.

Tous se levèrent à l'arrivée du marquis de La Ensanada. Un homme de haute taille, aux traits un peu lourds, affable, extrêmement poli, tout en douceur, mais dont les yeux s'éclairaient parfois d'une lueur de cruauté. On disait volontiers de lui qu'il était tout Espagne et qu'il ne pouvait souffrir les Français, bien qu'ils fussent les alliés de Sa Majesté Catholique dans cette guerre de succession d'Autriche. Le marquis salua en premier son égal de Saint-Maurice. Égal par le rang de noblesse, certes, mais d'une noblesse plus récente que la sienne. Le marquis de La Ensanada n'oubliait pas avoir vu quelques mois auparavant de Saint-Maurice dans l'église Saint-François à Chambéry, à genoux, faire allégeance et promettre à Son Altesse royale Don Felipe, l'infant d'Espagne, d'être bon, vrai et fidèle sujet, comme les autres vassaux et feudataires des provinces de Savoie.

— Messieurs, il nous faut examiner avec la plus grande attention le cas de la minière de Pesey qui, comme vous le savez, est située sur les terres de Son Excellence le marquis de Saint-Maurice ici présent.

Le marquis s'inclina courtoisement, fier de la préséance que lui reconnaissait ainsi cette grande figure de la noblesse espagnole. Le marquis de La Ensenada poursuivit.

— En arrivant dans le duché de Savoie, Son Altesse Don Felipe a prononcé le séquestre de tous les établissements de quelque importance, la minière de Pesey ne fit pas exception et fut placée sous la surveillance de nos troupes. Mais vous n'êtes pas sans savoir que l'état de guerre n'empêche pas les entretiens entre belligérants au plus haut niveau. Et Son Altesse Don Felipe a bien voulu accéder à la requête de Sa Majesté le roi sarde de libérer cette minière et d'en confier la culture à cette Compagnie Anglaise.

Pour le marquis de Saint-Maurice, ces paroles sonnaient comme un affront. Personne n'était en droit de disposer ainsi du sort de cette minière sur son fief.

— Pardonnez-moi, Excellence, dit-il, mais j'ai cédé cette minière pour dix années à la société Deriva & Capson et j'entends bien honorer cet engagement.

— Votre souverain également, qui a accordé le privilège d'exploitation aux entrepreneurs anglais pour quarante ans. Quant à cette société Deriva, étant domiciliée à Turin, nous devons considérer ses dirigeants comme ennemis à notre cause.

Le marquis de Saint-Maurice sentit qu'il ne pouvait s'opposer plus longtemps à cette décision, d'autant qu'elle émanait de son souverain. Il entrevit même le profit qu'il pourrait tirer de cette affaire : dix ou douze mille livres à la cession de la minière et peut-être même le revenu du seigneuriage pendant toute la durée de l'exploitation, le dixième de l'argent extrait et le vingtième du plomb. Il avança cependant un dernier argument :

— Je me permets de vous faire remarquer, Excellence, que les privilèges que Sa Majesté a cru devoir accorder à ces entrepreneurs étrangers ne s'appliquent que sur le domaine royal immédiat.

— Et sur le domaine médiat lorsque le vassal n'est pas investi du droit des minières, rétorqua Sherdley. Ce qui semble être votre cas.

Piqué au vif, le marquis de Saint-Maurice rétorqua :

— Vous n'êtes en rien fondé, monsieur, à contester les droits concédés à mes ancêtres par le duc de Savoie, et je ne disputerai point avec vous. Sachez seulement qu'il appartiendra au Sénat de Savoie et à la Chambre des comptes de trancher cette question.

Sherdley avait assez l'expérience des affaires pour savoir que les hommes cachaient souvent leurs faiblesses derrière des postures de façade. Sous ses apparences de vieux noble outragé, Chabod n'était pas insensible aux revenus qu'il pourrait tirer de sa minière. Il cédera, pensa Sherdley qui avança, dans un bref aparté avec Grosset et Crosby, que la Compagnie pourrait lui proposer mille deux cents livres annuelles de rentes pendant trente-cinq ans ; quatre fois plus que ce que lui avait promis Deriva & Capson jusqu'à présent.

— On pourrait même aller jusqu'à cinq mille livres par an, chuchotèrent les deux Anglais.

Le marquis de La Ensanada s'interposa :

— Allons, messieurs, brisons là, vous devez agir pour le service du roi. Je vous rappelle que la décision de Son Altesse Don Felipe est subordonnée à votre accord par contrat, le séquestre ne sera levé qu'à cette condition. Je vous engage à donner procure à vos hommes de loi pour rédiger un contrat qui reçoive vos approbations. Ils devront me le soumettre, disons dans les deux mois à venir.

## 22.
## La minière, novembre 1745

En pénétrant dans la galerie d'accès, Augustineo et Jean eurent l'impression d'entrer dans une nécropole. Ce n'était pas l'obscurité qui les oppressait, ils y étaient habitués et avaient chacun une lampe à huile, mais le silence. En activité, les fosses étaient toujours emplies de bruits divers, coups de maillets, de marteaux, de pics et de pelles, cris, jurons, rires, explosions, mais aujourd'hui c'est à peine si l'on entendait le bruit des gouttes d'eau tombant dans le puits, parfois le craquement d'un étançon ou la chute d'une pierre. Augustineo n'était pas tranquille. Son expérience de mineur l'avait alerté : ce silence ne lui disait rien de bon.

— Attention, Jean, ces galeries sont devenues dangereuses depuis plusieurs mois qu'on ne les entretient plus.

Depuis que l'officier espagnol l'avait désigné pour garder la minière, Jean y venait chaque jour. Il avait déjà constaté le vol de quelques planches, de quelques ferrements, de quelques outils. Les deux soldats espagnols étaient partis au bout d'une dizaine de jours, sans avertir personne, laissant Jean seul inspecter les artifices et surveiller le stock de schlich. Avant que les froids s'installent, il avait remis en eau le canal de dérivation, vérifié le bocard, nettoyé les tables et les labyrinthes des laveries, activé les trombes hydrauliques, puis immobilisé à nouveau tous les artifices de surface et les avait conditionnés pour l'hiver. Sa présence chaque jour sur la minière avait limité les dégradations de ces machines et peut-être même évité des vols plus importants, mais seul, sans moyen, il ne pouvait empêcher les délabrements. L'Espagnol n'avait alloué aucune rétribution, et depuis le début de cette occupation étrangère il était sans nouvelle du *signore* Deriva. Mais il s'était fait un devoir de surveiller la minière. Il avait demandé à Augustineo de l'accompagner aujourd'hui dans les galeries, ses talents de charpentier boiseur seraient utiles pour inspecter l'état des fosses. Personne n'y avait pénétré depuis le séquestre, la grosse porte d'entrée était restée fermée.

Augustineo avançait le premier, levant haut sa lampe pour mieux éclairer le sol de la galerie d'accès jonché de petites pierres. Quelques murs faisaient ventre, certains étançons avaient été brisés sous la poussée de la montagne. Quand ils arrivèrent à la cascane* de Saint-Jean-Baptiste, ils constatèrent que le puits était plein d'eau.

— La galerie de rabais doit être noyée jusqu'au grand puits, dit Augustineo.

Ils revinrent sur leurs pas et s'arrêtèrent dans la salle de la prière. Le silence était oppressant, donnant une présence accrue aux quelques bruits qui remontaient des galeries obscures et trahissaient les mouvements lents et continus de la montagne. Ils se sentaient en sécurité dans cette salle qui avait pourtant accueilli l'angoisse de tant de mineurs et de boiseurs au début de leurs journées de travail. Ils posèrent leurs lampes à terre et s'assirent sur un rondin. Jean n'était pas mécontent de cette occasion de parler de l'avenir de la minière.

— Cette minière se dégrade très vite, dit-il, et je n'ai pas les moyens de l'entretenir.

— Beaucoup de boisages sont déjà à reprendre, et il faudrait exhaure. As-tu des nouvelles du *signore* Deriva ? demanda Augustineo.

— Non.

— Le sieur Crusillat, celui qui suit ma plainte à la Chambre des comptes à Turin, m'a informé que la procédure était suspendue à cause du séquestre de la mine. Il faut encore attendre…

Un fracas d'éboulement l'interrompit, roulant en écho de galerie en galerie. L'éboulement avait dû se produire assez loin de l'entrée. Il demanda à Jean des nouvelles des frères Cash.

— Le châtelain m'a expliqué. C'est le Sénat de Savoie qui a jugé les Cash. Pour le procureur général défendant les intérêts de l'État, la culpabilité des Cash ne faisait aucun doute : il a demandé la peine capitale aux conditions des Royales Constitutions, à savoir pendus et brûlés en public. Mais lors des débats de la Chambre, le dossier révéla des approximations et surtout de sérieux doutes sur les témoignages présentés. Devant les sénateurs, Vittorio Bergonzi reconnut qu'il n'avait pas vraiment vu Thomas Cash vendre de fausses pièces dans un café de Moustier, « on » lui avait dit que ce William Cork n'était autre que Thomas Cash. Même ton témoignage, Augustineo, était insuffisant : tu n'étais pas vraiment sûr que ce soit des pièces de monnaie que Thomas fabriquait dans le laboratoire.

— Mais c'est faux ! Je n'ai pas vu l'effigie sur les pièces, mais c'était bien de la monnaie !

— Thomas Cash a prétendu qu'il faisait des essais pour vérifier le degré de bonté de l'argent raffiné. Bref, faute de preuves matérielles et avec des témoignages si peu fiables, la culpabilité des Cash ne fit pas l'unanimité, loin de là. Et puis certains disaient que le roi s'était ému à l'idée de voir condamnés à une peine irréversible deux sujets de Sa Majesté britannique, son allié dans cette guerre de succession d'Autriche.

Un craquement sec résonna dans l'obscurité, suivi du grondement d'un écroulement de roches. Augustineo pensa tout de suite à l'étançonnage au début de la galerie Saint-Joseph ;

la section des bois était trop faible, lorsque la minière était en activité, il s'était déjà promis de la changer.

— Pour finir, poursuivit Jean, on avança que les Cash avaient déjà passé dix mois dans la prison de Moustier avant d'être jugés. Le châtelain m'a expliqué que, pour la forme, les Cash avaient dû présenter leur grâce en personne à l'audience publique du Sénat, à genoux et tête nue. Le premier président les avait exhortés à ne plus commettre ou même tenter de commettre de semblables ou autres crimes, et les juges prononcèrent leur relaxe.

— Ils vont revenir à Pesey ? s'inquiéta Augustineo.

— Je ne sais pas. Mais tu ne risques rien, ils savent que ce n'est pas toi qui les as dénoncés.

— On dit que c'est une compagnie d'Anglais qui reprendrait la minière.

— Rien de sûr. Il faut attendre…

Les deux hommes restèrent un moment en silence, chacun essayant d'imaginer sa place dans cet avenir incertain de la minière. L'eau suintait des parois rocheuses, tombant goutte à goutte dans le grand puits, chaque égoutture résonnant distinctement dans le silence.

— Il faut attendre, dit Augustineo en se levant.

Ils sortirent au jour et refermèrent la lourde porte de la galerie derrière eux.

À quelques pas de là, grimpée sur un rocher, une petite hermine, déjà dans sa livrée blanche d'hiver, regardait les deux hommes s'éloigner.

## 23.
## Les Moulins, mai 1750

Sept années s'étaient écoulées depuis la mort de Martin, le fondeur. Sept années durant lesquelles la communauté de Pesey, comme ses voisines, eut à subir les rigueurs des prélèvements de l'armée espagnole alors que celles du climat accentuaient la misère des populations villageoises : des hivers qui ne désarmaient pas depuis la Toussaint jusqu'à la Saint-Germain, des gelées précoces suivies de redoux et de fortes pluies altérant les terres déjà semées, vaches, chèvres et brebis mouraient de leurs aliments gâtés. On se claquemurait dans le froid et la misère, cherchant dans les promesses de l'Église à s'assurer le salut éternel. La famine rôdait partout dans les vallées, beaucoup de misérables et nécessiteux, hanteurs de cabarets, porteurs de fusils et gens à craindre, montaient dans les villages pour marauder les jardins et y faire rapine, alors que plusieurs familles de Pesey, après avoir vendu terres, meubles et bétail, étaient parties chercher dans les grandes villes un sort qu'on disait meilleur. Elles n'étaient pas nombreuses, mais il n'était pas rare de voir des familles entières s'entasser dans des masures humides et malpropres, exposées à un air mou et chargé de parties aqueuses, sujettes à des affections putrides et vermineuses. De Pesey, Landry ou Bellentre, on tentait souvent sa chance en Franche-Comté, voire plus loin dans les Allemagne. Et sans aller aussi loin, on roulait de part et d'autre, de paroisse en paroisse, en proposant ses services de faiseur de culottes de peau, peigneur de chanvre, rapiéceur de chaudrons. La faim poussait souvent à l'émeute, comme à Pesey quand une bande de femmes mit en fuite un sergent royal venu saisir les bestiaux d'un paysan insolvable.

Dans la maison de Jean et Catherine aux Moulins, c'était la fête ce soir-là. Pas une de ces grandes foires où l'on se sent souvent seul au milieu de l'assemblée bruyante et bavarde, non, une fête de maison, de famille, qui faisait appel aux souvenirs, aux mots connus depuis l'enfance, aux images partagées par tous avec celui qui revenait après cinq années d'absence. Augustineo et Jeanne Marie seraient les seuls convives à partager la joie de Jean et Catherine pour fêter le retour d'Aurelio.

Quand il s'était engagé, cinq ans auparavant, soldat au régiment de Tarentaise pour combattre l'occupant espagnol, Aurelio était déjà un homme, jeune et solide, qui avait acquis le métier de boiseur charpentier de mine aux côtés d'Augustineo. Il avait fini de grandir auprès de son père, et Catherine lui avait apporté tout l'amour que sa mère aurait pu lui donner. Aujourd'hui, l'homme qui rentrait chez lui, âgé de vingt-cinq ans, était plus fort, plus mûr, quelques petites rides s'étaient creusées dans son visage hâlé par les marches sous le soleil et la neige, mais ses yeux étaient restés vifs et rieurs, comme ceux de son père. Une fine cicatrice barrait sa pommette droite.

Catherine l'étreignit avec chaleur, laissant ses doigts explorer ses cheveux, son visage, s'arrêtant sur la cicatrice en le questionnant du regard.

— Le silex du chien de mon mousquet, il était mal serti.

Dans l'étreinte de son père, affectueuse et accueillante, Aurelio perçut dans son dos une raideur étrange du bras droit. Ce n'était pas la main large et affectueuse avec laquelle son père lui disait, mieux que des mots, son amour et sa chaleur, il ressentait la pression désagréable d'un bloc de doigts insensibles, d'un membre atrophié qui ne pouvait plus transmettre l'affection qui emplissait les yeux de son père. Aurelio se retourna vivement, pressentant de découvrir une souffrance en regardant le bras de Jean.

— Qu'est-il arrivé à ton bras ? demanda Aurelio.

— Rien qui vaille la peine d'en parler, les risques du métier…

— De quel métier parles-tu ?

Jean regarda Catherine comme pour se faire pardonner d'évoquer à nouveau un épisode douloureux de leur vie qu'elle ne connaissait que trop.

— Quand les Anglais ont pris l'exploitation de la minière en 1745, ils m'ont remercié d'avoir veillé sur les artifices, durant la guerre, mais ils m'ont fait comprendre qu'ils nommeraient au poste de caporal de la minière un homme à eux, un certain Moïse Orme, qu'ils avaient fait venir d'Angleterre. Il n'y avait plus de travail pour moi à la minière. J'ai été tenté de retourner chez nous, à Bolzano, mais je ne pouvais pas imposer ça à Catherine. Je suis resté et j'ai trouvé un emploi de garde-bois pour les forêts de Pesey, Bellentre et Landry.

— Et tu t'es blessé en forêt…

— Non. C'est plus grave.

Depuis qu'on avait établi des salines à Moustier pour le compte des royales Gabelles, cet établissement consommait beaucoup de bois pour la cuite des sels, et Sa Majesté avait dû établir une réglementation propre à la surveillance des forêts de ce pays de Tarentaise. Chaque communauté devait dresser un état de sa forêt, le consigner et l'adresser à l'intendant. C'était ça, le nouveau travail de Jean : forêtier, garde-bois. Il devait localiser, mesurer et décrire la forêt sur les trois communes, la haute futaie comme les chablis. Il devait aussi déterminer la partie de la forêt à garder en haute futaie, qui serait mise en réserve pour le service des communautés dans le cas d'incendie, de réédification d'églises ou de maisons des communautés, de réparation de ponts et de digues pour s'opposer aux ravages des torrents. Et la forêt n'appartenant à personne, elle appartenait à tous, tous pouvaient y jouir traditionnellement, de temps immémoriaux, pour l'affouage, la pâture des bestiaux, les eaux courantes, bourneaux, bois noirs, communs, fours et autres privilèges. Mais l'administration de Sa Majesté avait établi des règles strictes pour protéger la forêt. On ne pouvait couper qu'avec l'autorisation du châtelain, toujours à la hache, jamais à la scie, et à fleur du sol. Les forêtiers avaient le devoir de dénoncer les abus. C'est ce que Jean avait dû faire, il y avait maintenant deux ans, lorsqu'il avait surpris dans la forêt de Grand Bois, nuitamment et dans un temps de clair de lune, trois hommes, deux de Bellentre et un de Landry, abattre des arbres de haute futaie sans en avoir eu la permission. « *Des plantes pour une charpente* », avaient-ils plaidé plus tard devant le châtelain. Lequel avait appliqué la peine prévue par les Royales Constitutions : cinq livres par plante de haute futaie coupée, pelée ou détériorée. Cinq livres pour chacun de ces bois de lune et pour chacun de ces hommes ! Quelques semaines après cet incident, alors qu'il était en forêt, Jean fut attaqué par un parti d'une dizaine d'hommes qu'il ne connaissait pas. Avant d'être assommé, ligoté puis transporté sur une parcelle des communaux pour être vu par tous, il avait eu le temps d'entendre l'un de ses agresseurs lui dire à haute voix : « *Tu sauras ce qu'il en coûte aux forêtiers de dénoncer.* » Il se réveilla en pleine nuit avec peine, immobilisé au sol : ses deux mains étaient serrées dans la fente d'une souche fraîchement coupée, le bois s'était refermé dans une étreinte implacable. La douleur s'était peu à peu éloignée et au petit matin, il ne sentait plus ses doigts. Le chirurgien de la minière avait pu soigner sa main gauche, mais la droite était restée paralysée. « *Vous avez eu de la chance,* lui avait dit l'officier de santé, *si la gangrène s'y était mise, il aurait fallu couper…* » Jean avait déposé un plaintif auprès du châtelain, mais l'affaire en était restée là.

— Tu vois, ce n'était pas un accident, j'ai dû réapprendre à tout faire de la main gauche, ajouta Jean en riant. Mais toi, raconte-nous ta vie de soldat.

Aurelio avait été soldat pendant cinq années. Soldat volontaire, ce qui n'était pas le cas de la majorité de ses compagnons tant d'armes que de misère, pour lesquels la levée était synonyme d'une corvée de douze années, qui priverait les familles de leurs bras. À son arrivée au casernement de Montmélian, on lui avait donné un justaucorps, un chapeau, un fusil, une baïonnette, un ceinturon et des cartouches, mais il avait insisté pour avoir l'uniforme du régiment de Tarentaise pour bien montrer le parti volontaire qu'il avait pris : parements, retroussis, veste et culotte rouges, doublure chamois et galons jaunes, tricorne bordé de blanc. Avec son régiment, il avait mené bataille contre le Français et l'Espagnol, guerre de harcèlements, d'escarmouches sur les crêtes et les cols pour gêner l'ennemi dans sa marche vers Turin. La haine et la colère qui l'avaient décidé à s'engager avaient, au fil des ans, laissé la place au métier de soldat : jauger les forces ennemies, prévoir le mouvement des troupes, utiliser le terrain. Bien sûr, il avait vécu des combats meurtriers, mais rares. Et maintenant, les Espagnols et les Français étaient repartis.

Aurelio raconta la vie des campements, les jours de marche, les nuits de guet, taisant les épreuves les plus dures. Puis ce fut à son tour de demander des nouvelles, du village, de la minière. Laurent, le frère aîné de Catherine, le meunier du moulin du Saint-Esprit, était décédé deux ans auparavant. On l'avait trouvé un matin de février, dans la neige, près de son moulin, raide et bleui de froid. Tout le monde le savait aux Moulins, depuis longtemps Laurent cherchait à échapper à sa morosité en s'adonnant de manière coutumière à une boisson aussi perfide que flatteuse qui avait détruit secrètement et lentement les ressorts de sa vie. Sortant cette nuit-là de son moulin, sans son raisonnement, il n'avait pas survécu à ce froid de loup. Peu de temps après la mort de son fils et peut-être entraîné dans une détresse profonde, « oncle » Bartholomée lui aussi était mort, atteint d'une pitoyable infirmité naturelle qui l'avait fait tenir le lit pendant environ deux mois, quoique gardant jusqu'à la fin bonne mémoire et tout son entendement. Catherine, les yeux embués, décrivit pour Aurelio la sépulture de cette grande figure de la communauté de Pesey : les deux curés et trois prêtres qui officiaient, deux grand-messes et cinq basses à célébrer dans l'année de son décès, flambeaux et chandelles de bonne cire blanche. La famille de Bartholomée avait fait confectionner, pour le service des trépassés, un drap de velours noir orné de deux lettres qui composeraient son nom en abrégé avec quatre têtes et divers os des morts, le tout brodé au fil d'argent. Les officiants étaient servis par les clercs, sacristains et marguillers. Dans l'assistance, on avait noté la présence des procureurs aux œuvres pies, tant anciens qu'actuels, portant les bannières et lanternes de procession. Melchiotte – sœur Scholastique – n'avait pas été autorisée à sortir du couvent de Conflans pour accompagner son père à sa dernière demeure. Les confrères du Saint-Esprit marchaient en tête du cortège funèbre, suivis de la foule des paroissiens, cultivateurs, artisans, boutiquiers ; même le sculpteur Martel qui avait si bien orné la chapelle de Notre-Dame de Pitié était là avec ses quatre garçons et sa fille.

— La fille du sculpteur ? Comment s'appelle-t-elle ? demanda Aurelio.

— Maria-Magdalena, je crois, lui répondit Catherine, elle aide son père et ses frères à peindre leurs sculptures.

Aurelio se souvint que le sculpteur habitait avec sa famille dans la maison de Nancruet. Il avait été à l'école des garçons, la régence, avec l'aîné des fils Martel, Pierre Antoine. Le pauvre garçon était imbécile, insensé de naissance, mais Aurelio avait su trouver dans son regard ouvert sur un monde étrange une lueur de malice et d'intelligence que ses camarades ne percevaient pas.

— Tu as dû trouver le village des Moulins bien changé, dit Jean.

— Oui, beaucoup de maisons neuves…

— Peu après ton départ, nous avons souffert un grand incendie ici. Le feu a pris dans la maison de Claudio Roux, si promptement qu'il a réduit les couverts, les planchers, les meubles, les fourrages et les bestiaux en cendres, jusque même à calciner les murailles. Il s'est communiqué de maison en maison par les solans*. Il aurait fallu couper à force parmi les maisons, mais c'est allé trop vite. Jean Tresallet, le regrattier*, a pu sauver son fils et quatre vaches sur les treize bêtes à cornes, ainsi que son mulet, mais il a perdu toutes ses brebis, la recette de la vente du sel et huit balles de sel. On n'a rien pu faire pour sauver la vieille Etienna, dans son état de décrépitude, elle n'a pu sortir à temps de sa maison. Et chez Silvin-Caldairoz, c'est le fils, celui qui avait un gros gosier, qui s'est fait piétiner par ses bêtes affolées dans l'écurie. On a dû reconstruire une vingtaine de maisons.

— Et à la minière ? demanda Aurelio.

Jean laissa Augustineo raconter.

Les Anglais l'avaient repris comme caporal des boiseurs, mais ils avaient nommé au poste de maître mineur un homme à eux, un certain William Clendon qui conduisait les travaux dans les galeries d'une curieuse façon : au lieu de creuser les accès à côté du gisement comme il est de bonne façon de faire, il avait excavé la galerie d'accès au sein du massif métallique, si bien que pour soutenir le toit, il devait laisser derrière lui, inexploités, de gros piliers riches en mine. Peut-être était-ce une façon de travailler dans les mines de charbon en Angleterre, mais quel gâchis ! Augustineo faisait de son mieux avec son équipe de boiseurs, mais ils dépendaient des décisions de ce Clendon. D'ailleurs, c'était toute l'affaire qui boitait bas. L'argent n'arrivait pas toujours à temps pour payer les ouvriers qui s'arrêtaient pendant plusieurs jours, en venant parfois aux mains avec leurs caporaux. Il se disait que ces messieurs de la Compagnie Anglaise étaient en litiges permanents avec les gentilshommes de Maurienne et de Tarentaise, que tout l'argent qu'ils tiraient des minières passait dans les procès. Huissiers, recors et sergents ne cessaient de monter à la minière pour en faire arrêter les travaux. Malgré ces difficultés, la Compagnie, à ce qu'on pouvait en savoir, tirait de bons profits de la minière de Pesey. Tous les produits de la fonderie partaient à Turin : les barres de plomb marchand à l'Arsenal et les lingots d'argent à la Monnaie. Pas plus que les Deriva & Capson, les Anglais n'avaient pu trouver à embaucher sur place.

Augustineo s'interrompit pour laisser passer une violente quinte de toux sèche.

— Leurs techniciens viennent d'Angleterre, poursuivit-il, ils se comportent avec nous comme si nous étions des gueux totalement ignorants de l'art des mines et de la métallurgie. Sur leurs fours à réverbère, il n'y a que des gens à eux, on ne parle que l'anglais dans la fonderie ! Ils ont fait venir du lointain duché de Milan des ouvriers tyrolais, comme pour les Salines royales de Moustier, et ils ont construit une baraque pour loger les Allemands. Aujourd'hui, on est quatre-vingts à travailler sur le site du Pichu.

Entre deux quintes de toux, Augustineo raconta que le maître de la Compagnie, un gentilhomme anglais du nom de Sherdley, était passé là durant l'été.

— Il est venu à pied depuis Turin par les crêtes et les cols avec un noble anglais, milord Rocheford, et un savant qui tentait de mesurer la hauteur des montagnes à l'aide d'un baromètre. Je lui ai parlé au sujet de mes droits de découvreur de la minière... Il m'a répondu qu'il n'était en rien tenu par les promesses du sieur Deriva et que, de toutes les manières, sa Compagnie bénéficiait d'une protection spéciale du roi qui lui assurait de n'être troublée par aucun empêchement ni aucune molestie... Mais ma cause est toujours pendante à la Chambre des comptes ! Il faut attendre...

## 24.
## Nancruet, septembre 1750

Après son retour, Aurelio passa quelques jours à parcourir la vallée avec le sentiment de redécouvrir un monde qui lui parut à la fois étranger et familier. Quand il était arrivé du Piémont avec son père – il n'avait alors qu'une douzaine d'années – il n'avait guère quitté le village des Moulins sauf pour aller à la régence en hiver à Pesey, où il apprenait à lire et à écrire avec les garçons des autres villages de la vallée, mais chacun restait dans son village. Bien sûr, à l'emmontagnée, on regroupait les bêtes de tous les villages, mais ça restait l'affaire des propriétaires des alpages et du bétail. Si l'on n'était pas, comme son père ou même comme Augustineo, comparsonnier, on était exclu des affaires du village. Aujourd'hui, cela avait bien changé. Depuis quelques années, la commune était maintenant administrée par des conseillers qui représentaient tous les habitants, qu'ils soient ou non propriétaires de terres, un syndic et un secrétaire. Il suffisait de voir, dans l'animation qui régnait entre les étals au marché, que Pesey était devenu le centre de la vallée : on y vendait des fromages fabriqués aux Arches, des raves récoltées aux Moulins, des fèves ramassées à Nancruet, des haricots cueillis au Villaret, des courges mûries au Freney, au pied de cet immense clocher qu'on avait construit suffisamment haut pour être entendu par tous les villages de la vallée lorsque le dimanche, les cloches les appelaient à se réunir en une seule communauté. Certes, le village de Pesey était le centre de la paroisse depuis longtemps, avec son église reconstruite, son presbytère agrandi et sa régence. Mais depuis peu, il était devenu aussi le chef-lieu de la commune, avec sa maison communale construite récemment, deux officines de notaires collégiés, un tanneur, un boulanger et un aubergiste qui proposait garde-paille sec et écuelle fumante aux pèlerins de l'église du Plan des Chailles. Aujourd'hui, on pouvait dire qu'on était de Pesey même si on habitait les Moulins ou Nancruet.

En cette fin de journée de septembre, la lumière était vive et nette. Les arbres feuillus s'étaient déjà teintés de jaune, d'ocre et de rouge, et dans la forêt, les mélèzes commençaient à se distinguer des bois noirs telles de petites flammes couleur de feu. En arrivant aux premières maisons de Nancruet, Aurelio se souvint de Pierre Antoine, le fils du sculpteur, ce garçon qui vivait dans son monde étrange. On lui avait appris que maître Martel, son père, était décédé depuis deux ans. Selon ce qu'on disait, le maître sculpteur était mort dans le plus grand dénuement. Sa sépulture dans le cimetière de Pesey n'avait été officiée que par un vicaire, et le cortège n'avait été suivi que de ses seuls enfants et de quelques mineurs originaires comme lui de Campertogno dans la vallée de la Sesia. En suivant le cortège, l'un d'eux avait d'ailleurs murmuré à voix basse :

— Quelle misère ! Des curés et des diacres, des cierges de bonne cire, des lanternes, des bannières et des confrères pour les procureurs aux œuvres pies dont on oubliera vite le nom, et une cérémonie misérable pour un maître qui laisse à cette paroisse de si belles figures dans une si belle église !

Quand il arriva devant la maison de Nancruet, il vit un jeune garçon qui jouait sur le sol avec deux petits morceaux de bois taillés en rondins sur lesquels avaient été fichées des pointes de bois dur.

— Mes vaches, dit le garçon en regardant Aurelio dans un sourire édenté, je les rentre à l'écurie, il va faire froid ce soir.

— Dis-moi, est-ce que Pierre Antoine habite ici ?

Sans un mot, l'enfant lui montra la porte de la maison. Aurelio entra dans une pièce sombre, imprégnée d'une odeur de cendres froides. Seule une fenêtre étroite diffusait une faible clarté. Il appela :

— Pierre Antoine, tu es là ? C'est moi, Aurelio !

Peu à peu ses yeux s'accoutumèrent à l'obscurité et il finit par distinguer, assis dans un coin de la pièce, près du feu éteint, un personnage vêtu de hardes sombres. À son côté, deux grandes potences pour la marche étaient appuyées sur le banc. Ses yeux noirs, mobiles dans son visage d'un blanc cendré, adressaient un signe de vie à Aurelio. Sans un mot, il montra du doigt l'échelle qui se dressait vers l'étage, lui faisant signe de monter. Après avoir gravi les échelons, Aurelio pénétra dans une grande pièce éclairée par trois fenêtres, inondée par la lumière vive et chaude du couchant. Au centre de la pièce, un long établi sur lequel étaient posés en vrac scies, maillets, trusquins, bouvets, feuillerets, mouchettes, pointes et compas et bien d'autres outils encore. Le long des murs étaient appuyés des ais de sapin, des planches de bois de large, de longues pièces de bois, des poutres, des chevrons, des lattes... Aurelio fut accueilli par les sons inarticulés et bruyants de Pierre Antoine qui, le reconnaissant, se leva pour l'étreindre avec une brusquerie pleine de chaleur. Ils avaient sensiblement le même âge. Aurelio n'avait jamais entendu son ami parler correctement ; il émettait des sons gutturaux, hachés, dans lesquels on avait du mal à discerner des mots. Aurelio se souvint qu'à l'école, le vicaire régent avait déployé des trésors de patience, invoquant parfois l'Esprit saint pour l'aider à éveiller celui de Pierre Antoine. Il avait réussi à lui apprendre à lire et à écrire passablement, mais en grandissant les efforts du garçon pour parler correctement s'étaient heurtés à un manque d'écoute de la part de son entourage. Dès ses premiers bafouillis, ses camarades, ses voisins se détournaient, préférant la fuite à l'effort pour le comprendre. Très tôt considéré par tous comme imbécile – c'était la catégorie dans laquelle l'enquêteur l'avait rangé lors de la dernière consigne des mâles – Pierre Antoine avait grandi renfermé sur lui-même, limitant son entourage à sa seule fratrie.

Le jeune homme revint s'asseoir à l'atelier qu'il avait aménagé sommairement : un plateau de bois posé sur deux tréteaux, sur lequel étaient disposés des burins, des gouges de tous calibres, des méplats de toutes formes, ainsi que des pièces de pin cembro, de merisier, de noyer, de tilleul en cours d'ébauches. Pierre Antoine sculptait de la vaisselle en bois : écuelles, gobelets, bols, coupes, bichets, pots de diverses formes et tailles, seillons, goveils* pour tenir le beurre, branles pour tenir le pain… Aurelio admira les formes élégantes, les galbes proportionnés, le poli satiné, les veines et les teintes du bois mises en valeur. Certaines pièces étaient ornées discrètement d'un motif animal ou géométrique. Pierre Antoine lui montrait chaque objet en riant, cherchant sur le visage de son ami des signes d'étonnement et d'admiration, lui offrant par gestes impérieux telle ou telle pièce en la lui plaquant rudement contre la poitrine.

Pierre Antoine ne vendait pas lui-même sa production, c'était son jeune frère, Jean-Baptiste, qui s'en chargeait le dimanche au marché de Pesey. Au fil des ans, sa vaisselle en bois était devenue réputée alors que beaucoup utilisaient déjà la poterie vernissée. On ne le voyait jamais sur le marché, mais ses ustensiles étaient connus sous le nom de « la vaisselle de Pierre Antoine ». Alors que son frère aîné, André, qui avait poursuivi le métier de son père – il sculptait alors le retable et l'autel de saint Yves dans l'église de Montgirod – était connu comme « le fils de maître Martel », Pierre Antoine, lui, s'était fait, avec sa vaisselle de bois et son simple prénom, un nom bien à lui.

Soudain, alors que Pierre Antoine lui montrait un gobelet taillé dans un bloc de bois noyer, il aperçut la jeune fille assise, silencieuse, dans un coin de lumière sur un tabouret haut. Elle était vêtue d'une jupe longue, grise, d'un tablier bleu sombre et, sur ses épaules, d'un mouchoir violet de demi-deuil. Face à elle, sur un socle, était posée une statue de bonne taille, représentant un personnage barbu portant sur son dos un agneau et vêtu d'une tunique dont le drapé et les plis élégants suggéraient le mouvement de la marche. La jeune fille était concentrée sur ses gestes, maniant un pinceau qu'elle trempait de temps à autre dans de petits godets remplis de pigments de couleur. Aurelio s'approcha.

— Le Bon Pasteur, dit-elle, il a été chercher une bête égarée.

— Es-tu Maria-Magdalena ? demanda Aurelio.

La jeune fille acquiesça d'un battement de cils sans arrêter ses gestes. Son visage régulier encadré par un fichu noué sur la nuque, ses traits fins et bien dessinés, ses yeux noirs, ses quelques mèches ourlées de lumière qui s'échappaient de la coiffe, composaient pour Aurelio une apparition qui devait plus au ciel qu'à la terre.

— Je suis Aurelio, dit-il.

— Je sais.

Elle continuait à peindre le visage du Bon Pasteur, une carnation délicate sur le front, les joues, les mains. Elle rehaussait de traits fins et de couleurs délicates yeux, sourcils, lèvres, barbe, cheveux déjà sculptés.

— Est-ce toi qui as sculpté cette statue ?

Aurelio avait posé cette question uniquement pour entendre la voix de Maria-Magdalena, voir ses lèvres remuer.

— Non, c'est mon père.

— Elle est destinée au sanctuaire de Notre-Dame ?

Aurelio cherchait à prolonger l'entretien. Il ne la quittait pas des yeux, suivant ses gestes.

— Non, c'est un prix-fait de la communauté de Landry. Il a eu le temps avant sa mort de couvrir la tunique à la feuille d'or. Je finis de la peindre.

Le soleil avait disparu derrière la crête boisée. À cette saison, la nuit tombait vite, dans l'atelier, la lumière déclinait. Pierre Antoine donna le signal du repli dans la salle commune au rez-de-chaussée. En partant, Aurelio se retourna vers la maison. Maria-Magdalena était à la fenêtre et le regardait s'éloigner.

Elle lui faisait un signe de la main.

## 25.
## La minière, printemps, été 1751

Moïse Orme, le régisseur de la minière pour le compte de la Compagnie Anglaise, n'avait pas tardé à repérer chez Aurelio les qualités et compétences du deuxième caporal des charpentiers-boiseurs qu'il était urgent d'embaucher depuis que les mineurs avaient opté pour une excavation en escaliers, dans les parties où le filon se rapprochait de la verticale. Cette méthode impliquait la construction de pontelages élevés en hauteur sur plusieurs niveaux, qu'il fallait déplacer au fur et à mesure de la progression du chantier des mineurs. Aurelio s'était vu confier une équipe de dix boiseurs, cinq Allemands qui venaient du diocèse de Brixens en Tyrol, trois Piémontais d'Ivrea et deux jeunes de Pesey. Les déblayeurs triaient les matières extraites ; les métalliques seraient remontées au jour et on stockait les stériles, pierreuses ou terreuses, sur les platelages confectionnés par les boiseurs. Avec ces matières stériles,

les boiseurs comblaient les vides laissés par l'excavation. Les mêmes opérations se répétaient un peu plus loin en déplaçant les pontelages. Le travail d'Aurelio et de ses hommes était fatigant, grimpant et descendant sans cesse le long de leurs échafaudages rudimentaires et branlants, transportant d'énormes quantités de rochers, avec la contrainte permanente de changer constamment leurs lampes de place pour mieux tailler, caler, clouer. Fatigant et dangereux : le mois dernier, un boiseur du nom de Balthazar Assenmaker était tombé du haut d'un pontelage, et ce ne fut pas son bonnet de feutre qui le protégea lorsqu'il se fracassa le crâne sur un rocher. Balthazar résidait à Pesey depuis six années, il avait épousé Anne Marie Merloz et avait deux enfants encore jeunes.

Sans être lui-même mineur, Aurelio voyait bien que les travaux menés par ce Clendon, le maître mineur anglais, n'obéissaient pas à l'ordonnancement ni aux règles d'économie qui convenaient à la culture d'une minière. Cette Compagnie, pensait-il, devait être pressée d'excaver tout le minéral possible, mais les mineurs laissaient derrière eux des galeries en mauvais état. Beaucoup des bois servant aux armements, à soutenir la montagne, se trouvaient aujourd'hui presque pourris, certains muraillements faisaient ventre, les puits n'avaient pas la droite ligne qu'on aurait pu leur donner. Ces manquements à l'art des mines rendaient plus difficile et plus dangereux le travail des boiseurs et des déblayeurs.

Par contre, la Compagnie Anglaise apportait un soin particulier aux artifices de surface, et il ne se passait pas un mois sans qu'Aurelio et ses boiseurs ne découvrent, en remontant des fosses, un nouveau four pour faire sécher le bois, un autre pour brûler les os, un nouveau magasin à charbon, un nouveau baraquon servant à tenir la mine grasse. Depuis leur prise de possession de la minière, les Anglais avaient construit six fours à réverbère et gardé plusieurs fours à l'allemande. Ils apportaient plus de soin à produire le plomb marchand qu'à raffiner l'argent. Ils avaient agrandi la surface de la minière en achetant des terrains aux frères Adornet et aux sœurs Antoinette et Maurisse, les héritières d'André Mérel. On ne pouvait que regretter que les conflits de la Compagnie avec les gentilshommes savoyards ne cessent d'être portés à la Chambre des comptes de Turin ou au Sénat de Savoie, entravant régulièrement la marche des travaux.

Pendant ses longues journées de travail – longues et sombres, car à cette saison quand il entrait dans les galeries obscures le matin il faisait encore nuit et quand il en sortait le soir il faisait déjà nuit –, Aurelio ne cessait de penser à Maria-Magdalena. Le petit signe de la main qu'elle lui avait adressé depuis la fenêtre à l'issue de leur première rencontre était pour Aurelio un geste de promesse, et désormais tous ses lendemains étaient suspendus à cette promesse. Depuis, ils s'étaient revus avec plaisir plusieurs fois à Nancruet, mais il s'était instauré entre eux une sorte de malaise. Quand Aurelio lui parlait de ses journées dans les galeries et des dangers qui le menaçaient chaque jour, lui et ses compagnons, Maria-Magdalena l'écoutait avec un peu de dédain pour ce travail dans les souterrains avec des hommes rustres issus de pays étrangers, qui n'étaient venus que pour l'argent. Et quand Maria-Magdalena lui racontait comment elle avait aidé son père à peindre la Fuite en Égypte qu'il avait sculptée sur une prédelle du maître autel de Notre-Dame de Pitié, Aurelio se disait qu'elle vivait dans un monde abstrait fait de personnages mythiques, dont elle ne faisait que représenter l'image et perpétuer le mythe, des saints qui avaient sans doute existé, mais qui, pour être dorée, n'en constituaient pas moins une légende. Elle était dans le dogme, lui dans la réalité, chacun sur son chemin, lui dans son trou, elle dans son ciel. Aurelio sentait que tant que leurs traces ne se rejoignaient pas, leur relation resterait inachevée. Il en souffrait, mais il ne savait pas comment lui en parler.

Au cours de leur dernière rencontre, Maria-Magdalena lui avait appris qu'elle s'absenterait pendant deux mois ; elle allait aider son frère André à peindre les statues d'un retable de l'église Saint-Laurent à Montgirod. Elle sera là pour le pèlerinage dimanche prochain, pensa-t-il.

## 26.
## Notre-Dame de Pitié, août 1751

Depuis quelques années, on avait retenu le premier dimanche du mois d'août pour une célébration particulière du culte de Notre-Dame de Pitié aux Vernettes. Dès le matin, la quasi-totalité des habitants des cent quatre-vingts feux de la paroisse convergeait vers le sanctuaire. Femmes, filles et enfants juchés sur les mulets harnachés et conduits par les hommes cheminaient en petits groupes ; ceux du Villaret, de Pesey, des Moulins traversaient Nancruet et, après une courte halte à la croix de l'ombre, montaient par le sentier qui surplombait la gorge du Poncet. Ceux des Arches, de Parachon et du Freney les rejoignaient à Pracompuis, ceux qui étaient encore aux alpages de Plan Pesey coupaient par les hauts, par Chéroncle, à travers champs.

On se saluait, on s'interpellait joyeusement, on échangeait des nouvelles. Avant d'entrer dans la chapelle – elle ne pourrait contenir tout le monde –, on s'attardait à l'extérieur pour guetter les dix, vingt, parfois trente pèlerins de la Gurraz. Passant par le Grand Col, sur un glacier fortement en pente et sillonné de crevasses, et après avoir traversé la montagne de la Chail, ils débouchaient tout en haut sur l'autre rive de la ravine du nant de Poncet en poussant de grands cris de joie après leurs six heures de marche. Ils entamaient alors la traversée de la gorge escarpée pour rejoindre l'oratoire en entonnant des chants à la gloire de Marie. Peu à peu l'affluence grossissait des pèlerins venus de toute la province, des paroisses circonvoisines et même de pays éloignés, de Chamouni, du Faucigny, de Sallanches, de Tignes, du Val d'Aoste, de Maurienne… Les pèlerins se pressaient autour de l'oratoire bâti en deçà du dos de la ravine, sous une clapière à proximité de la source miraculeuse, pour s'en laver les yeux et la boire dans l'espoir d'une guérison. Une procession continue s'était formée vers l'oratoire, qui remontait ensuite jusqu'au Plan des Chailles où le curé de Pesey célébrait l'office divin dans la grande chapelle pourtant trop exigüe pour accueillir tout ce monde.

Malgré la foule dans laquelle Aurelio reconnut plusieurs mineurs, boiseurs et déblayeurs de la minière, il n'eut pas de mal à trouver Maria-Magdalena. Elle était entourée de ses frères, sauf François qui, infirme des jambes, aurait pourtant pu espérer une guérison en venant à ces eaux, mais qui n'avait pas voulu s'y rendre par manque de croyance. Les deux jeunes gens se retrouvèrent avec plaisir, surpris d'avoir vécu cette absence de deux mois, chacun de son côté, comme une séparation, alors qu'ils n'étaient pas encore unis. Une fois encore, Aurelio perçut cette gêne entre eux. La présence de ces quelques ouvriers de la minière sur le site de ce sanctuaire renforçait encore ce malaise.

Vers la fin de l'après-midi, alors que beaucoup étaient déjà redescendus, alors qu'on entendait par la porte de la chapelle restée ouverte les derniers chants d'une assistance clairsemée, des cris et des vociférations éclatèrent dans les prés en contrebas de la chapelle. De petits groupes se querellaient violemment, se poursuivant dans la pente, s'injuriant vertement, échangeant des coups de pieds et de poings. Certains, emplis de haine et de fureur, roulaient deux par deux dans la pente. Aurelio reconnut tout de suite plusieurs ouvriers de la minière aux prises avec de jeunes hommes de Pesey. Il les rejoignit en courant pour tenter de les séparer, mais en vain. Le curé était sorti, très vite entouré des procureurs aux œuvres pies et des paroissiens les plus apparents.

— Voyez par vous même, monsieur le curé, ce sont ces étrangers qui provoquent nos jeunes.

— Ils vont jusqu'à courtiser nos filles !

— La nuit, il y en a qui ravagent les légumes par les champs et maraudent les jardins et les vergers, quand ils ne fréquentent pas les cabarets !

Ils parlaient tous en même temps, déversant d'un coup sur ces échauffourées tous les griefs, véritables ou ressentis, qui s'étaient accumulés sur ces gens qui venaient travailler aux mines et aux bois.

— Il y en aurait qui portent des pistolets, stylets et autres armes et poursuivent, arrêtent et maltraitent les habitants de cette paroisse, qui vont seuls de nuit par les chemins !

On se pressait autour de l'homme d'Église pour lui rapporter les bruits qui se répondaient en écho de village en village : il paraîtrait que les dimanches et jours de fête, ils tiennent une espèce de marché où ils vendent aussi librement que les jours ouvriers des denrées qui ne sont pas destinées aux usages ordinaires de la vie ! Il est vrai, pensa le curé, que même les marchands de la paroisse ne font pas de difficulté à ouvrir leurs boutiques ces jours-là, à côté des places de contrebande de tabac… C'est encore ces forains qui entraînent les gens de bien à fréquenter les cabarets. Cela ne souffrait aucun doute parmi l'entourage du curé : c'était bien ces gens sans aveu qui étaient la cause des désordres et des scandales dans la paroisse.

— Le dimanche comme ce jour, ils sont désœuvrés. C'est pour ça qu'ils viennent ici aux Vernettes pour un motif de débauche et de libertinage semer les scandales dans le pèlerinage et provoquer des batailles chaque année !

Le curé écoutait toutes ces doléances. Il faut, pensa-t-il, que je suggère à monseigneur de fixer la date de cette dévotion collective un jour qui ne soit pas un dimanche, mais un jour ouvré.

Maria-Magdalena rejoignit Aurelio dans la pente. Mêlées et empoignades avaient cessé.

— Tu vois les désordres qu'ils sèment, tes ouvriers étrangers, dit-elle à Aurelio.

— Ce ne sont pas *mes* ouvriers, Maria. Toi et moi ne sommes-nous pas aussi des étrangers à ce pays ? Il n'y a pas si longtemps, ton père s'appelait Giuseppe Maria Martelli, le mien Giovani Vercellina.

— Oui, mais mon père s'est mis au service de Dieu, dans la lumière, le tien fouille les ténèbres comme on cherche un trésor, à l'aveugle… Mon père sculptait les anges et les saints…

— … auxquels il donnait des visages humains, l'interrompit Aurelio. Ne vois-tu pas que le visage de la Vierge des Douleurs est celui de sa propre mère ? que les traits de ses putti ailés sont ceux de ses propres enfants ? Ton père s'est confronté au tronc du pin cembro, sa gouge et ses ciseaux ont fouillé les fibres du merisier pour en extraire des corps, des visages, des regards, des élancements, des drapés…

Aurelio s'échauffait, emporté par son élan.

— Ton père a passé sa vie à sculpter l'humanité. Même l'agneau de son saint Jean est humain, celui de son Bon Pasteur est humain. La vache de son saint Guérin est humaine, l'âne de sa Fuite en Égypte est humain, le dragon de sainte Marguerite est humain. Pourquoi d'ailleurs n'a-t-il pas mis ses talents aussi au service de notre humanité à nous, les mineurs, les fondeurs, les laveuses, pour représenter nos regards, notre poussière, nos peurs ? Le plomb qui sort de nos fours sert à faire des balles de fusil, mais aussi à sertir les vitraux colorés des cathédrales. L'argent que nous affinons pour l'Hôtel des Monnaies aboutit aussi dans l'atelier de l'orfèvre pour faire des calices et des reliquaires…

Aurelio avait parlé d'un seul jet, tout à son désir de convaincre Maria-Magdalena que leurs mondes ne s'opposaient pas, qu'ils étaient deux faces d'une même humanité. Elle se taisait, marchant aux côtés d'Aurelio.

— Tu sais, Maria, ce n'est pas parce qu'ils sont étrangers qu'on se plaint ici des ouvriers de la minière. C'est parce qu'ils travaillent aux mines et aux bois, et pas aux champs et aux alpages.

Elle sentait qu'il lui ouvrait un paysage nouveau, fait de plans successifs qui se découvraient l'un après l'autre, de reliefs insoupçonnés, de profondeurs inconnues. Aurelio s'était apaisé. Elle lui prit la main comme pour lui dire de l'emmener jusqu'au bout de cette réalité nouvelle qu'il lui dévoilait peu à peu.

Arrivés à Nancruet, ils se séparèrent après un baiser plus intense.

— Je t'aime, souffla-t-elle.

Aurelio courut comme un fou jusqu'aux Moulins, en pleine nuit, traversant les champs comme s'il avait des ailes, faisant des bonds gigantesques, des sauts par-dessus les potagers, zigzaguant entre les javelles de seigles qui attendaient d'être rentrées.

Toute la semaine, Aurelio fut empli du désir de Maria-Magdalena. Les boiseurs de son équipe comprirent vite que leur chef était ailleurs, habité par un bonheur qui le rendait un peu béat et le poussait à négliger des gestes élémentaires de sécurité. Ils gloussaient dans son dos, riaient de ses niaiseries et mettaient ses maladresses sur le compte de l'amour. Mais quand Aurelio laissa tomber une herminette du haut de son pontelage, l'outil heurtant les échelons, rebondissant de palier en palier, frôlant les boiseurs œuvrant sur les plateaux inférieurs, Claus Vasserman, un ouvrier boiseur qui travaillait à la minière depuis une vingtaine d'années, se permit de lui conseiller respectueusement, mais fermement de se ressaisir.

Le dimanche suivant, Aurelio rejoignit Maria-Magdalena dans la maison de Nancruet. Son frère, François, l'infirme des jambes, était assis près de la cheminée, exactement comme il l'était la semaine précédente. Pierre Antoine n'était pas là. Elle l'accueillit dans l'atelier avec un sourire lumineux. Leur étreinte fut longue, intense, silencieuse. Elle l'entraîna dans le solan et quitta sa coiffe, libérant sa masse de cheveux noirs. Ce simple geste lui donna l'impression de se mettre nue. Une vague de désir les emporta et ils s'allongèrent sur une épaisse couche de feuilles séchées odorantes, remisées là pour nourrir les chèvres en hiver. Ils ne se quittèrent pas des yeux, désajustant leurs vêtements sans les ôter. Ils s'étonnèrent que leurs corps leur fussent si accessibles, comme s'ils leur étaient destinés depuis longtemps.

En redescendant dans l'atelier, elle le conduisit devant la statue du Bon Pasteur qu'elle découvrit en ôtant la toile écrue qui la protégeait des fientes d'oiseaux. Avec un regard malicieux, elle lui montra le visage qu'elle avait repeint, plus jeune, barbe courte, yeux rieurs. Et une fine cicatrice sur la pommette droite…

La pièce à vivre, en bas, était déserte. Sur la table, quelqu'un avait disposé deux copons en bois, un cruchon d'eau claire et fraîche et une branche fleurie de rhododendron.

## 27.
## Église de Pesey, avril 1752

« *Quod ergo Deus conjunxit, homo non separet !* »

La cérémonie du mariage touchait à sa fin. Le curé avait tenu à rappeler aux jeunes épousés cette dernière monition avant de clore l'office. Ces deux-là étaient trop emplis de bonheur pour prêter attention à ces paroles qui obscurcissaient insidieusement leur avenir.

Aurelio paraissait un peu engoncé dans son costume noir et son gilet boutonné sur une chemise en toile de ritte* fermée par un nœud noir. La semaine précédente, il s'était rendu avec Jean son père dans une boutique de Moustier pour faire cet achat. Une dépense importante : Aurelio porterait cet habit pour son mariage, mais aussi pour toutes les fêtes de sa vie, pour les baptêmes, les enterrements.

— Choisis-le bien, lui conseilla le drapier, c'est dans ce costume qu'on te portera en terre !

Ils s'étaient décidés pour un habit de drap noir épais, rendu raide et solide par un long foulage.

Quant à Maria-Magdalena, elle avait annoncé tout net que, pour son mariage, elle ne revêtirait pas l'un de ces beaux costumes que l'on voyait de plus en plus souvent à Pesey lors des fêtes et des mariages. Dans sa boutique, François Coste proposait maintenant de magnifiques tissus importés du Dauphiné, de Lyon, des indiennes, des cotons de couleurs vives et même du serge de Londres. Maria-Magdalena aurait très bien pu demander à Pétronille Manchet, la couturière qui venait de s'installer à Pesey, de lui confectionner un beau costume de cérémonie dans ces tissus à la mode; elle aurait choisi les couleurs du tablier, les motifs à broder sur le châle (pour elle, à coup sûr, ce seraient des pampres comme ceux dont les vrilles s'enroulent autour des colonnes torses que son père avait sculptées à Notre-Dame de Pitié). Catherine et Jeanne Marie avaient tenté en vain de la convaincre.

— C'est l'occasion d'avoir un beau costume bien à toi, pour ta famille avec Aurelio, ici, à Pesey.

— Je ne suis pas une fille de Pesey…

— Mais Maria, tu es née ici !

— Mon père est valsaisian, de Campertogno, et Aurelio est né à Bolzano Novarese !

— Tu pourrais au moins coiffer une belle frontière* !

— Ma mère n'en portait pas !

Giovani et Aurelio, eux aussi, viennent d'ailleurs, pensa Catherine, et ils ont bien décidé de vivre ici ! Ils ne font pas tant d'histoires ! Mais Maria-Magdalena était restée inflexible : elle ne porterait pas l'un de ces costumes, fût-il le plus beau. Au fond d'elle-même, elle savait très bien d'où lui venait ce réflexe de reculade chaque fois qu'on l'invitait à partager une coutume de ce pays. Cela remontait à quelques années – elle était toute jeune alors. Un jour, en arrivant au bachal de Nancruet en portant, calé sur sa hanche, un baquet de linge sale, elle fut accueillie comme à l'accoutumée par les mots chaleureux des jeunes filles du village. Toutes s'étaient mises à l'ouvrage, frottant leur linge avec leurs cendres, tapant, rinçant, essorant. Déjà de grands linges blancs séchaient suspendus aux grandes perches en bois qui couraient sous le toit du bachal. Maria-Magdalena rejoignit leurs rires et leurs moqueries et se mit elle aussi à l'ouvrage. C'est alors que l'une d'elles, Euphrosine, la fille de Pierre-André Mérel, se prit à plaisanter à voix haute et forte :

— Regardez ! Nos eaux de lessive n'ont pas les mêmes couleurs !

Toutes s'arrêtèrent un moment pour regarder les filets d'eaux sales qui s'écoulaient au bas du bassin. La lessive d'Euphrosine rendait une couleur de terre et de fumier, comme celle de Péronne, toutes deux filles de paysan, alors que les eaux de la lessive de Anna, la fille de Hans Schranz le mineur, étaient grisâtres comme la pierre et même parfois noires comme le charbon. Toutes riaient de savoir que les paquets du linge sale porté par leurs pères et leurs frères pouvaient trahir leur métier. C'est alors qu'Euphrosine se tourna vers Maria-Magdalena :

— Et toi, Maria, de quelle couleur est ta lessive ?

Maria-Magdalena ne répondit pas et continua à laver le linge de ses frères et de son père, le maître sculpteur. L'eau de sa lessive avait pris simplement la couleur des cendres. La question d'Euphrosine n'avait pas été méchante, mais Maria-Magdalena la ressentit comme une mise à l'écart et, depuis ce jour, elle refusa d'endosser les marques qui, comme dans les vêtements de tous les villages, permettaient de distinguer Pesey des communautés alentour. Elle se tint en retrait des festivités et réjouissances et se réfugia dans le souvenir de son père, comme d'autres entrent en religion. Aujourd'hui, devenue adulte, elle entretenait, inlassablement et dans le plus grand effacement, les autels et retables des chapelles du village.

Pour en finir avec ces préparatifs du mariage, Maria-Magdalena était allée avec Catherine au bourg de Saint-Maurice pour acheter bandes et rubans de couleur vive qui seraient cousus à la ceinture et au bas de sa robe en toile bleue d'Allemagne, plissée à l'arrière. La jeune femme porterait une simple coiffe en coton blanc qu'elle recouvrit d'un mouchoir de floret en pénétrant dans l'église.

Ils y étaient entrés en procession, précédés d'un diacre revêtu d'une longue chape en soie blanche tissée et ornée de motifs floraux brodés au fil de coton de couleur. Dans le dos, au centre du chaperon bordé d'un large galon d'or, était représentée, elle aussi brodée au fil de coton de couleur sur une pièce de tissu peinte, la pietà telle que le père de Maria-Magdalena l'avait sculptée dans le retable de la chapelle de Notre-Dame de Pitié. La jeune femme en avait été très émue. Derrière les jeunes épousants, suivaient Jean et Catherine, les frères de Maria-Magdalena qui soutenaient François claudiquant sur ses béquilles, Jeanne Marie et Augustineo, les compagnons de travail d'Aurelio et toute la foule des parents et amis.

On sentait que ce n'était pas une de ces noces habituelles qui unissaient deux familles possédantes, une de ces unions fréquentes où prédominaient les stratégies patrimoniales. En pareils cas, la cérémonie n'était pas terminée que les travées de l'église bruissaient déjà des commentaires sur la nouvelle union :

— En mariant la Pernette, le fils apporte au père Jourdan tous les prés de la Pravery…

— Et tu oublies les teppes* aux Chabottes !

Aujourd'hui, simplement deux enfants d'immigrés du Piémont récemment arrivés dans la paroisse, sans terre, sans bêtes, lui, fils de mineur, elle, fille de sculpteur. Quand on voyait dans la procession Augustineo ou Jean dans leur bel habit de noces, on ne pouvait s'empêcher de penser qu'aujourd'hui la considération ne se mesurait pas seulement en nombre de journaux de terre ou de têtes de bétail.

Cela n'enlevait rien à la joie de la cérémonie, partagée par tous. Aurelio avait demandé à Augustineo d'être son témoin ; il l'avait guidé, jeune boiseur, au fond des fosses minières, il pouvait l'accompagner, jeune marié, sur les marches de l'autel. C'est André, le grand frère sculpteur, qui avait choisi Jean Antoine Ardisson, son ami, pour être témoin au mariage de sa sœur. Son ami et confrère, puisque Jean Antoine avait sculpté les confessionnaux de l'église Saint-Laurent à Montgirod. À eux deux, ils représentaient, en l'absence de maître Joseph Marie Martel, toute la confrérie des sculpteurs et huchiers qui, depuis plusieurs décennies, dotaient les églises des paroisses de Tarentaise de leurs retables baroques et de leur statuaire pour s'opposer aux vues des hérétiques de Genève.

La cérémonie fut joyeuse et bruyante, ponctuée par les grognements sonores avec lesquels Pierre Antoine manifestait sa joie de voir sa sœur épouser son ami Aurelio.

Le révérend curé accepta l'invite de Jean à partager le repas de la noce en prenant soin de lui assurer, haut et fort, qu'il y participerait en évitant tous les excès et en respectant toutes les réserves que lui imposait la modestie cléricale.

## 28.
## Chambéry, rue Juiverie, hôtel particulier du marquis de Saint-Maurice, septembre 1757

À trente-sept ans, Henri Joseph Chabod, visage rond, moustache fine, cachait sa calvitie sous un simple bonnet de cheveux qu'il préférait à ces perruques coiffantes à boudins pendants et fausses queues, que l'étiquette l'obligeait à porter lorsqu'il était à la cour de Turin. Son père, Jean Joseph, était décédé trois ans auparavant, lui laissant le titre de marquis de Saint-Maurice et les droits sur plusieurs fiefs en Savoie. Cet héritage nobiliaire ne lui faisait pas illusion, il se savait le dernier représentant d'une lignée prestigieuse qui, de génération en génération, avait été indéfectiblement attachée au métier des armes et aux charges de cour. Mais depuis la disgrâce qui avait frappé son grand-oncle, Charles Christin, Henri Joseph savait que les Chabod n'étaient plus aujourd'hui aussi bien en cour à Turin. Et pour comble de malheur, sur les huit enfants que lui avait donnés son épouse, l'un des deux mâles était mort jeune et l'autre restait souffreteux, si bien que le nom même des Chabod risquait de disparaître à jamais.

Dans son hôtel particulier de la rue Juiverie, il attendait de recevoir d'un instant à l'autre la visite du comte de La Tour. Quand le comte lui avait exprimé le désir de le rencontrer, il lui avait proposé de venir en fin d'après-midi, pour éviter les frais d'un dîner. Chaque fois, c'était pareil. Quand il sortait en ville ou recevait chez lui un représentant d'une famille noble et surtout quand il devait paraître à la cour, il devait faire de grandes dépenses et tenir son rang en montrant son aisance et sa fortune, même si ce n'était qu'une façade. En réalité, les revenus du marquis – deux mille livres annuelles – n'étaient pas brillants et suffisaient à peine pour faire bonne figure. Les gratifications que Sa Majesté avait la bonté de lui accorder pour ses titres de colonel du Régiment de Savoie et de major général couvraient difficilement les frais de ses deux résidences, table ouverte, l'une à Turin, l'autre à Chambéry, sans compter les frais d'équipages, de toilette et de jeu. Récemment encore, le gouverneur de l'Académie militaire de Turin avait menacé de saisir ses récoltes, en particulier celle des quelques fossorées* de vignes qu'il possédait sur les coteaux de Frangy, s'il ne s'acquittait pas des arrérages de la pension de leur jeune fils. Conseillé par l'un des magistrats de la Chambre des comptes, le marquis avait anticipé les mesures d'affranchissement des droits seigneuriaux que préparait le clan des rénovateurs à Turin, en négociant avec les communautés de ses fiefs le rachat de ses droits. Cela représentait la belle somme de vingt-huit mille livres. Malheureusement, toutes les communautés ne disposaient pas des moyens nécessaires. En attendant, il fallait emprunter ou solliciter l'aide de Sa Majesté qui, parfois, par un effet particulier de ses grâces, délivrait discrètement un billet de quelques milliers de livres pour aider à une transaction.

Justement, la rencontre de ce jour avec le comte de La Tour portait sur une éventuelle cession des droits du marquis sur la minière de Pesey, et il y voyait l'occasion d'améliorer son ordinaire.

François Joseph Sallier, comte de La Tour, baron de Chevron, chevalier de justice des saints Maurice et Lazare, lieutenant général de Sa Majesté, arriva à pied chez le marquis. Vêtu d'un long manteau en camelot brun tabac, poil de chèvre, laine et soie mêlées, culottes à la française, bas blancs, jabot, manches de dentelles et perruque à la brigadière, il était le représentant d'une famille noble de haute volée. D'un esprit vif et curieux, entreprenant, il cumulait des charges militaires et diplomatiques et n'hésitait pas à se joindre à d'autres nobles et même à des roturiers pour développer des affaires industrielles. On murmurait également qu'il était pressenti pour être bientôt ambassadeur auprès de Sa Majesté Très Catholique en Espagne.

— Monsieur le comte, j'ai plaisir à vous saluer et à vous accueillir dans cette résidence de Chambéry, dit le marquis en s'inclinant devant le comte.

— Je vous en prie, laissons là titres et civilités, nos noms de baptême ne suffisent-ils point à nous distinguer ?

Il est de vingt ans mon aîné et d'un rang de haute noblesse, pensa le marquis, j'aurais du mal à l'appeler par son prénom. Les deux hommes s'installèrent dans le salon, autour de la grande cheminée – de celles qui rôtissent bien et chauffent mal – que le marquis avait fait allumer pour la venue de son hôte. Après les échanges de banalités, c'est le comte qui aborda l'affaire de cette rencontre.

— Je crois, cher ami, que vous possédez une minière d'argent et de plomb sur vos terres, dans le mandement de Saint-Maurice.

— C'est exact. J'en détiens les droits de feu mon père.

— Et je crois savoir également qu'elle est encore à ce jour cultivée par cette compagnie des Anglais qui a su extorquer à Sa Majesté des privilèges exorbitants.

— Extorquer est le mot !

— Oui, plusieurs seigneurs de Maurienne ont eu à souffrir des prétentions de cette compagnie.

— Est-il exact, demanda le marquis, que Sa Majesté se sentirait déçue des prestations des Anglais ? Je me suis laissé dire que cette compagnie était loin d'honorer tous ses engagements envers les royales Finances.

— La gouvernance de cette société est en effet loin de répondre aux exigences liées à ses privilèges, confirma le comte. Et je crois que l'inspecteur général des Mines, le chevalier Nicolis de Robilant, conduit en ce moment même une sévère inspection des pratiques de la Compagnie Anglaise.

Le comte de La Tour fut interrompu par l'arrivée d'un valet apportant sur un plateau d'argent cassonade, figues, raisins secs, amandes, ainsi que du chocolat et du café dans un service de porcelaine richement décorée. Le marquis avait poussé le raffinement jusqu'à faire confectionner par son cuisinier des gaufres sur lesquelles étaient représentées, en pâtisserie, les armes des Chabod. On y reconnaissait sans mal les trois fleurs de lys et le lion issant de sable et lampassé de gueule, histoire de rappeler au comte que même désargentés, les Chabod appartenaient à une veille famille de la noblesse de Savoie. Les deux hommes échangèrent des amabilités et des considérations générales sur l'avilissement des mœurs dont ils étaient témoins et victimes, jusqu'au départ du serviteur.

— Mais il y a plus grave, reprit le comte. Les privilèges que Sa Majesté a eu la faiblesse d'accorder aux Anglais, il y a plus de quinze ans, nous empêchent aujourd'hui d'exploiter nous-mêmes les ressources de nos fiefs. Ils ont été déjà déchus de leurs droits sur leurs sites de Maurienne, mais il leur reste Pesey…

— Comme vous le savez, la Compagnie des Anglais cultive la minière de Pesey depuis l'occupation du duché par les Espagnols. À cette époque, feu mon père avait dû céder à la pression de Sa Majesté pour leur accorder la concession, mais aujourd'hui, les raisons diplomatiques n'ont plus cours.

— Voyez-vous, mon ami, notre corps de familles nobles doit évoluer avec le temps. Je connais dans mon entourage plusieurs chefs de famille bien nés qui n'hésiteraient pas à se former en société pour exploiter nos ressources métalliques. Seriez-vous disposé à vous joindre à nous pour cultiver la minière de Pesey ?

— J'avoue ne rien connaître à cette industrie, répondit le marquis. Mais que faites-vous de cette Compagnie Anglaise ? Mon père leur a consenti un bail de trente années contre une cense annuelle, jusqu'en 1780 ! Donnez-moi le moyen de briser ce lien et je vous cède mes droits sur la minière. Moyennant quelques compensations, il va sans dire…

— Il est vrai que vous ne pouvez pas rompre ce contrat à votre seule diligence, mais votre accord avec les Anglais ne saurait tenir sans les privilèges qu'ils ont obtenus de Sa Majesté. Si nous obtenons leur déchéance sur la minière de Pesey, les Anglais seront boutés hors du duché.

— Eh bien ! Monsieur le comte – à l'heure des décisions, le marquis reprenait le jargon protocolaire – je suis disposé à vous céder mes droits sur la minière de Pesey à cette condition : que la Compagnie des Anglais soit déchue de ses droits et que je sois remis en possession de la minière. Nous conviendrons alors des modalités d'exploitation de votre future société.

— Je vous sais gré, monsieur le marquis, de ces dispositions. Il serait fort à souhaiter que le royaume mette fin aux agissements de ces messieurs les Anglais. Nous sommes suffisamment nombreux gentilshommes à la cour pour faire prendre par la Chambre des comptes un jugement dans ce sens. Et je me réjouis de voir ainsi bientôt restaurés les droits légitimes dus à notre rang, qui avaient été indûment contestés par ces étrangers à l'esprit mercantile.

Les deux hommes se séparèrent non sans convenir de garder secret leur accord qu'ils scellèrent avec un verre de malvoisie.

Au même moment, dans les fosses de la minière de Pesey, loin des hôtels particuliers de la noblesse, de leurs lambris vernissés et de leurs moulures dorées, loin des réceptions fastueuses, de leurs toilettes de mousseline ou d'indiennes et de leurs perruques poudrées, une forte explosion ébranlait les galeries de la seconde cascane de Saint-Jean-Baptiste. Toutes les flammes des lampes à huile vacillèrent ensemble. Peu après, le maître mineur, William Clendon, sortit des fosses suivi par un groupe d'hommes. Ils étaient couverts de poussière. Un jeune apprenti mineur se tenait la tête à deux mains, se plaignant d'une douleur aux oreilles. Le maître mineur ne cachait pas sa satisfaction d'avoir fracturé une si grande portion du filon avec un seul tir de mine. Augustineo et ses boiseurs ne partageaient pas son contentement. Cette façon d'excaver en progressant au cœur du massif métallique et en négligeant la galerie de rabais obligeait les déblayeurs à emprunter la galerie d'accès pour évacuer le minerai à la surface. Dans ces boyaux qui ne tenaient pas plus de trois ou quatre pieds de large, on ne pouvait pas se croiser avec les déblayeurs et leurs barelles ou leurs brouettes. Les mineurs étaient obligés de sortir et les boiseurs devaient attendre que les déblayeurs aient purgé le front de taille. La galerie était à ce point encombrée de matières et d'ouvriers que le chantier était parfois totalement à l'arrêt.

Parmi les hommes qui s'étaient réunis en attendant de pouvoir entrer à nouveau, un vieux mineur expliquait que si on avait dégagé le passage de rabais qui communiquait avec le puits, les tirs de mine auraient comprimé moins fortement l'air et l'apprenti n'aurait pas eu mal aux oreilles. Le maître mineur ne l'entendit pas.

La rumeur disait que la Compagnie des Anglais devait partir. Si c'est vrai, pensa Augustineo, on aura peut-être un nouveau maître mineur et une nouvelle façon d'œuvrer.

Et j'aurai aussi une nouvelle occasion de faire valoir enfin mes droits…

# Deuxième épisode : 1765-1767

## Cléopha

## 1.
## Vallon de la Leisse,
## entre Maurienne et Tarentaise,
## septembre 1765

Francesco ne voulait pas se réveiller. Il était envahi d'un bien-être qu'il avait cherché longuement la veille au soir dans le vallon pour choisir finalement un bouquet de genévrier rampant dont les rameaux épais lui avaient offert une couche confortable, au pied d'une roche déposée là par un glacier disparu, à l'abri de ce petit coulis de vent froid qui descendait des sommets. Il s'était éloigné des bêtes entravées, regroupées dans un enclos de pierres ; leur sommeil était bruyant et fortement odorant. Il ne voulait pas sortir de sa nuit.

La caravane était partie l'avant-veille de Suse. Maître Richard était voiturier à Termignon ; il ramenait son convoi de Turin, à la garde de Dieu, et avait tenu à faire bénir toute sa caravane, hommes, bêtes et marchandises, par l'abbé de la cathédrale Saint-Just. La journée avait été harassante, commençant dès l'aube par la montée au col. À Novalaise, ils avaient démonté les charrois pour en charger les pièces sur quarante grands mulets. Après une brève halte à l'auberge de Grand'Croix, ils avaient traversé l'hospice du Mont-Cenis, puis entamé la descente vers Bramans, marquée par plusieurs incidents. Une bête s'était cassé une patte dans le pierrier juste après le relais de poste, une autre avait basculé dans la ravine en haut de la descente. Une ravine effrayante, creusée au pied d'une gigantesque paroi blanche et friteuse d'où se détachaient sans cesse de gros blocs de rochers qui tombaient dans un grand fracas dont l'écho roulait longtemps entre les parois. Maître Richard lui avait demandé de récupérer le chargement dont le mulet était bâté : de la terre réfractaire de Castellamonte pour les fours de la minière de Pesey. La bête était perdue, les grands corbeaux noirs s'en chargeraient. Francesco, aidé de deux autres muletiers, avait dû ramasser les sacs de terre que le mulet avait dispersés dans sa chute : des sacs de toile de jute doublée, dix livres de terre empaquetée dans du papier huilé. Ils les avaient remontés un à un du fond de la ravine en s'accrochant aux arcosses* et aux jeunes pousses de pins qui se dépêchaient de s'enraciner solidement avant les prochaines avalanches de l'hiver. Francesco et ses compagnons avaient réparti les sacs de terre sur les mulets déjà bien bâtés de leur charge. Obéissant à on ne sait quel sentiment de respect pour cet animal mort au travail, Francesco avait récupéré sa plaque frontale en laiton et l'avait remise à maître Richard comme on remet la plaque de matricule d'un soldat mort au feu.

Toute la troupe avait fait halte sur le petit plateau d'Outrevache qui entourait la vieille église Saint-Pierre. Autour des feux allumés pour combattre le froid déjà vif en cette mi-septembre, les vieux voituriers avaient raconté leurs souvenirs de cette route qu'ils avaient empruntée si souvent, été comme hiver : l'éclat des pentes enneigées qui vous brûlait les yeux, les tourmentes de neige qui vous gelaient barbe et sourcils et même les mots dans la bouche, les prairies d'herbes rases et odorantes aux fleurs vives parsemées de linaigrettes ébouriffées, les ruisseaux d'eau pure qui couraient sans bruit en méandres sur les plats de pelouse alpine, parcourus par des tritons et des salamandres et qui devenaient des cascades furieuses en se jetant du haut des falaises, les journées blanches où le brouillard était si intense que seuls les chiens retrouvaient les passages. Et puis ces rencontres avec les caravanes de sels, de fromages, de marchandises, de matériaux, ces pèlerins qui cheminaient perdus dans leurs rêves de sainteté, ces troupes de soldats qui marchaient sans savoir vers quelles batailles on les emmenait, ces grands dignitaires, ces prélats, ces intendants de tout poil, à cheval, en chaise ou en grand équipage, envoyés par la cour de Turin ou de retour du duché de Savoie, pressés de raconter à Sa Majesté sarde l'état des terres fermes de son royaume au-delà des monts.

La journée précédente avait été une petite étape, jusqu'à la halte d'Entre-Deux-Aigues. C'est là que maître Richard avait échangé ses bêtes avec celles de Maurice Boch, maître voiturier du Val de Tignes. Depuis quelques années, ils s'étaient mis d'accord tous les deux pour voiturer le plomb et l'argent des minières de Pesey : Maurice Boch convoyait les chargements jusqu'à Termignon, et Bernard Richard prenait le relais jusqu'à Turin. Mais chacun gardait son petit trafic. Au retour, les mulets de maître Richard continuaient par le pont de Croë Vie vers Pralognan pour charger les sels de Moustier. Maurice Boch avait récupéré ses quarante mulets chargés de sacs de terre réfractaire pour les conduire jusqu'à la minière de Pesey.

Maître Boch avait préféré avancer un peu dans le vallon de la Leisse plutôt que de passer la nuit à Entre-Deux-Aigues : on gagnerait du temps sur l'étape du lendemain.

Malgré son désir de prolonger sa nuit, Francesco sentait bien qu'il ne pouvait rester hors du temps. Une clarté vigoureuse le força à ouvrir les yeux sur un spectacle de début du monde : une crête d'une blancheur neuve, éclairée par un soleil conquérant, lui apparut, au-dessus d'une écharpe élégante de brume légère et éphémère, comme pour signifier l'existence d'un monde merveilleux et inaccessible au-dessus de celui des mulets resté dans l'ombre. Ce sommet éclairé était très haut, et le vallon où ils avaient fait halte était encore noyé des ombres de la nuit.

## 2.
## Sant'Antonio di Ranverso, septembre 1765

Francesco se leva avec regret. Il accusait la fatigue de ce long voyage qui avait commencé pour lui depuis six jours maintenant. Son père, Luiggi Varacello, qui depuis plus de quarante ans élevait quelques vaches et cultivait des pois, de l'orge et un peu de seigle dans son village de Traversella, dans la Valchiusella, près d'Ivrea en Piémont, était sérieusement inquiet ; son fils Gaspare, le frère aîné de Francesco, parti sur un coup de tête, était absent depuis deux ans. Ce garçon n'aimait pas travailler dans les parcelles. Il avait toujours été un enfant curieux, parlait souvent de son idée : voir l'intérieur des montagnes, sous les parcelles cultivées, sous la forêt, sous la prairie, dans ces grandes masses sombres qui bordaient la Valchiusella. Avec ses copains du village, ils imaginaient souvent les êtres sortis tout droit des images du catéchisme, de l'enfer abominable des damnés que le *padre* Giacomo leur décrivait tous les jeudis après-midi, un monde parcouru d'êtres à pattes de boucs, l'œil rouge et le regard satanique, des chauves-souris criardes, des vers au corps annelé couleur de chair morte ; et plus on s'enfonçait, plus on s'approchait d'un feu éternel d'où parvenaient les gémissements des damnés. En grandissant, Gaspare avait laissé ces fantasmes s'évanouir peu à peu, mais il lui était resté une profonde interrogation sur l'intérieur des montagnes ; on disait que les rochers étaient colorés, que certains brillaient dans le noir ; on disait que les galeries étaient parcourues de bruits sourds, de craquements, d'échos inquiétants ; on disait que l'eau tombait en cascades, formait des torrents souterrains ; on disait que certaines cavités étaient grandes comme des cathédrales, ornées de piliers de pierre d'un blanc laiteux… On disait, on décrivait avec force images, on jabotait, mais lui voulait voir ce qu'on racontait sans avoir rien vu. De ce rêve permanent, de cette obsession du monde souterrain, Gaspare gardait un regard absent sur tout ce qui l'entourait, sur la ferme, sur le village, sur ses amis qui étaient peu nombreux. Un jour, avec ses camarades, ils avaient pu pénétrer dans l'une des galeries de la grande minière qui s'ouvrait au-dessus de Traversella, mais à peine avaient-ils eu le temps de frissonner de peur dans le noir qu'ils virent une lumière s'approcher d'eux, une flamme vacillante au rythme de l'homme qui la portait en courant, bras tendu. Ils entendaient encore les braillements de l'homme à la lampe lorsqu'ils sortirent au jour en s'enfuyant.

Et Gaspare méprisait toutes ces plantes qu'on cultivait à l'extérieur, sur les pentes des montagnes. Pour son père, au contraire, le seigle qu'on récoltait en grandes gerbes dressées, mûries au soleil de juillet, était un don précieux, l'orge un produit de la terre, de l'eau et du soleil, qui poussait ses épis barbus vers le ciel. Leur regard différent sur la vie était resté longtemps caché, non dit, chacun craignant de prononcer les mots qui allaient inexorablement les séparer. Puis un jour, alors qu'ils étaient tous deux à sarcler, le vieux Luiggi dégagea au pied d'un vieux muret un trou assez profond, peut-être un ancien puits, un grand terrier, une tombe ou un abri des temps anciens, qu'il combla aussitôt de peur de déranger ses plants. Gaspare regarda son père reboucher ce trou comme s'il voulait enfouir une vérité. Sur le moment, il ne dit rien, mais le soir il se risqua :

— Qu'y avait-il dans ce trou, père, que tu l'aies rebouché si vite ?

— Rien, fils, il n'y a rien sous terre, que les morts qu'on enterre et les animaux malfaisants qui empêchent les plantes de croître vers le ciel.

Depuis ce soir-là, Gaspare s'était juré qu'il irait au cœur des montagnes, il parcourrait des galeries immenses résonnant de bruits étranges, il découvrirait des pierres luisantes comme des trésors, des chemins ouverts par des ruisseaux souterrains, peut-être même des animaux aveugles et heureux dans leur nuit permanente.

Son imagination de garçon de quinze ans alimentait ses rêves.

Un jour, un cousin de son père, Icario Trésal, était venu leur rendre visite à Traversella ; il habitait à Biella où sa famille tenait un commerce d'étoffes depuis trois générations. Il racontait que son arrière-grand-père, natif de Pesey, une paroisse du duché de Tarentaise, avait fait don à la petite chapelle de son village natal d'un tableau représentant la vierge noire d'Oropa, en majesté, entourée de saint Jacques le Majeur et de saint Antoine de Padoue. Il racontait aussi que dans cette paroisse une grande minière d'argent avait été ouverte depuis plusieurs années, mais que les hommes de la famille d'Icario, pris par la disette et le dénuement, avaient préféré émigrer en Piémont plutôt que de travailler sous la terre. Cette minière avait pris de l'importance au fil des ans, et aujourd'hui, Pesey était connu pour ses minières, comme Carrare pour son marbre ou Castellamonte pour sa céramique. Pour Gaspare, les minières de Pesey étaient devenues le but de ses rêveries ; c'est là qu'il pénètrerait dans son monde souterrain. Son père avait insisté pour qu'il trouve un emploi à la minière toute proche de Traversella, mais Gaspare n'en démordait pas : c'est dans celle de Pesey qu'il avait rendez-vous avec ses rêves.

En passant sur le pont qui enjambe la Chiusella, Gaspare se retourna vers le village en pensant qu'il n'y retournerait pas avant longtemps. À dix-huit ans, il avait le sentiment de changer de monde…

Il savait que les caravanes qui franchissaient le Mont-Cenis se regroupaient à Sant'Antonio di Ranverso ; c'est là, à l'entrée du Val de Suse, qu'il trouverait à s'engager comme muletier pour gagner la Maurienne puis la Tarentaise. Quand il pénétra dans l'église abbatiale, seuls quelques moines priaient en silence dans les stalles du chœur, leurs prières psalmodiées semblant émaner des voûtes d'ogives et des arcs brisés qui abritaient cet immense lieu de recueillement. Dans l'un des bas-côtés que les lumières des cierges du maître autel laissaient dans la pénombre, Gaspare aperçut un homme jeune, le nez en l'air, qui avait l'air fasciné par la grande fresque qui ornait un tympan ourlé de liernes et bordé de voûtes d'arêtes. On y voyait le Christ, vêtu de blanc, couronné d'épines et portant sa croix, cheminant douloureusement au milieu d'une foule hurlante et grimaçante de soldats à pied ou à cheval, portant piques, épées et boucliers et brandissant étendards et trompettes. Les visages exprimaient toute l'intensité de la scène. On y voyait la souffrance sur le visage de Marie, la haine qui marquait d'un rictus celui d'un soudard, la compassion dans le geste de

Véronique présentant le suaire. Les personnages exprimaient la dérision, la moquerie, le quolibet, la gausserie. Les mains de femmes qui accompagnaient le Christ dans la montée au Calvaire, délicates, graciles et effilées, disaient toute l'affection prévenante qu'elles portaient à leur maître, contrastant avec la brutalité des cerbères qui formaient l'escouade. L'intensité du regard du jeune homme tint Gaspare à distance de ce garçon vers lequel il était pourtant spontanément attiré. Son regard n'était pas celui d'un simple curieux : il semblait étudier ces peintures, les scruter avec une concentration intense.

En sortant, ébloui par la lumière vive de l'automne, Gaspare s'assit sur les marches du parvis et contempla avec étonnement les décors de terre cuite, des feuillages et des fruits répétés à l'infini le long des grands arcs d'ogives qui ornaient la façade de l'abbaye. Le jeune garçon sortit à son tour et vint s'asseoir près de Gaspare, posant sur les dalles sa malle de bois qui rendit un son métallique.

— Tu transportes de la ferraille ? demanda Gaspare en souriant.

— Non, simplement des outils, des gouges, un compas, une règle droite, des maillets… Je suis sculpteur. Et toi ?

— Oh ! moi, je voudrais travailler dans le cœur des montagnes, mineur !

Guiseppe était un jeune sculpteur qui venait de la vallée de la Sesia ; il avait quitté son village, Campertogno, depuis quatorze jours et se rendait dans le duché de Tarentaise où, disait-on, les paroisses construisaient de nouvelles églises qu'il fallait orner de grands retables à la gloire de Dieu et de ses saints. Immédiatement, ils décidèrent de faire le chemin ensemble, Guiseppe vers ses rêves de sculpteur, Gaspare vers les fameuses minières de Pesey dont le seul nom scintillait dans sa tête comme la flamme attire la phalène. Ils attendraient le passage d'une caravane pour passer le Mont-Cenis.

Un an après le départ de Gaspare, ses parents étaient toujours sans nouvelle de lui. Sur le marché d'Ivrea, son père avait rencontré l'un des sergents qui convoyaient un groupe de détenus condamnés aux galères par le Sénat de Savoie ; ils avaient franchi le col du Petit-Saint-Bernard, traversé Aoste et allaient embarquer à Gênes pour une navigation sans retour. L'un de ces hommes, travailleur aux minières de Pesey, avait été condamné pour assassinat ; il disait avoir rencontré Gaspare à la fonderie. Depuis, plus rien.

À la maison, les repas du soir étaient silencieux, tout entiers emplis du souvenir de Gaspare. Francesco sentait le poids de son absence dans les yeux de sa mère et sur les épaules de son père. Il avait longtemps hésité, mais partir à la recherche de son frère était devenu au fil des mois une évidence, une nécessité dont il ne pourrait se libérer qu'en partant à son tour.

À l'annonce de son départ, déposée sur la table familiale un soir, la vieille Augusta pleura, accablée par cette deuxième absence qui viendrait blanchir un peu plus ses nuits d'angoisse et de chagrin. Le vieux Luiggi comprit que la décision de son cadet était définitive, elle lui appartenait pleinement, à lui et à personne d'autre. Pesey, la minière, Gaspare parti depuis si longtemps, sans nouvelle. Francesco pourrait le retrouver, savoir… Francesco devenait d'un coup chargé d'une mission, il devait partir, il retrouverait Gaspare, même si Luiggi devait rester seul avec la vieille Augusta. Il louerait un homme de peine pour remplacer la vigueur de ses fils.

## 3.
## Le râteau de Landry, 20 septembre 1765

La caravane se mit en route. Ce n'était plus le large chemin muletier du Mont-Cenis, encombré d'un trafic incessant d'hommes, de bêtes et de voitures. Les mulets choisissaient chaque pas sur ce sentier étroit qui suivait le fond du large vallon de la Leisse. Leurs grandes oreilles noires s'agitaient pour chasser les mouches. De temps à autre, l'un d'eux s'arrêtait devant un grand chardon bleu ; retroussant les lèvres sur ses grandes dents jaunes, il cueillait délicatement le cœur de la fleur évitant soigneusement les feuilles épineuses. Les hommes se taisaient, marchant d'un pas régulier derrière les six ou sept bêtes dont ils étaient chacun responsable. Dans la matinée, ils croisèrent un groupe de quatre hommes qui descendaient du col. Maître Boch reconnut trois d'entre eux : un mercier colporteur originaire des Brévières, et deux ouvriers agricoles qui venaient chaque année de Suse pour faire la saison d'alpage. Le quatrième était un homme du Val de Tignes, notoirement connu pour ses trafics avec le Piémont, connus de tous et avoués par personne. Ils marcheraient trois jours pour atteindre Suse, quatre pour Turin.

Le soleil était déjà haut lorsqu'ils franchirent le col et s'engagèrent dans la descente vers le Val de Tignes par le hameau des Combes.

Maître Boch habitait une grande maison près de l'église Saint-Jacques. Il avait aménagé à proximité du village de Ronaz un grand parc entouré de murgers, où les bêtes trouvaient l'herbe et l'eau, et plusieurs écuries pour abriter les mulets en hiver. Bien qu'issu d'une famille de paysans, maître Boch n'était plus un paysan. Encore jeune, il avait travaillé chez un voiturier de Pralognan qui menait ses mulets chargés des sels de Moustier et des roues de gruyère de Beaufort par le col de la Vanoise. Mais pour les barres de plomb et les lingots d'argent de Pesey, pourquoi les faire descendre à Moustier pour les remonter jusqu'à la Vanoise ? Pour lui, la voiture depuis Pesey devait garder le chemin des hauts, en passant par le Val de Tignes et le col de la Leisse. C'est avec cette idée qu'il avait monté son affaire de transport. Bien sûr, il ne dédaignait pas d'autres marchandises ; dans les bâts de ses mulets, on trouvait souvent des tonnelets de miel, des étoffes, des cuirs et même des livres…

Francesco et ses compagnons furent chaleureusement accueillis par la famille de maître Boch. Après des jours de marche, de soleil, de pluie, de gelée, de nuits passées dans des abris de montagne, ils apprécièrent la polenta, le lard et le vin rouge, la nuit sur un garde-paille propre, au sec.

Le voyage jusqu'à Landry se fit sans incident en suivant le lit de l'Isère qui roulait ses eaux laiteuses et tumultueuses dans une gorge profonde. Le sentier passait d'une rive à l'autre, parfois si rapprochées l'une de l'autre qu'on les aurait franchies d'un saut, mais en se tenant toujours en hauteur hors de portée des fureurs de la rivière. La pente obligeait les mulets à se déhancher dans la descente dans un balancement régulier, parfois cassé par une forte marche. Ils atteignirent bientôt une plaine où la rivière se calmait enfin. Plusieurs bûcherons faisaient glisser de grands troncs d'arbres ébranchés dans le lit élargi de la rivière. Ils flotteraient jusqu'à Landry où les charbonniers les transformeraient en charbon de bois pour la fonderie de Pesey.

La caravane dépassa le bourg de Saint-Maurice. Maître Boch évita la grande route provinciale. Tout le monde voyageait en voiture, mais il y avait quelques personnages à posséder des chaises ou des carrosses, et les mulets ne faisaient pas bon ménage avec ces équipages à l'allure débridée. Il fallait rester sur la rive gauche, sachant qu'il n'y aurait plus de pont avant celui de Bellentre. Ils cheminèrent dans un paysage paisible de vergers, de noyers, de poiriers, de pommiers aux branches tordues parfois soutenues par des perches. Les quelques villages qu'ils traversaient étaient envahis par l'odeur du cidre qui s'écoulait des moulins à pommes.

Avant même de voir les premières maisons de Landry, Francesco aperçut le clocher de l'église Saint-Michel, construit sur une hauteur. À Traversella, c'était pareil, l'église, dédiée à San Marcello, avait été construite sur un replat qui dominait les quelques maisons du hameau. À croire que l'Église bâtissait ses murs et plantait ses croix toujours au-dessus des demeures des hommes pour mieux les dominer…

La caravane déboucha soudain dans le bassin de Landry, une vaste zone aménagée dans une courbe de l'Isère, à l'écart du village. La compagnie de la minière avait fait construire un râteau dans le lit de la rivière, afin de bloquer les bois coupés dans la forêt de Sainte-Foy. La zone était encombrée de grands troncs d'arbres, de fours à charbon de bois, de dizaines de mulets en attente d'être bâtés. Francesco n'avait jamais vu autant d'hommes travailler dans un même endroit; bûcherons, charbonniers, voituriers, flotteurs qui s'affairaient sur le râteau pour bloquer les troncs dans le courant de la rivière, on criait, jurait, pestait à pleins poumons, en patois, en piémontais, en allemand.

Maître Boch choisit un emplacement à l'écart de toute cette agitation pour parquer ses mulets. Il voulait faire une pause avant d'attaquer la pente vers la minière de Pesey, sachant qu'ils auraient à fournir un rude effort dans la montée. Après avoir entravé ses bêtes, Francesco se risqua dans ce tourbillon. Il était fasciné par les charbonniers, des hommes rustres, noirs de poil, de peau et de hardes, qui s'activaient autour de grands fourneaux de bois d'où sortaient des volutes de fumée blanche virant soudain au noir de suie au gré des sautes de vent. Ils sortaient de ces fours d'énormes quantités de charbon de bois fumant qu'ils étalaient à même le sol. D'autres, munis de larges pelles de bois, emplissaient des sacs de toile qu'ils cousaient hâtivement avec des ficelles de chanvre. Ils avaient pris la couleur de leur charbon, seuls leurs yeux blancs brillaient parfois de malice. Ces hommes ne parlaient pas, ils ne s'arrêtaient jamais de travailler, ils devaient faire vite et beaucoup de charbon. Francesco rencontra un bûcheron qui jura devant lui dans son patois natal d'Ivrea, il lui expliqua que les charbonniers travaillaient à prix-fait, à la tâche, et que plus ils fabriqueraient de charbon de bois, plus la minière leur paierait leur travail.

Lorsque maître Boch donna le signal du départ, le soleil était déjà bas, mais il savait qu'ils n'avaient plus que deux heures de marche avant d'arriver à la minière. Une petite caravane d'une quinzaine de mulets précédait la leur : un voiturier de Pesey qui chargeait du charbon. À la sortie du village, ils attaquèrent une forte pente en rive droite et s'enfoncèrent dans une gorge étroite, sombre et sonore. Le torrent roulait en contrebas dans un bruit incessant qui se répercutait d'une rive à l'autre. Le chemin était pavé d'une grosse calade de galets usés par le trafic. La fraîcheur de cette fin de journée commençait à perler son humidité sur les feuilles et les fougères et parfois les sabots glissaient sur les pierres rondes et polies. Le vent d'automne s'engouffrait dans les trouées de feuillages, arrachant sa moisson de feuilles mortes qui viendraient bientôt piqueter de taches fauves les premières neiges tombées dans la forêt. Les mulets allaient bon train. Francesco avait déjà remarqué qu'ils marchaient plus vite en montant, comme s'ils voulaient se sortir au plus tôt des passages difficiles, alors qu'à la descente, leur pas était plus prudent, comme pour mieux s'assurer.

Le chemin ne fit aucun virage pour atténuer la pente et l'on déboucha vite sur une vallée élargie où ils traversèrent un premier village qui se préparait déjà pour la nuit ; les toits d'écoupeaux ou de lauzes étaient presque tous surmontés d'un petit filet de fumée blanche. Francesco fut rassuré de voir que les sommets qui entouraient cette vallée lui rappelaient ceux de la Valchiusella et que les maisons de ce village ressemblaient beaucoup à celles de Traversella. Son frère Gaspare avait dû se sentir dans le même pays de montagnes.

Les premiers mulets de la caravane atteignirent la minière au coucher du soleil. Elle était silencieuse et déserte.

## 4.
## La minière de Pesey, 20 septembre 1765

Louis Garella gisait sur son garde-paille dans le petit logement qu'il louait à un paysan de Nancruet. Il tremblait de fièvre, les intestins ravagés par une douleur aigüe, la poitrine prise par un serrement oppressant qui gênait sa respiration. Dans le petit morceau de miroir brisé qu'il utilisait pour se raser, il avait vu ses gencives saigner et ses dents bleuir et prendre une couleur d'ardoise. La peau de son visage, de ses bras, de son torse avait pris un aspect cendré, comme si une crasse permanente résistait à sa toilette pourtant régulière. Ses nuits n'étaient que d'interminables insomnies entrecoupées de nausées. Il se savait atteint d'une crise de colique du plomb pour avoir inhalé les vapeurs pestilentielles de la fonderie.

Cela faisait maintenant quatre ans que Louis Garella avait été nommé par le comte de Castellamonte, l'intendant général de Justice, Police et Finances pour Sa Majesté dans le duché de Savoie, commis pour contrôler la production de plomb et d'argent de la fonderie de Pesey.

— L'objet de votre commission, lui avait dit l'intendant, est d'assurer l'intérêt des royales Finances à cause du droit de seigneuriage dû à Sa Majesté sur le produit des fontes, évaporations et affinages, tant en argent qu'en plomb.

Pourquoi avait-il été désigné pour cette tâche ? À vingt-six ans, il était devenu l'un des secrétaires de l'intendance générale à Chambéry, un travail plutôt tranquille, un emploi de bureau à horaires réguliers. Cette commission l'obligeait à rejoindre chaque année à l'automne la minière de Pesey, deux jours de cheval, pour y séjourner pendant les trois mois de la saison de fonte. Le chevalier Nicolis de Robilant, major de l'Artillerie et inspecteur général des Mines des États de terre ferme, lui avait donné des instructions très précises : peser avant chaque fonte tout le minéral, le noter dans un registre, faire peser les matières par genre une fois refroidies, les barres de plomb et la litharge en quintaux et livres, l'argent en marc, onces et grains. En outre, il devait à chaque fonte prélever un échantillon de schlich et l'envoyer au bureau de l'Artillerie de Turin qui en mesurerait la teneur en plomb et en argent. Ainsi, toute fraude de la Compagnie serait théoriquement impossible.

À la minière, il était mal vu, mal accepté, non seulement par les seigneurs dirigeant la Grande Compagnie Savoyarde qui exploitait maintenant la minière après le départ des exploitants anglais en 1760, mais aussi par l'essayeur et les maîtres fondeur et affineur qui acceptaient mal ce contrôle de leur travail. On se méfiait de lui, on lui cachait tout, on allumait les fours sans l'en avertir. Il se demandait si cette défiance s'adressait seulement à son statut de contrôleur commis par les royales Finances ou bien si les maîtres de fonderie voulaient lui cacher quelque malversation. Pour bien contrôler la production, il était obligé de rester depuis six heures du matin jusqu'à six heures du soir dans la fonderie, devant respirer les miasmes sulfureux, les vapeurs mercurielles, les exhalaisons arséniales et antimoniales, les évaporations de cuivre et de zinc.

Mais ces incommodités étaient peu de choses au regard de ce que subissaient les fondeurs et leurs aides dans les temps des fontes et calcinages, agressés directement par les vapeurs émanant des trous de coulées. Lors de cette campagne de fonte de l'automne 1765, tous les ouvriers, les fondeurs comme leurs aides, avaient été touchés par ces fumées nocives, même le nouveau directeur, un certain Chrestien Gottold Willish, polonais de nation, était au plus mal. Selon les ordres de l'inspecteur général des Mines du royaume, les fours à réverbère construits par la Compagnie des Anglais avaient été détruits et remplacés par des fourneaux à manche, mais les maîtres fondeurs peinaient pour trouver le bon mélange des rublons de ferraille avec le schlich, le bon dosage de charbon de bois, la bonne température des fours. Et à chaque fonte, de grandes nuées de vapeurs toxiques formaient un brouillard épais qui envahissait non seulement la fonderie, mais toute la minière et, au-delà, les champs et les forêts, altérant la santé et les fruits de la terre. Ces dommages étaient perçus par les habitants de la paroisse comme une agression. On pouvait excaver ce qu'on voulait, calciner tous les cailloux de la montagne et évaporer toutes sortes de fumées, mais il ne fallait pas que cette industrie fasse périr les récoltes et rende les bestiaux malades et le lait aigre. Les communiers s'étaient résolus à adresser une plainte à l'intendant général du duché de Savoie, qui, en administrateur avisé, avait commissionné des personnes soi-disant expérimentées dans l'art, qui avaient conclu qu'on ne saurait rien avancer à cet égard et que les sapins exposés à ces fumées étaient aussi verts qu'ailleurs où la fumée ne dominait point. Ces nobles messieurs dirigeants de la nouvelle Compagnie Savoyarde avaient cependant jugé convenable de faire construire un bâtiment pour y loger ceux qui travaillaient à la fonderie afin de les garantir, notamment pendant la nuit, des effets de ces fumées.

Malgré tout, l'épidémie s'était installée parmi les ouvriers casseurs, charioteurs, bocardiers, même les laveuses et ceux qui œuvraient dans les fosses. Tous ne travaillaient pas à la fonderie, mais tous buvaient l'eau de la minière. Ceux de Pesey étaient retournés dans leur famille pour y chercher soutien et réconfort, mais ceux qui venaient du Piémont ou du Tyrol (ils étaient de plus en plus nombreux à venir du diocèse de Brixens) se retiraient dans le bâtiment qu'on avait appelé par dérision « l'hôpital », une bâtisse où s'entassaient une vingtaine de paillasses à même le sol en terre battue. Ils y rejoignaient quelques hommes atteints d'une fièvre catarrhale propre aux gens de fatigue. Plusieurs d'entre eux, frappés par cette colique du plomb, étaient déjà décédés, plusieurs s'étaient enfuis renonçant à être payés, tous étaient saisis par l'angoisse de perdre la parole et de mourir sans avoir pu se confesser. L'un d'eux, un certain Ignacio Morello, de la vallée de Bros, diocèse d'Ivrea, s'en était réchappé pour avoir invoqué, dans ses prières disait-il, la protection de saint Sébastien contre une mort subite. Il avait dessiné sur une planche de bois franc sciée une curieuse scène où l'on voyait un homme assis sur son grabat, les mains jointes et regardant le saint qui apparaissait en haut à droite, nimbé de lumière dans un amas de nuages sombres. Le saint martyr était représenté lié à un tronc d'arbre, percé par les traits des archers d'un empereur païen. Ignacio avait utilisé du charbon de bois tendre pour dessiner son ex-voto. L'œuvre était sombre, noire, éclairée par endroits par des traits clairs grattés à la pointe d'un clou de six. En sortant de ce mouroir, Ignacio avait accroché sa planche sur un mur, elle y resta longtemps. Plusieurs mois après, il eut une jambe écrasée par la chute de plusieurs billes de bois mal empilées. La gangrène s'en mêla. Il connut une mort lente après une agonie douloureuse.

Maître Boch connaissait bien les lieux pour avoir souvent voituré pour le compte de la minière toutes sortes de fournitures. Dans la minière désertée et en l'absence du garde-magasin qui, à l'accoutumée, réceptionnait les marchandises, il dirigea la caravane de mulets vers une petite remise non loin de la fonderie, où étaient entreposés les terres grasses, les cendres et les os broyés utilisés pour confectionner la brasque des fours. C'est là qu'il déposerait son chargement de terre réfractaire de Castellamonte. Les mulets défilaient un par un devant la porte du hangar, un aide-muletier déchargeait les bêtes, d'autres à l'intérieur empilaient les sacs tandis que les mulets, heureux d'être débâtés, étaient conduits vers un enclos à l'extérieur de la minière. Francesco passa la veillée avec ses compagnons de voyage, chacun commentant l'étrange silence de la minière et cette odeur âcre qui stagnait en nappes lourdes entre les artifices et les bâtiments.

## 5.
## La minière, automne 1765

En partant, cinq ans auparavant, les Anglais avaient laissé la minière dans un état de grand délabrement. Les fosses avaient été abandonnées irrégulières, la plupart des postes avaient été laissés menaçants sans étais, les galeries étaient en péril de toutes parts, embarrassées de matériaux et de pierres de rebut, les puits étaient extrêmement couchés et courbes, les communications gênées. En surface, les places étaient occupées par des monceaux considérables de minéraux extraits, qualités confondues, le pauvre avec le riche, les sables étaient mêlés avec des apparences de matrice et des pierres sauvages. Plusieurs couverts avaient été abattus par les neiges, la fonderie menaçait ruine, les fourneaux restaient désordonnés.

Mais depuis deux ans, la nouvelle compagnie avait entrepris de restaurer galeries, bâtiments et artifices. Partout s'affairaient maçons, plâtriers, charpentiers, menuisiers, serruriers, tandis que mineurs, boiseurs et déblayeurs nettoyaient les galeries, en consolidaient les murs et s'efforçaient de les tenir à quatre pieds de large d'une enchâssure à l'autre. Le puits principal avait été creusé à plus de trente-deux toises de profondeur, et on avait commencé à creuser une galerie d'exhaure pour détourner les eaux des travaux les plus profonds.

La Compagnie Savoyarde n'hésitait pas à mettre en œuvre les techniques les plus avancées, les machines les plus modernes. Pour remplacer les tours dont les Anglais se servaient pour élever le minerai à la surface depuis le fond du puits, les charpentiers hydrauliques avaient construit un baritel* à eau. Aurelio avait raconté à Augustineo comment ils avaient assemblé la grande roue à double rangée d'augets et le canal souterrain en bois qui conduisait l'eau pour la mouvoir. Cette belle machine, construite à la verticale du grand puits, était capable de remonter quarante quintaux de matières par jour et elle n'était manœuvrée que par trois hommes : un maître tireur, un remplisseur et un charretteur. La compagnie avait dû recruter, pour la manœuvrer, un ouvrier sachant lire, écrire et surtout compter, un jeune garçon de Pesey qui avait suivi d'abord la voie du séminaire pour se consacrer à la marche des affaires de l'Église et qui, ensuite, s'en était détourné pour des raisons qu'il s'était refusé à expliquer au régisseur. Augustineo et Jean avaient longtemps commenté cette embauche sur de nouvelles compétences ; ils en avaient conclu que ces nouvelles machines demandaient des ouvriers plus instruits pour les manœuvrer.

Le plus grand chantier était les réparations à faire sur la fonderie. Le chevalier Nicolis de Robilant, inspecteur général des Mines, était venu en personne de Turin pour donner ses instructions : on devait démolir les fours de réverbération et les fours à coupelle des Anglais et construire quatre grands fours à manche et un four à coupelle avec un couvercle amovible, pour conduire les opérations à l'allemande.

Pour la construction des fours, on avait dû choisir des pierres résistantes au feu. Pendant plusieurs jours et nuits, à feu vif et continu, les piqueurs de pierres avaient fait des essais. Ils s'étaient finalement arrêtés sur les pierres vertes qu'on trouvait en abondance dans les torrents, compactes et douces, ainsi que sur les pierres grises pourvu qu'elles ne soient point feuilletées. Leurs brasiers avaient illuminé la minière pendant plusieurs nuits.

Les trombes hydrauliques qui devaient donner le vent aux quatre fours à manche étaient un artifice que la minière n'avait point connu depuis les premières années de la culture par le *signore* Deriva, les fours à réverbère anglais ne nécessitant point de soufflerie. L'inspecteur des Mines en avait dressé les plans suivant les trombes construites à Scopello : pour obtenir un souffle actif avec une moindre quantité d'eau, on devait prévoir une hauteur de trois trabucs entre la chute de l'eau et le fond des cuves ; les tuyaux verticaux qui emporteraient le vent seraient des bourneaux percés, en bois de large, de huit onces de diamètre, comme ceux des salines ; ils se distribueraient de façon qu'on puisse, ou des trombes de droite, ou des trombes de gauche, conduire le souffle soit aux fours mis à feu soit au four à coupellation, par des conduits ménagés dans le sol de la fonderie, maçonnés et recouverts d'ardoises. Il reviendrait aux serruriers de fabriquer les porte-vents et les museaux de cuivre, ainsi que les engins pour diriger le vent sur le plomb en fusion dans la coupelle, sous la conduite de l'affineur. Le canal de décharge des eaux passerait sous la fabrique. La fonderie était devenue un bâtiment imposant.

Tous comprenaient qu'avec cette nouvelle Compagnie Savoyarde, la minière se hissait sur un pied bien réglé, d'autant qu'elle avait annoncé d'autres innovations, en particulier la construction d'une grande galerie d'écoulement qui conduirait les eaux depuis les travaux souterrains les plus profonds et les plus éloignés de la surface jusqu'à l'extérieur, près du Grand Nant. Des eaux souterraines, hors du gel, qui permettaient d'imaginer un nouveau bocard et une nouvelle laverie qui fonctionneraient même pendant les grands froids.

Informé par Augustineo qui suivait toutes ces modernités et par Aurelio qui y travaillait activement, Jean Vercellin regrettait de ne pouvoir y participer.

Mais aujourd'hui, la minière, toute modernisée qu'elle fût, était à l'arrêt.

## 6.
## La minière, 21 septembre 1765

Le lendemain de son arrivée, Francesco s'aventura dans la minière, toujours déserte, toujours silencieuse, toujours mal odorante. Il découvrait des artifices étranges qu'il n'avait jamais vus, des roues immobiles, des canaux asséchés, des leviers en suspens, des places noircies par le feu… Il imaginait que ces machines étaient faites pour broyer, pour laver, pour trier. Il cherchait à comprendre, pensant jusqu'alors qu'une minière n'était qu'un trou dans la montagne par lequel on sortait le minéral. Il resta un long moment à observer les bâtiments entourant la fonderie. Les murs étaient montés comme ceux des maisons dans son village natal de Traversella, avec les mêmes pierres, embouchés de la même façon à pierres rases, les ouvertures étaient surmontées des mêmes arcs, des mêmes linteaux, les charpentes construites avec les mêmes bois assemblés pareillement, recouvertes avec les mêmes ardoises badières. Et pourtant tout lui paraissait différent dans ces bâtiments qui semblaient obéir à des proportions inaccoutumées : ces constructions n'étaient pas des maisons, elles n'étaient faites pour être habitées ni par des gens ni par des bêtes, pas plus pour y retirer du foin ou des grains.

Quand j'aurai retrouvé Gaspare, pensa-t-il, il m'expliquera tout ça.

En longeant la haute muraille de pierre jaune au pied de laquelle avaient été construits tous ces bâtiments, Francesco sursauta en apercevant, sur un rocher de la même pierre que celle de la muraille dont il avait dû se détacher jadis, un vieil homme assis, immobile, drapé dans une couverture sombre. Une posture de sentinelle, de gardien des lieux, dont la seule arme était ce regard impassible et ce silence lourd qui effrayèrent Francesco. Il revint sur ses pas, se sentant la cible, dans son dos, des yeux de cet inquiétant personnage, et rejoignit les muletiers qui s'apprêtaient à reformer la caravane pour leur retour.

Un brouillard montait lentement de la vallée, s'insinuant par lambeaux dans la forêt, laissant apparaître parfois dans ses échancrures de hautes et noires silhouettes de mélèzes ou d'épicéas qui formaient comme l'avant-garde d'une armée immobile dans la brume. Francesco vit monter, au loin sur le chemin de la minière, un homme conduisant un mulet bâté, suivi d'une vieille femme qui marchait courbée. Leur pas était lent. L'animal portait sur son dos une sorte de bouquet volumineux, un buisson hérissé de douzaines de plumeaux en éventail, des balais que les laveuses utilisaient sur les tables de lavage et que la vieille confectionnait et livrait chaque mois à la minière.

En voyant Francesco, l'homme s'adressa à lui :

— Que fais-tu ici ? La minière est fermée.

— Je cherche mon frère.

— Ton frère ? Comment s'appelle-t-il ?

— Gaspare, répondit Francesco, Gaspare de Luiggi Varacello.

L'homme eut un mouvement de recul.

— Varacello ? Tu as bien dit Gaspare Varacello ?

— Oui, c'est bien ça, Gaspare Varacello, je suis son frère, Francesco.

Aurelio aida la vieille Pétronille Toveix à décharger ses fagots de balais en éventail dans la remise de la laverie Saint-Antoine, puis revint vers Francesco.

— Tu viens d'arriver ? lui demanda-t-il.

— Oui, hier, avec la caravane de maître Boch.

— Et d'où viens-tu ?

— De Traversella, dans la Valchiusella.

— Pourquoi cherches-tu ton frère ?

— Il est parti de chez nous depuis deux ans, pour travailler ici à la minière. On n'a pas de nouvelles de lui. Est-ce que vous le connaissez ? Si la minière est fermée, où est-il allé ?

— La minière n'est fermée que quelques jours, elle reprendra bientôt, répondit Aurelio.

— Alors j'irai demander au chef de cette minière, il doit savoir où est mon frère !

À l'annonce de ce nom, Aurelio avait hésité. Son jeune frère était-il de mèche avec ce Gaspare Varacello recherché par la justice de l'intendant de Tarentaise ? Ou était-il venu simplement le chercher dans l'ignorance complète des agissements de son frère ? Il fut touché par la détermination, mais aussi par la candeur de ce jeune garçon qui n'avait visiblement aucune idée de ce qui l'attendait. S'il se présentait au régisseur de la minière, en déclinant son identité, il serait sûrement remis à l'intendant qui le jetterait dans les geôles de Moustier et le retiendrait jusqu'à ce qu'on mette la main sur son frère.

Depuis cinq ans maintenant que la minière était exploitée par cette Grande Compagnie Savoyarde, les choses avaient bien changé. Changé dans le sens du plus dur. On comptait maintenant sur la minière au moins cent cinquante travailleurs en été. Chaque mois, il en arrivait d'autres, du Piémont, du Val d'Aoste, de la vallée de la Sesia, du lointain Tyrol, de la Franche-Comté, constituant une communauté de forains plus nombreux que les jeunes hommes et femmes de Pesey qui s'étaient embauchés à la minière tout en restant cultivateurs et éleveurs de leurs bêtes.

Les nobles dirigeants, installés à Chambéry, avaient établi sur place ce Claude Durhosne, un régisseur d'une grande sévérité, veillant à tout et craint de tous. Le moindre écart, le plus petit manquement étaient rudement réprimés, surtout dans les ateliers qui employaient beaucoup de bras. Les mineurs avaient reçu pour consigne de n'utiliser la poudre que là où le filon serait d'une résistance que le pic ne saurait vaincre. Le régisseur attendait que les mineurs fassent tout leur devoir et veillait à empêcher les inutiles ou frauduleuses consommations d'huile, de poudre ou de fers.

Les laveuses se retrouvaient chaque jour une bonne cinquantaine à travailler entre les trois lavoirs Saint-Antoine, Sainte-Marie et Sainte-Barbe, sous la coupe d'un caporal des lavages, qui devait répondre du traitement des minéraux depuis la sortie de la mine jusqu'à ce qu'ils soient admis aux fontes, un homme rigide tout dévoué au régisseur, qui ne manquait pas de lui dénoncer retards, parlottes et pauses jugées trop longues. Le bocard devait être nourri toute l'année du matin au soir, dès que les ruisseaux commencent à fournir de l'eau jusqu'aux froids qui privent les eaux de tout mouvement. Les déblayeurs, presque aussi nombreux que les mineurs, étaient soumis à une surveillance permanente ; là aussi, le sieur Chesal, qui les employait, contrôlait chaque brouettée, chaque charge de barelles, chaque temps de parcours. Quant aux boiseurs, ils étaient sous la direction d'Aurelio, leur maître charpentier qui, à quarante ans, faisait preuve d'une grande compétence et montrait une belle solidarité avec ses boiseurs, mais qui n'en demeurait pas moins sous l'autorité sourcilleuse du régisseur.

Aurelio estima que ce jeune Francesco devait savoir ce qu'il était advenu de son frère.

— Avant de te présenter au régisseur, tu devrais aller voir le vieil Augustineo Merlo. C'est un homme sage, qui connaît bien la minière et ceux qui y travaillent. Il te dira pour ton frère. Tu le trouveras près de l'entrée des galeries, il y vient souvent.

Francesco comprit qu'Augustineo Merlo devait être ce vieil homme qu'il avait aperçu le matin même sur son rocher dans la minière déserte.

## 7.
## À l'entrée des fosses, 22 septembre 1765

À soixante et un ans et bien qu'il se sentît encore solide, Augustineo avait fait le choix de quitter la minière, estimant qu'il avait atteint l'âge de jouir de la vie avant de mourir. Depuis quelque temps, il était encombré d'une toux sèche et rauque qui s'était installée à demeure, l'obligeant à une respiration saccadée, courte, comme si ses poumons ne pouvaient plus accepter tout l'air qu'il appelait. Quand elle le réveillait la nuit, elle s'accompagnait d'une forte angoisse contre laquelle il luttait en se forçant à une respiration régulière, gonflant sa poitrine au mieux. Sa voix était devenue rauque et caverneuse. Jeanne Marie l'aidait comme elle pouvait, en veillant à ce qu'il n'aille pas respirer la poussière de foin dans le fenil ou à éviter qu'il ne s'endorme l'été à l'ombre du bouleau qui poussait au fond du jardin. Mais respirer à l'air libre loin des poussières des fosses n'avait pas été sa seule raison de quitter la minière. Les méthodes du maître mineur anglais avaient rendu son travail de boiseur charpentier de mine de plus en plus difficile. Lorsque la Compagnie des Anglais avait été chassée de la minière, il avait continué quelques années encore sous la direction de ce nouveau régisseur, mais tout avait beaucoup changé, la plupart de ses premiers compagnons de travail étaient décédés ou repartis chez eux, la minière, *sa* minière était devenue un lieu de brutalités, de rudesses, de violences. Des bagarres éclataient pour des riens entre les ouvriers, les caporaux réprimaient avec dureté les écarts de conduite, le régisseur faisait souvent mander les sergents de l'intendance pour réprimer des vols d'outils, de ferrements ou de plombs, poursuivre les auteurs de délits, appréhender les criminels. Pas plus tard qu'au début de ce mois de septembre 1765, les soldats étaient montés à la minière pour se saisir d'une jeune laveuse, Catherine, originaire de Bros, province d'Ivrea, suspectée d'avoir noyé son nouveau-né. Le corps de l'enfant avait été retrouvé contre la grille du canal de la fonderie ; la pauvre fille avait été condamnée en première instance à être pendue étranglée et le Sénat avait confirmé la peine qui fut exécutée dans la cour de la prison de Moustier. À l'annonce de son exécution, entraînées par Barbara, sa meilleure amie, les laveuses de l'atelier Sainte-Marie avaient posé rables et balais sur les tables de lavage et s'étaient mises en prière pour recommander à Dieu l'âme de cette pauvre fille. Le caporal des laveries était accouru en fulminant : « *Cette foutue bougresse raccrocheuse n'a eu que ce qu'elle méritait ! Reprenez votre labeur !* » Barbara s'était plantée devant lui, le défiant d'un regard lourd de haine. D'un geste rageur et en le regardant bien dans les yeux, elle déversa sur les pieds du caporal le baquet de schlich qu'elle venait de laver et sortit de la laverie. On ne la revit plus jamais.

Les troubles s'étendaient maintenant dans les villages, surtout à Pesey dans ces cabarets nouvellement ouverts. Dans l'établissement de Jean-Jacques Colomb, l'honorable Hugues Silvin s'y était fait voler sa bourse par un certain André

Cordier, ouvrier à la minière, de la paroisse d'Aime, qui s'était vu infliger la peine du fouet jusqu'à effusion de sang. On commentait encore le cas de cette femme qui, à Landry, vivait notoirement avec un homme, lui aussi ouvrier à la minière, sans être mariée. Après la naissance de leur enfant, le juge l'avait condamnée à être attachée au carreau et au pilori avec un berceau pendu à son col pendant trois heures à la vue du public le dimanche, jour de marché.

Augustineo ne s'était pas senti capable de s'adapter à ces nouveaux compagnons de travail, ces nouveaux comportements, à cette nouvelle société. Et puis il ressentait un certain malaise à voir son village chamboulé par tous ces maux, ces violences, ces désordres. Un malaise qui n'était pas loin de devenir un sentiment de culpabilité. Les Espagnols avaient apporté la misère dans la paroisse, mais la minière avait engendré les désordres et les troubles dans la commune. Le curé l'avait souvent dit dans ses prêches le dimanche : ces fabriques d'argent détournent les particuliers de la culture de leurs terres. Si lui, Augustineo Merlo, clamait haut et jusqu'à la Cour des comptes qu'il avait été l'inventeur de cette minière il y a plus de trente années, s'il en revendiquait aujourd'hui encore les droits et une part des profits, ne devait-il pas assumer aussi les désordres qu'elle provoquait ? Il en parlait souvent avec son ami Jean Vercellin qui le rassurait.

— Tu n'es pas responsable du comportement des individus, Augustineo. Le maréchal qui forge un couteau à hacher n'est pas responsable du meurtre que commet celui qui le lui achète.

Et lorsqu'Augustineo avait retrouvé tous les outils de charpenterie que son père avait laissés dans la maison du Villaret, il s'était dit qu'il pourrait en faire encore bon usage pour lui-même pendant quelques années, à l'air libre. Ils avaient été soigneusement rangés par le vieux charpentier dans deux coffres, dans l'un, le plus grand, une bisaiguë, un traceret, deux cognées, un ébauchoir et une herminette ; dans le petit coffre, deux équerres, l'une d'assemblage et l'autre fausse, un cordeau, un compas à épure, deux niveaux et une jauge graduée en pieds de chambre. Certains de ces outils étaient encore enveloppés dans des chiffons imbibés d'oing de porc pour éviter leur oxydation. Augustineo s'était souvenu avec émotion des conseils de son père pour entretenir les outils.

Sa décision était prise : il arrêterait de travailler à la minière, mais il ne renoncerait pas à faire valoir ses droits de découvreur de la mine. Le régisseur enregistra sa décision et lui promit de parler au baron de La Tour, le chef de la minière, au sujet de ses droits.

Son départ de la minière l'avait privé de son maigre salaire de maître boiseur, mais en réalisant quelques charpentes avec l'aide d'un jeune du Villaret, il avait pu faire face à ses besoins tout en respirant mieux. Dans ses journées non occupées, il ne pouvait s'empêcher de venir à la minière. Il s'installait à l'entrée des galeries, sur le rocher jaune, là où, il y avait plusieurs années, la petite hermine blanche se posait pour assister à ses premiers coups de pics. Il ne la revit jamais plus. Bien qu'il ne fît plus partie des effectifs, le régisseur l'autorisait à rester des journées entières sur son rocher d'où il voyait entrer et sortir devant lui tous ceux qui travaillaient dans les fosses, mineurs, déblayeurs, boiseurs. Beaucoup s'arrêtaient pour le saluer, lui donner des nouvelles des travaux dans les galeries, commenter les incidents…

Francesco le retrouva au même endroit et dans la même posture de gardien des lieux que la veille.

— Vous connaissez mon frère ? demanda Francesco.

— Non.

Augustineo restait impassible, essayant de savoir quelles étaient les motivations de ce jeune garçon qui lui paraissait bien naïf.

— Mais on m'a dit que vous connaissiez tous ceux qui travaillent à la minière…

— Je ne connais pas ton frère, mais je sais qui il est.

— …

— Et ce qu'on lui reproche.

— Qu'a-t-il fait ? demanda Francesco sur un ton angoissé.

— Je ne sais pas s'il l'a fait, mais je sais qu'on l'accuse de vol.

— De vol ? Gaspare, un voleur !? Mais de vol de quoi ?

— D'argent. De plusieurs marcs d'argent, précisa Augustineo.

Les faits remontaient aux derniers jours du mois de novembre de l'année précédente, la saison des calcinations et des fontes touchait à sa fin. Gaspare était alors engagé comme charioteur à la fonderie, il apportait le schlich au maître des fontes qui le mélangeait avec le charbon et chargeait son fourneau.

— Gaspare n'était pas mineur ? s'étonna Francesco.

Augustineo se débarrassa d'une longue quinte de toux avant de répondre.

— Il a été déblayeur dans les fosses pendant deux années, et cette année-là le régisseur l'avait mis à la fonderie.

Comme tous ceux qui travaillaient dans la fonderie, à proximité des fours, Gaspare avait été doté d'un paletot en drap de laine grossier, censé les protéger des giclures de métal en fusion quand ils passaient devant les fours. Celui de Gaspare était reconnaissable à une trace de brûlure en forme de croix sur l'épaule gauche. Ses compagnons de travail s'étaient moqués de lui : « *Te voilà marqué comme un mouton promis au boucher.* » D'autres : « *Te voilà la prochaine victime des dieux de l'enfer !* » À la fin de chaque fonte qui pouvait durer plusieurs jours, les ouvriers devaient remettre leur veste au caporal des fontes qui les rangeait dans une pièce située derrière le fourneau d'évaporation. C'est le caporal qui avait trouvé dans une poche de la veste de Gaspare un morceau de gâteau d'argent affiné qu'il avait fait peser par l'essayeur au laboratoire, lequel avait annoncé le résultat avec toute la précision qu'on lui connaissait : quatre marcs, six onces, trois deniers, dix-huit grains, deux grariots, trois granotins et soixante-deux finets. Le vol avait été immédiatement signalé par le régisseur de la minière à l'intendant de Tarentaise, qui avait envoyé un détachement de soldats de justice. L'affaire était grave. Un vol d'argent dans une fonderie qui approvisionnait l'Hôtel des Monnaies, c'était un crime contre Sa Majesté. Prévenu par l'un de ses compagnons, Gaspare Varacello avait pris la fuite dans la montagne et les soldats étaient revenus bredouilles. Mais le sergent royal, un certain Victor Moissonnier, avait prévenu : « *Nous le retrouverons, tôt ou tard.* »

*

*Dans le bruit assourdissant du bocard tout proche, c'est à peine si je l'avais entendu.*

*— Gaspare ! Oh ! Gaspare ! Sauve-t'en vite ! Les archers viennent te saisir !*

*C'était mon bon compagnon Barthélémy qui m'avait prévenu, un compagnon de déblaiement, coureur de chien* comme moi. Tout essoufflé d'avoir couru, il avait passé la tête par l'ouverture qui donnait de la lumière dans le baraquon où l'on retirait le schlich. J'étais en train de charger ma brouette pour la conduire au four que le maître des fontes s'apprêtait à allumer.*

*— Pose ta brouette et cours !*

*— Mais pourquoi ?*

*— On a trouvé des morceaux d'argent dans ta veste de fonte. Tu es accusé de vol.*

*— De vol !*

*C'était impossible, une erreur, ce n'est pas ma veste…*

*Barthélémy insistait.*

*— Enfuis-toi, vite ! S'ils te prennent, tu iras aux galères !*

*En un éclair, la situation m'apparut dans toute sa réalité. Le temps n'était pas à essayer de prouver quoi que ce soit, il fallait que je me cache, il fallait éviter que les archers me saisissent. Sans réfléchir, je sortis de la fonderie à la hâte, contournai le bâtiment et pris en courant le sentier qui montait à l'ancienne minière Saint-Victor. Cela s'imposa à mon esprit tourneboulé par l'angoisse comme une évidence : entre les soldats et moi, plus que de la distance, il fallait de l'élévation, de la hauteur, je devais fuir par le haut, on s'échappe toujours par la montagne, les chemins bas des défilés sont toujours des coupe-gorge. Un sentier étroit, pentu, qui se glissait entre les bois noirs. Je marchai vite en économisant mon souffle, sachant que la fuite serait longue et la course épuisante. Le soir commençait à forcer les ombres, le sol du chemin se réduisait progressivement à une bande claire, mais floue, bordée par les herbes plus sombres. Tout en marchant, je m'efforçai de bâtir un plan. Même si c'est là que les soldats viendraient premièrement, je devais passer par les Esserts pour récupérer mes vêtements et ma caisse. Une fois arrivé à Saint-Victor, je continuerais sur le sentier qui rejoignait le pont, en m'assurant que des soldats n'y avaient pas été postés en sentinelle.*

*La nuit se faisait de plus en plus épaisse et il commençait à neiger. À mesure que le chemin s'élevait à flanc de montagne, le bruit du torrent diminuait jusqu'à céder à un silence total, ouaté par la neige qui tombait en larges flocons. Lorsque je m'arrêtais pour reprendre mon souffle, j'entendais les rauquements de quelque cerf au plus profond des bois ou les jappements plus proches d'un renard en maraude. En bas, dans la vallée, c'est à peine si je voyais à travers les arbres l'éclat de quelques lumignons qui brasillaient par intermittence. Peut-être un paysan de Nancruet qui rentrait chez lui ou une famille qui se rendait chez les voisins pour une veillée.*

*Arrivé au pont du village des Esserts, je repérai la lumière de la maison. Avec trois autres compagnons de la minière, nous louions une chambre chez la vieille Alexandrine Villibourg. Elle nous servait une soupe le soir et un verre de lait tantôt de sa vache tantôt de ses chèvres. Tant que le dernier d'entre nous n'était pas rentré, elle laissait toujours une lampe à huile allumée derrière la fenêtre. Les carreaux en papier huilé donnaient une lumière orangée qui se voyait de loin et luisait comme la promesse d'un accueil sobre, mais chaleureux.*

*Je ne sais comment, mais la vieille était déjà informée de ma fuite. Elle m'assura qu'elle dirait simplement aux soldats, s'ils venaient, qu'elle ne m'avait pas vu depuis deux jours et qu'elle ne savait pas où j'étais. Je réunis mes affaires et ressortis dans la nuit.*

*Il neigeait. Je m'engageai dans le lit du torrent pour le remonter le plus haut possible, m'obligeant par endroits à mettre mes pieds dans les traces de quelque bête qui avait su trouver sous la neige des appuis solides sur les pierres cachées. La nuit était éclairée par la lumière laiteuse de la neige. Au bout d'une heure de cette marche épuisante, j'aperçus un sentier qui s'élevait sur la rive. Il me conduisit à une maison isolée qui me parut inhabitée : pas de lumière, pas de fumée, pas de bruit. Sur le côté de la maison, une petite porte était restée entrebâillée. En la poussant, je fus accueilli par une forte odeur de fumier. Je m'étendis sur une vieille litière de mulet, odorante, mais sèche.*

*C'était le premier moment de cette journée où je pouvais revoir les événements et tenter de les comprendre. Qui avait mis ce morceau d'argent fondu dans ma veste de fonte ? Une erreur ? Une malveillance ? Pourquoi voulait-on m'accuser de ce vol ? Et qui ?*

*Le sommeil m'engloutit avant que j'aie pu mettre de l'ordre dans ma tête enfiévrée par l'angoisse et la crainte.*

## 8.
## Septembre 1765

Louis Garella, le commis préposé au contrôle des fontes et évaporations, avait aussitôt envoyé un rapport à l'intendant général du duché pour l'aviser de ce vol. La surveillance des opérations de fonte était de son ressort, il s'attendait à recevoir les reproches de l'intendant. Dans la semaine, il reçut la réponse, brève et laconique : « Découvrez le coupable et récupérez l'argent. » L'intendance de Chambéry n'avait rien compris, pensa-t-il, cet argent n'avait jamais quitté la fonderie ! Bien que ce Gaspare Varacello semblât être le coupable tout désigné, Louis Garella était perplexe. Il s'était remémoré toute la campagne de fonte de cette année-là : cinq fontes où les fours étaient restés allumés en moyenne quinze jours consécutifs. Il avait relevé les quantités de mine choisie et de schlich sorties des magasins de la fonderie ; il avait noté le poids et les quantités de plomb d'œuvre et de litharge produites par les fours, il avait enregistré les quantités de mattes et d'abstrich* retraitées. Compte tenu de la teneur de la mine établie sur échantillons au laboratoire par Marco Pagliani, l'essayeur, toutes ces productions étaient conformes, de même que le poids d'argent fin produit par la coupellation et l'affinage. Tout avait été pesé, enregistré, consigné et les rapports adressés au bureau de l'Artillerie à Turin. À la fin de chaque fonte, les plombs chargés d'argent étaient retirés dans une salle à porte fermante en attendant d'être livrés à la coupellation, et les barres de plomb marchand et les lingots d'argent étaient remisés dans deux salles distinctes munies de solides armoires. Ce jeune charretteur n'avait pu avoir accès aux remises, pensa-t-il, et s'il avait détourné cet argent sur la coulée d'un affinage, je l'aurais constaté à l'issue de l'opération.

D'où provenait alors cette quantité d'argent fin volé ?

## 9.
## À l'entrée des fosses, 22 septembre 1765

— Mais aujourd'hui, où est-il ? demanda Francesco.

— Je ne sais pas. Ton frère s'est enfui, seul. Comme un voleur. Tout le monde le pense, le régisseur, l'intendant, les soldats, les ouvriers des fontes. Tout le monde croit que s'il s'est enfui, c'est qu'il a volé cet argent. Personne ici ne sait où il se cache. Peut-être même a-t-il quitté la province.

— Gaspare n'est pas un voleur ! Vous m'entendez ? Il n'a jamais rien volé à personne. Il voulait seulement travailler dans une minière, dans les galeries souterraines. Pourquoi travaillait-il dans une fonderie ? Je veux le retrouver ! J'irai demander à ce régisseur.

Francesco avait presque crié ses dernières phrases, la colère et le chagrin l'envahissaient, lui faisaient perdre la mesure.

— N'en fais rien, petit, prévint Augustineo. Sois prudent ! Cette minière est devenue dangereuse. Si tu dis ton nom à quelqu'un ici, si tu dis que tu t'appelles Varacello, tu seras dénoncé. Si tu le dis au régisseur, il préviendra l'intendant et les soldats viendront te saisir.

— J'irai voir ce régisseur avec un autre nom, je lui demanderai un emploi à la fonderie pour comprendre ce qui s'est passé.

Il s'emportait, parlait vite et fort. Augustineo voyait que ce jeune homme était prêt à tout pour retrouver son frère, prêt même à faire toutes les bêtises. Il fallait l'amener à meilleur entendement.

— Écoute-moi, petit, le régisseur ne te donnera pas un travail à la fonderie si tu n'es pas passé par les fosses. Tu as mieux à faire. Ton frère a été employé au déblaiement pendant deux ans, rouleur de chien. C'est un travail pénible, pousser une brouette à quatre roues chargée de trois quintaux de minéral sur une portion de galerie de septante ou octante toises, la diriger en pesant sur les roues arrières pour éviter les trous du plancher ou les redents des parois rocheuses. Mais surtout, il faut bien s'entendre avec le compagnon qui est avant toi dans la galerie : plusieurs fois par jour, il te passe un chariot plein et tu lui en donnes un vide que tu as remonté.

Et il faut aussi bien s'entendre avec le compagnon qui est en bas : plusieurs fois par jour, tu lui donnes un chariot plein et il te passe le vide qu'il a remonté. Et ça, tu le répètes cinquante ou soixante fois par jour et tous les jours sauf le dimanche. Personne ne doit retarder personne, il suffit d'un paresseux pour arrêter tout le monde. Dans une galerie, tous les déblayeurs doivent s'entendre, c'est comme une machine qui ne s'arrête pas.

Francesco essayait d'imaginer cette machine, ces chariots lourds à pousser, dans le noir. Les déblayeurs se parlaient-ils lors de leurs échanges de brouettes ? En avaient-ils le temps ? Une vide contre une pleine et on repartait. Se voyaient-ils ? Avaient-ils le temps de se regarder ? Augustineo poursuivit :

— Ton frère avait un compagnon de roulage, Barthélémy Garçon, ils étaient inséparables. Barthélémy pourra t'en dire plus sur cette histoire de vol.

— Je dois le rencontrer. Où habite-t-il, ce Barthélémy ? À la minière ?

— Non, il habite chez lui, dans le village de Pesey d'amont. Mais tu pourrais trouver un emploi de déblayeur, peut-être même de coureur de chien. Ce n'est pas le régisseur qui emploie directement les déblayeurs, c'est un prix-fait, un marché passé entre la minière et un certain François Chesal, c'est lui qui emploie les déblayeurs.

Augustineo conseilla à Francesco de se présenter au sieur Chesal sous un autre nom que le sien.

— Une fois embauché, tu devras te débrouiller pour entrer

en contact avec Barthélémy Garçon, discrètement. Mais sois prudent, n'éveille pas les soupçons sur ton frère.

Peu à peu, Francesco calma la colère qui l'avait envahi. Les conseils du vieil Augustineo lui firent comprendre qu'il ne serait pas facile de retrouver son frère. Plutôt que de vouloir forcer comme un jeune taureau le mur d'incompréhension et d'injustice qu'il avait découvert devant lui, il ferait mieux de pénétrer dans ce monde de la minière qu'il ne connaissait pas, ce monde qui avait été celui de Gaspare pendant plus de deux années. Il essaierait de comprendre, de retrouver ce Barthélémy, de savoir où son frère s'était enfui, où il se terrait. Sa colère se transformait en détermination, malgré l'angoisse qui le saisissait à la simple idée de pénétrer dans ces galeries obscures. Il ne partageait pas la même attirance que Gaspare pour l'univers souterrain.

Ce ne serait pas facile. Et ce serait long.

## 10.

## Dans la traverse à la gauche de la première crevasse, celle qui va contre le puits Sainte-Barbe, novembre 1765

— Francesco comment ?

— Grassiero. Francesco Grassiero, de Traversella, province de Pie…

— Peu m'importe d'où tu viens et où ta mère t'a mis bas sur

cette terre, l'avait coupé d'un ton sec le maître des déblayeurs. Tu seras payé sous ce nom. Douze sols par jour si tu n'abandonnes pas ton poste une seule minute du lundi au samedi. À la première infidélité, tu retournes dans ton village !

François Chesal n'était pas regardant sur l'identité des hommes qu'il employait. Ni sur leur paroisse d'origine. Il manquait de bras pour honorer le prix-fait qu'il avait signé avec le régisseur de la minière : le déblaiement des fosses depuis le puits Sainte-Barbe jusqu'au grand puits. Francesco Grassiero ! Il avait choisi ce nom au hasard, en fait le premier qui lui était venu à l'esprit en se souvenant de ce garçon un peu simplet qui vendait des châtaignes et des champignons sur le marché d'Ivrea. Mais il avait jugé prudent de garder le nom de sa paroisse d'origine, au cas où on l'interrogerait.

La minière avait repris son activité, tous les artifices allaient bon train. Depuis Nancruet on entendait son grondement sourd et continu et on voyait avec crainte les nuées grisâtres s'échapper à nouveau des hautes cheminées de la fonderie. Dans la minière, l'odeur était cependant moins âcre, les vapeurs moins irritantes. Certains se vantaient même de pouvoir identifier les miasmes qui se répandaient encore en nappes lourdes entre les bâtiments : *« Ça, c'est le soufre des grillages ! »* Les plus vieux fondeurs n'hésitaient pas à identifier les émanations de la fonderie : *« Ça sent l'ail, il y a de l'arsenic dans le minéral ! »* Et puis on s'habituait, on toussaillait moins souvent, on graillonnait parfois, mais on travaillait.

Francesco fut affecté au poste de déblayeur à la traverse à la gauche de la première crevasse, celle qui va contre le puits Sainte-Barbe et que les mineurs travaillaient déjà depuis plusieurs jours. Un boyau étroit, renfermé. L'air y était épais, chargé de la sueur des hommes qui travaillaient nus jusqu'à la ceinture, de la corruption des boiseries humides, des émanations antimoniales suite aux tirs des mines. Un air gâté, vicié, immobile, celui qui gêne la respiration et éteint les lumières. Dans ce trou, ils étaient trois déblayeurs. Pas ces coureurs qui rivalisaient de vitesse en poussant leur chien dans les longues galeries planchéiées où l'on tenait debout, non, trois déblayeurs pour gratter les débris de la roche fulminée par les tirs des mineurs. Deux remplissaient à la main une civière avec les blocs les plus gros, qu'ils portaient ensuite, fortement courbés, jusqu'au puits qui communiquait avec la galerie de rabais, et Francesco à qui on avait donné un sac de cuir qu'il remplissait de fragments plus fins avec une pelle. Lui aussi devait se courber dans le boyau pour porter sa charge jusqu'au puits où il la déversait en essayant de ne pas respirer dans les nuages pulvérulents qui jaillissaient du puits.

En une journée, il avait le sentiment d'avoir tout appris : l'angoisse qui l'avait saisi dès les premiers pas dans les galeries obscures, se raccrochant éperdument à la silhouette de l'homme qui marchait devant lui, se baissant lorsqu'il sentait un rameau de bois mort lui effleurer le crâne, signal d'un abaissement du plafond rocheux. Et encore le maniement de la lampe à huile qui sans cesse charbonnait, s'emballait ou s'éteignait, les bruits de détonations, les cris, la promiscuité d'hommes enfermés dans leur mutisme. Francesco apprit aussi l'écoulement d'une journée de travail, une journée sans jour, sans lumière, sans l'air frais du matin, sans la lumière chaude de midi, sans la fraîcheur annonciatrice du soir. Des heures qui formaient un seul bloc compact d'une obscurité qui ne prenait fin qu'avec le signal du maître des travaux. Et cette douleur des muscles contractés par l'effort, du dos, des épaules, des bras, du ventre, une douleur rampante qui apparaissait dès la première heure et qui s'installait pour toute la journée. La fatigue viendrait le soir, immense, envahissante. À la fin de ce premier jour, il avait tout appris et ne savait rien. Comment Gaspare avait-il pu être attiré par ce monde souterrain ? pensa-t-il. Où étaient-elles ces lumières qui brillaient dans le noir comme dans un ciel étoilé, ces roches colorées, ces cavités grandes comme des cathédrales ? Où étaient-ils ces lacs aux eaux miroitantes, ces animaux étranges, ces trésors fabuleux qui avaient nourri ses rêves ?

Le premier signe d'humanité qu'il perçut au fond de ce trou fut une lueur dans les yeux du jeune compagnon attelé dans les brancards à l'arrière de la civière. Dans l'obscurité trouée par les éclats mouvants des lampes à huile, Francesco capta le regard que lui lança le jeune homme à plusieurs reprises, à son retour du puits. L'homme dans les brancards à l'avant n'exprimait rien, les yeux rivés sur la portion de galerie éclairée par sa lampe. Le jeune homme était incapable de parler, submergé comme ses équipiers par l'effort qui mobilisait tout son être, mais son regard était une invite. Francesco y vit une demande d'aide à sortir ensemble de leur fosse. Il lui fallait attendre la fin de son bloc d'heures de travail : l'air libre leur rendrait la parole.

À la fin de cette journée interminable pour Francesco, comme tous les jours à la fin de leur poste, à la sortie des fosses, les hommes du groupe des déblayeurs se lavèrent à grande eau dans le canal de fuite de la fonderie.

— Moi, c'est Francesco. Et toi ?

— Laurent. Laurent Cler. Tu es nouveau ?

— Depuis trois jours. Je viens d'Ivrea, en Piémont. Et toi ?

— Je suis de cette paroisse, de Pesey.

Ce ne fut qu'à la lueur du jour déclinant et une fois débarbouillé que Laurent apparut sous sa vraie semblance : petit, frêle, le poil rouge et la vue courte. Francesco ne s'arrêta pas à ces tournures malgracieuses, ne voulant retenir que la brillance des regards qu'il lui avait adressés dans la nuit de la galerie. Ils n'étaient pas encore séchés de leurs ablutions que chacun savait déjà presque tout de l'autre, tant leur désir était grand d'effacer ces heures, reclus dans le noir et confinés dans leur labeur. Francesco raconta la ferme de ses parents à Traversella et son voyage avec la caravane des mulets, mais ne dit rien de la recherche de son frère. Laurent décrivit sa maison dans le hameau de la Crételine où il vivait seul avec sa mère, mais n'avoua pas que, sa famille n'ayant ni terres ni bêtes, il avait dû s'embaucher à la minière plutôt que de partir à l'étranger.

Le soir même, Francesco s'installa chez Laurent Cler à la Crételine, le hameau où, comme chacun sait, on aime le soleil, heureux de quitter cette baraque des étrangers bondée d'hommes récemment immigrés comme lui.

## 11.
## Dans la galerie d'accès, à la pause, 13 novembre 1765

Le lendemain, et comme tous les jours qui suivraient, Francesco et Laurent retrouvèrent leur poste, grattant les débris du dernier tir de mine, se retirant dans la grande galerie pour se protéger de l'explosion du suivant. Le bruit, la poussière, l'obscurité à peine trouée par la flamme de leur lampe les empêchaient de se parler, mais ils savaient qu'ils pourraient se retrouver à la fin de leur nuit compacte de travail. Ou à la pause de la mi-journée sifflée par le sieur Chesal.

C'est justement au cours d'une de ces pauses que l'événement se produisit. Les deux garçons étaient assis, mâchonnant en silence leur couenne de chèvre séchée. Cette portion de la galerie était déserte. Francesco avait éteint sa lampe, seule celle de Laurent jetait ses lueurs dansantes dans l'obscurité ambiante. Soudain, Francesco sentit une présence derrière lui. Se retournant, il ne vit d'abord que des yeux. Des yeux noirs dans des globes blancs, le reste du visage et toute la silhouette se fondant dans la couleur gris sombre de la muraille. Le jeune homme sursauta à cette vision spectrale qui s'avançait vers lui et qui ravivait d'un coup toutes les frayeurs qu'il avait cru dominer en quelques jours de travail dans les fosses. Une forme humaine revêtue d'un long manteau à capuche rabattue qui laissait dans l'ombre une partie du visage. Il se leva brusquement pour détaler. Quelque chose cependant le retint pour ne pas céder à l'épouvante, quelque chose d'humain dans ce regard, comme des particules de féminité, pensa-t-il. La silhouette, se détachant de la grisaille de la paroi, s'avança vers lui, entrant dans la lumière de la lampe de Laurent.

— Ne crains rien. Je sais que tu es Francesco et que tu es à la recherche de ton frère Gaspare.

Une voix de fille ! Une fille dans les galeries ! Les deux garçons n'en croyaient pas leurs oreilles.

— Oui ! Je fabrique les canettes de papier soufré pour les cartouches des mineurs. Personne ne me remarque, sauf les mineurs quand ils ont besoin de mes canettes et que je suis absente.

— Tu travailles ici depuis longtemps ? demanda Laurent. Je veux dire, dans ces galeries ?

— Depuis que mon père, Hans Senhoffer, est mort, il y a deux ans. Je m'appelle Cléopha Senhoffer. Il était boiseur charpentier. Il est tombé.

Francesco s'était aussitôt alarmé. Comment cette fille connaissait-elle son nom ? Et comment savait-elle la vraie raison de sa présence ici ?

— Tous les déblayeurs connaissent ton nom et aucun ne dénoncera le frère d'un compagnon coureur de chiens.

Le sifflet du maître déblayeur annonçant la fin de la pause retentit dans la galerie ; les deux garçons s'apprêtèrent à rejoindre leur poste.

Cléopha retint Francesco par le bras.

— Je t'en supplie, retrouve Gaspare. Je sais qu'il n'a pas volé.

— En es-tu sûre ?

— Je peux le prouver. Je ne peux pas te montrer maintenant, mais je peux le prouver.

Le jeune homme se sentit basculer d'un coup dans le camp des amis de Gaspare, de ceux qui ne le traitaient pas de voleur, de ceux qui le défendraient contre les soldats de justice, de ceux qui le protégeaient. Il se risqua :

— Je dois trouver son ami, Barthélémy Garçon. Je ne le connais pas, mais je sais qu'il m'aidera à le retrouver.

La jeune fille partait, sa silhouette commençait à se fondre peu à peu dans l'obscurité. Avant de disparaître, elle se retourna :

— Barthélémy travaille tous les dimanches matin dans la boutique de son oncle, à Pesey d'amont.

Elle se déplaçait, lui sembla-t-il, sans lampe, se guidant sur quelques lumières mouvantes qui apparaissaient par moment au loin dans la galerie.

## 12.
## À l'entrée de l'ancienne traverse, 27 octobre 1766

Ils étaient une trentaine dans la salle de la prière, debout sous le plafond bas et rocheux, tenant leur lampe à huile qu'ils allumeraient à l'entrée de la galerie d'accès. Quelques-uns plaisantaient, à voix basse, mais la plupart se tenaient immobiles, en silence, leurs yeux déjà légèrement voilés par la légère anxiété qui les saisissait au début de chaque journée, gardant encore des images de soleil, de verdure, de sourires d'enfants, d'étreintes amoureuses. Le caporal des galeries, en faisant l'appel des hommes, leur avait déjà distribué la quantité d'huile pour la journée, ainsi que leurs outils : masses, fleurets, bourroirs, épinglettes et curettes pour les mineurs, herminettes, linguelles, pyolettes*, scies et mailloches pour les boiseurs. Les hommes pénètreraient dans la galerie par équipe à la suite de leurs chefs. Aurelio se rendit vite compte que Pierre n'était pas encore arrivé. Pierre Helle, un gars de Franche-Comté, installé à Pesey depuis une vingtaine d'années, un boiseur d'expérience, qui décelait rapidement et sûrement les branlements de la montagne auxquels il opposait des estayements solides et puissants. Peu causant, mais efficace. Et d'habitude ponctuel… Aurelio donna à son équipe de boiseurs le signal de départ après avoir dit au vieux caporal d'autoriser Pierre à les rejoindre. Le caporal des galeries ne manquera pas de signaler ce retard au régisseur, pensa-t-il, même s'il arrive quelques minutes en retard, on lui retiendra une demi-journée sur sa solde.

Toute cette semaine-là, les boiseurs travaillaient dans la traverse qui conduisait à la seconde cascane de Saint-Jean-Baptiste. Ils avançaient vite et Aurelio avait du mal à approvisionner son chantier en bois de large. Une heure environ après le début de cette journée, alors que Pierre n'était toujours pas sur le poste, il vit arriver un jeune apprenti, tout essoufflé :

— Pierre, il n'est pas rentré chez lui hier au soir !

— Qui t'a prévenu, petit ?

— C'est la Pernette, sa femme, qui est venue le dire à l'entrée des fosses. C'est le caporal qui m'envoie.

« Pas rentré chez lui hier soir », cela voulait-il dire « Pas sorti des fosses hier soir », se demanda Aurelio pressentant un accident qu'il n'aurait pas vu. Il ordonna aux hommes, pour ceux qui le pouvaient, de laisser leur ouvrage et d'inspecter les postes où Pierre avait travaillé hier, les trajets de galerie qu'il avait empruntés. Ce ne fut pas long, on retrouva le corps dans la galerie d'accès, à l'angle d'une ancienne traverse désoccupée ; quelques madriers posés en croix signalaient le danger d'y pénétrer. Pierre gisait face contre terre, son sang, bu par la poussière, formant une large tache sombre sur le sol. Quelques rochers recouvraient sa tête et son buste. Qu'avait-il été faire là, dans cette traverse dangereuse qu'on ne sécurisait plus depuis longtemps ? Les éboulements devaient y être fréquents. On le porta au jour et Aurelio demanda au petit apprenti d'aller prévenir le régisseur. Quand celui-ci arriva, on avait déjà constaté que Pierre n'avait pas été victime d'un accident ; pas de blessure à la tête ni au torse, mais une entaille à l'abdomen, étroite et profonde, une blessure faite par une arme tranchante. C'était un meurtre…

Le régisseur fit prévenir l'intendance de Moustier. Pour une affaire aussi banale, les soldats de justice ne monteraient que dans quelques jours. Il demanda aux boiseurs de reprendre leur travail sur l'heure. Après un accident grave qui frappe un compagnon, il est déjà difficile de revenir à l'ordinaire. Après ce meurtre, l'ordre du régisseur, sitôt proféré, trop tôt imposé, leur parut irrespectueux. Ils s'enfoncèrent lentement dans la galerie pour rejoindre leur chantier. Ils étaient cinq, six moins un.

Aurelio organisa les postes, les hommes savaient ce qu'ils avaient à faire. Intrigué par l'endroit où on avait trouvé le corps de son compagnon boiseur, il retourna sur les lieux. Pierre n'avait aucune raison d'être là. Dans la galerie d'accès, oui, mais pas à l'entrée de cette traverse dangereuse ! Il inspecta minutieusement l'endroit, éclairant avec sa lampe tout alentour. Il constata d'abord que les rochers qui recouvraient le corps du malheureux n'étaient tombés ni de la paroi ni du plafond de la traverse. Il ne vit aucun arrachement récent dans la roche. Il lui sembla que le meurtrier avait tenté de recouvrir le corps, mais qu'il n'en avait pas eu le temps. L'agresseur a-t-il été dérangé par l'approche de quelque affluence dans la galerie de passage ? Aurelio se risqua dans la traverse avec beaucoup de vigilance sur une distance de quelques toises. Aucune trace de sang au sol, jonché de rochers éboulés. La mare de sang séché qui s'était répandue sous le corps semblait indiquer que Pierre avait succombé là même où on l'avait trouvé. C'est alors qu'il avisa le manche en bois de l'outil à demi caché sous les pierres. Il dégagea une épaule de mouton, cette grosse cognée à taillant droit dont on se servait pour équarrir les bois à étançonner. L'outil était taché de sang sur toute la largeur du taillant.

## 13.
## Victor Moissonnier, sergent de justice de l'intendance de Tarentaise depuis 1764

Cela faisait deux ans que Victor Moissonnier avait été nommé sergent royal par l'intendant de Tarentaise, après avoir servi cinq ans comme soldat de justice. En deux ans, il n'avait eu à traiter que des affaires de moindre importance : un vol de cloches de vaches à l'alpage, des larcins commis avec effraction chez des particuliers pendant la messe dominicale, un vol de deux pièces de ritte qui étaient dans un pré en train de blanchir à la rosée. Et puis cette curieuse affaire de violence qui avait opposé deux particuliers à Aime : l'un, mordu par un chien, avait proféré des injures au propriétaire dudit chien, et l'autre avait répondu en tirant des coups de fusil à travers la porte du premier. Les injures n'avaient rien eu de bien offensant : foutu coquin ! Jean-foutre ! Cornard ! Bougre de putanier !... Mais l'affaire s'était aggravée et avait été portée devant le juge maje quand Victor Moissonnier avait découvert que le fusil avait été chargé de balles à plomb avec des écailles, pour le renard. Le délit avait été requalifié en violence avec arme à feu.

Le plus difficile dans ce métier, pensait le sergent en montant le chemin vers Pesey, ce n'était pas tant de traquer les mal venants, coquins, tire-gousset et autres fripons connus pour avoir la main haute, c'était d'appliquer les décisions du juge maje aux condamnés : fermer les chaînes autour de leurs chevilles, assister aux flagellations, voire aux pendaisons. Et pour ce pauvre négociant de Bellentre qui était entré en dépression après la banqueroute de son affaire au point de se pendre dans une grange, le juge avait considéré qu'il avait commis un crime, contre lui-même certes, mais bel et bien un crime qui devait être puni : son corps serait pendu au gibet du village. Heureusement, en dernière instance, le Sénat avait accepté d'aménager la peine : seule l'effigie du condamné serait accrochée au gibet.

Bien sûr, il y avait eu quelques meurtres entre ces gens qui travaillaient aux minières, mais cette affaire de vol d'argent fin à la fonderie de Pesey était autrement plus importante. C'était la première fois qu'il aurait à résoudre pareil crime qui devrait être jugé sans doute par la Chambre des comptes à Turin. Encore fallait-il mettre la main sur le coupable…

Après la fuite de ce Gaspare Varacello qui leur avait échappé, Moissonnier et ses hommes avaient juré qu'ils retrouveraient le fugitif. Dès l'annonce du vol, on avait posté des guets au pont de Bellentre, au bourg de Saint-Maurice, aux octrois de Moustier, au péage installé au Pas du Siaix. La surveillance de la route descendant vers Conflans et de celle montant vers le col n'avait rien donné. Persuadé que le criminel se terrait encore dans la région, le sergent avait mené son enquête. Le maître des déblayeurs ne savait rien, sinon que Gaspare Varacello avait été un bon coureur de chien. Des coureurs, le sergent n'apprit rien de plus, sinon que Varacello avait été affecté à la fonderie. Des fondeurs et de leurs aides, le limier de l'intendant n'obtint rien non plus, sinon que ce criminel recherché logeait aux Esserts et qu'il avait un ami, un certain Barthélémy Garçon. De ce Barthélémy Garçon, Moissonnier n'obtint rien du tout. Il l'avait intercepté, accompagné de ses deux sbires sur le chemin de la minière avec toutes les gesticulations policières et les adjurations tirées du jargon judiciaire destinées à l'obliger. Mais pour Barthélémy, il n'était pas question de donner le moindre indice sur Gaspare à ce sergent, tout royal qu'il fût. D'ailleurs, il ne savait rien de la situation de son ami.

L'entretien avait été bref, le contact fut rude.

— Dis-toi bien qu'à partir de maintenant je te surveille le jour comme la nuit, quoi que tu fasses et où que tu ailles !

Les Esserts. Un hameau à une petite heure de la minière, dans la montagne vers l'ouest. Quelques jours après la fuite de Gaspare, le sergent s'y était transporté avec deux soldats et avait eu tôt fait de repérer la maison de cette Alexandrine Villibourg qui avait logé Varacello pendant deux ans. La vieille avait fait la bête. Non, monsieur le soldat, elle ne savait rien. Oui, monsieur le gendarme, il avait emporté ses affaires. Non, monsieur le sergent, elle ne savait pas où il s'était rendu. Oui, monsieur l'officier, si elle apprenait quelque chose, elle le lui ferait savoir, promis !

En quittant le hameau, Moissonnier et ses hommes s'étaient engagés sur le chemin qui montait dans la forêt et avaient atteint quelques maisons qu'ils avaient inspectées, sans résultat. Un peu plus loin ils avaient rencontré un paysan qui, à l'aide d'une sape, nettoyait la prise d'eau d'un canal qui filait en pente douce, à la limite de la forêt, en direction du nord, bordé par un chemin muletier.

— C'est le bief du revers de Bellentre. Il mène l'eau aux bachals de Montchavin.

Montchavin ! De là, notre homme avait bien pu rejoindre le pont de Bellentre et filer vers Moustier, pensa Moissonnier.

— Et plus haut, y a-t-il encore des maisons ?

— Pramain, Praz Premier, des montagnettes, répondit le paysan. À cette saison, il n'y a plus personne.

Le sergent avait regardé pensivement dans la direction de ces montagnettes, puis, devant l'épaisseur des neiges qui recouvraient la montagne, il avait décidé de rejoindre la vallée.

Après sa traque infructueuse, le sergent Moissonnier avait levé son dispositif de guet autour de la minière et sur le chemin des Esserts, mais il continuait depuis plusieurs mois à faire surveiller discrètement Barthélémy, persuadé que le garçon le mènerait au repaire de Gaspare à la première occasion. Mais le garçon travaillait tous les jours à la minière et le dimanche restait dans la boutique de son oncle.

Quand il avait découvert, en discutant avec le régisseur, le rôle du commis nommé par l'intendant général dans la surveillance des opérations de fonte, le sergent l'avait interrogé longuement. Louis Garella s'était efforcé de chercher dans sa mémoire et dans ses notes tous les détails de cette campagne de fonte. Le premier four avait été allumé le 23 septembre à sept heures le soir et on avait coulé le 10 octobre à trois heures. Dix-sept jours de fonte à feu continu. Le vol avait été découvert le 20 septembre, dès le début de la première fonte. La dernière opération de la campagne s'était terminée le 2 décembre après vingt et un jours de fonte. Il avait assisté, comme il en avait reçu l'injonction, à toutes les opérations, depuis le chargement des fours jusqu'à la coupellation et l'affinage. La durée des postes sur les fours à manche avait été de douze heures, la relève se faisant soit à midi soit à minuit. Il avoua à Moissonnier ne pas s'expliquer comment ce charioteur avait pu détourner cette quantité d'argent fin. Il y avait toujours du monde dans la fonderie : Hans Aytre, le maître des fontes et de l'affinage, ses aides et servants au nombre de cinq, qui l'assistaient à la conduite des feux et aux évaporations, un faiseur de lit qui l'aidait à fabriquer la brasque des fours. Marco Pagliani, l'essayeur, travaillait en permanence sur ses échantillons ; c'est lui qui fixait les quantités de plomb et d'argent fin qui devaient sortir des fours, conformes aux essais. Sans compter les maçons qui rechemisaient le four de la dernière fonte tandis qu'on allumait le suivant. Victor Moissonnier les avait tous questionnés, en vain. Et pour être précis, Louis Garella avait indiqué au sergent que le travail du charioteur se limitait à transporter le schlich du magasin de la fonderie aux fours à manche, sous la surveillance du garde-magasin ; il n'était pas autorisé à pénétrer dans la salle de coupellation et d'affinage où le degré de bonté de l'argent fin était porté au titre de douze deniers l'once.

Tant qu'on n'aura pas saisi ce Varacello, et qu'il n'aura pas avoué, on ne saura pas ce qui s'est réellement passé, pensa Moissonnier.

## 14.
## La minière, 30 octobre 1766

Et voilà qu'aujourd'hui, plus d'un an après ce vol, on lui signalait encore un meurtre dans la minière. A priori, encore une chicane entre ces gens qui ne cessent de se chercher querelle, pensa-t-il. Mais il obéissait aux ordres de l'intendant de Tarentaise. Le meurtre avait eu lieu dans la minière d'argent. S'agissant d'un établissement propriété du comte de La Tour, qui entretenait des relations étroites avec la cour de Turin, l'intendant avait demandé au sergent Moissonnier de se transporter sur les lieux avec deux soldats, de s'entretenir avec toutes les personnes susceptibles de l'éclairer sur cette affaire et de lui en rendre compte.

Le régisseur lui relata brièvement la découverte du corps, un certain Pierre Helle, un boiseur.

— Boiseur ? demanda Victor Moissonnier.

— Un ouvrier qui étançonne les galeries. Il travaillait sous les ordres du maître boiseur charpentier, Aurelio Vercellin. Vous le trouverez à la sortie des fosses, vers quatre heures le soir.

Aurelio sortit après ses hommes, le sergent l'attendait.

— Pierre était un excellent ouvrier boiseur, sérieux et appliqué.

— Vous le connaissiez depuis longtemps ?

— Il était à la minière depuis une vingtaine d'années, marié à la Pernette Duchosal. Personne ne lui cherchait querelle, tous ses compagnons l'appréciaient.

— Selon vous, pourquoi a-t-il été tué dans une galerie ? demanda Moissonnier. Les bagarres y sont-elles fréquentes ?

— Non. Dans la quasi-obscurité des fosses, les hommes sont vigilants, attentifs à leurs outils, à leurs gestes, à leurs pas, on mesure chaque mouvement. Voulez-vous que je vous conduise là où on l'a découvert ?

— Euh ! Non. Je ne souffre pas d'être dans les souterrains. Dites-moi plutôt comment vous l'avez découvert.

En attendant la venue du sergent et de ses hommes, on avait hissé le corps de Pierre, enveloppé dans un linceul, sur le toit du baraquon dans lequel on retirait les terres grasses, les cendres et les os broyés utilisés pour confectionner la brasque des fours. Dans le froid de cette fin octobre, il serait conservé jusqu'à la sépulture, et en hauteur, il était hors de portée des crocs des bêtes sauvages. Aurelio raconta que l'entaille qu'il avait vue sur l'abdomen était profonde, étroite et fine, infligée peut-être par la lame acérée d'un couteau. Il montra au sergent l'outil d'équarrissage qu'il avait trouvé près du corps.

— Voyez vous-même, ce n'est pas ça qui l'a tué, et il n'a pas pu se blesser lui-même, fit observer Aurelio.

Le sergent examinait l'outil : une lame large, épaisse, lourde, une sorte de triangle de métal échancré près du manche en bois court. Il regardait avec attention les traces de sang séché qui maculaient le tranchant sur toute sa largeur. Une arme redoutable, pensa Moissonnier en la soupesant. Il se souvenait que, dans les pays qui avaient choisi la décapitation pour punir les criminels, le bourreau maniait une lourde hache semblable, en expert.

— Peut-être a-t-il dû se défendre et se battre avant de mourir, blessant son agresseur ?

— Si cela est, quelqu'un, dans cette minière, présente une blessure, suggéra Aurelio. Une plaie large vu la taille du tranchant.

De ce qu'il entendit, le sergent eut le sentiment qu'il ne s'agissait pas d'un meurtre ordinaire.

— Où mène-t-elle, cette traverse abandonnée ? demanda-t-il à Aurelio.

— Nulle part. Ce ne sont que d'anciens travaux de recherche, inexploités depuis longtemps.

— Quand vous l'avez trouvé, depuis combien de temps était-il mort ?

— Je ne sais pas. Nous avons commencé à le chercher le matin vers neuf heures, quand on est venu nous prévenir qu'il n'était pas rentré chez lui la veille au soir. Il a travaillé avec nous sur notre poste jusqu'au soir. On fait l'appel de tous les ouvriers le matin à l'entrée vers les sept heures, mais pas à la sortie des fosses. Tous les postes cessent entre trois heures et quatre heures le soir.

— Le meurtre a donc été commis entre quatre heures le soir et sept heures le matin du lendemain…

— Sûrement.

— Dans un temps, si je comprends bien, où il n'y a personne dans les galeries, ni mineurs, ni déblayeurs, ni boiseurs… Je suppose que l'entrée des fosses est gardée !

— Oui, jour et nuit, par un garde-mine, le vieux Josef Katherin. Il n'est plus en âge de travailler, mais on l'a gardé. Il est posté dans un appentis à l'entrée des fosses, près de la forge.

En pénétrant dans la loge du garde-mine, Victor Moissonnier eut du mal à accoutumer ses yeux à l'obscurité. La seule fenêtre de cette cahute était occultée par une toile grossière qui se souleva légèrement quand le sergent ouvrit la porte. Quelques braises rougeoyaient dans un âtre construit en débris de briques réfractaires. Le vieux Katherin eut un mouvement de recul en voyant entrer cet homme vêtu en militaire, qui l'interpella par son nom.

— C'est donc toi qui gardes l'entrée des fosses ? demanda le sergent. De jour comme de nuit ?

— Oui, monsieur.

— Tous les jours et toutes les nuits ? insista Moissonnier.

— … Oui !

— Tu dois bien t'absenter de temps à autre…

Josef Katherin avoua que parfois, lorsqu'il faisait froid à pierre fendre, il se réfugiait dans la forge toute proche où le maréchal procédait au radoubement des outils des mineurs. Surtout la nuit, quand le maréchal n'était pas là. Les feux, même éteints, gardaient aux pierres une bonne température.

Toute personne pouvait avoir accès aux fosses, quels que soient le jour et l'heure, qu'il soit ou non mineur, déblayeur ou boiseur, pensa Moissonnier. Il suffisait d'attendre que Josef Katherin ait froid aux pieds…

## 15.
## Village de Pesey d'amont, 2 novembre 1766

Barthélémy Garçon rejoignit la maison de son oncle François Coste, jadis ferratier, qui avait installé sa boutique au bas de la montée de l'église, près de la croix de pierre nouvellement érigée. Il avait commencé, quelques années auparavant, à vendre de la quincaille, des clous de un, de deux, de trois, des percerettes, des lardoires, des ciseaux. Peu à peu, sur ses tablettes on avait vu proposer des tabatières, des peignes, des sifflets, de la verrerie, du papier, des écritoires, des livres d'heures, des chapelets en os, en bois et en verre et même des alphabets. Depuis deux ans, on trouvait dans sa boutique draps, toiles, mouchoirs, indiennes, batistes, rubans, lacets, fils, boutons, ceintures, bas, bonnets et toutes sortes de mignatures et de merceries qui attiraient les femmes et les filles de Pesey, comme la sève sucrée du bouleau les avettes au printemps. Et cette année, François Coste avait aménagé un rayonnage d'épices : poivre, anis, sucre candi servi au cornet, huile d'olive servie en baril (pour éviter l'odeur de l'outre en peau de bouc), safran, écorces d'orange et figues séchées, muscade et raisins de Corinthe. On disait aussi qu'en insistant un peu, François Coste pouvait vous délivrer, en arrière-boutique seulement, de petits sachets de fleurs d'orobanche ou de fruits de fenouil séchés qui vous permettraient de redresser votre vigueur fanée par les ans... Au décès de Jean Tresallet, le regrattier* des Moulins, François Coste avait obtenu de l'intendant le monopole de la vente du sel dans la commune. Aujourd'hui, on pouvait même trouver chez lui tout ce qu'on était auparavant obligé d'aller quérir chez le ciergier du bourg de Saint-Maurice : chandelles, savon, cire molle et cire d'Espagne, colle forte, mèches de chanvre et huile de noix. Il avait dû aménager une grande pièce avec des rayonnages, éclairée de deux grandes fenêtres qui s'ouvraient sur la rue. On repérait facilement sa boutique : la seule maison dont les fenêtres étaient munies de volets et dans laquelle on pouvait entrer sans mettre les pieds dans la rigole de purin et d'eau sale qui dévalait la rue principale du village.

Bref, avec son commerce, François Coste, fils de paysans, se hissait doucement en bourgeoisie.

La famille de Barthélémy se trouvant dans une déchéance notoire, le père était parti faire des campagnes dans des pays étrangers et revenait chaque printemps avec quelques subsides pour sa famille. Et puis une année, il n'était pas revenu et on le considérait aujourd'hui définitivement absent des États. La mère de Barthélémy était morte d'un engorgement des glandes du poumon causé par des fièvres intermittentes du printemps et de l'automne, qu'on avait soignées en vain avec du bouillon blanc et des tisanes de céleri. Le petit Barthélémy, alors âgé de dix ans, fut recueilli et élevé par sa tante.

L'amitié de Barthélémy et Gaspare était née dans les galeries de la minière, en courant derrière leur chariot de déblayeurs. Barthélémy avait été heureux de fréquenter un garçon de son âge dont la présence allégeait l'ambiance souvent pesante qui régnait dans la boutique de son oncle. Quant à Gaspare, ses rêveries souterraines s'étaient vite évanouies sous le poids des chiens de mine et dans la longueur des tronçons de galeries qu'il devait parcourir chaque jour. Barthélémy était devenu un lien solide dans ces journées si longues et ce pays si nouveau.

Depuis sa fuite, un an auparavant, Barthélémy n'avait eu aucune nouvelle de Gaspare. La dernière fois qu'il l'avait vu, il s'enfuyait à toutes jambes sur le sentier de la minière Saint-Victor et il se désespérait de le revoir. Et voilà qu'un jour, un incident banal se transforma en une lumière d'espoir.

Ce matin-là, dans la lueur naissante du levant, il marchait vers la minière sur le chemin étroit, côte à côte avec des dizaines d'ouvriers mineurs, déblayeurs, boiseurs, laveuses. Le groupe venait de passer sur le pont et s'engageait sur la rive boisée du torrent lorsqu'ils se trouvèrent en face d'une caravane de mulets qui menaient bon train en descendant de la minière après avoir livré leurs charges de charbon. Les ouvriers durent monter sur le talus pour laisser passer les bêtes et leurs guides. Barthélémy fut légèrement bousculé par un muletier, mais avant qu'il n'ait pu se retourner pour protester, la caravane des charbonniers s'était déjà engagée sur le chemin qui conduit au hameau des Esserts. C'est seulement arrivé à la minière qu'il sentit dans sa poche le petit objet dur et lisse, enveloppé dans un chiffon crasseux. Une « pierre » noire et luisante en forme de goutte que Gaspare avait ramassée un jour sur le tas des scories que les fondeurs rejetaient après leurs fontes. La pierre avait gardé, en se refroidissant, la forme qu'elle avait prise lorsqu'elle s'était détachée du magma en fusion. Le garçon avait mis dans cette goutte noire ce qu'il lui restait de rêve et d'émerveillement avant de devenir coureur de chien. Il la gardait toujours sur lui, l'effleurant souvent du bout des doigts quand il était transi de froid, rongé d'angoisse ou tout simplement affamé.

Barthélémy était stupéfait. Comment cette pierre avait-elle pu arriver dans sa poche ? Ce ne pouvait être que ce muletier qui l'avait bousculé ce matin ! Une caravane de charbonniers ! Qui se dirigeait vers les Esserts ! La bourrade était intentionnelle ! Peu à peu, il acquit la conviction que c'était Gaspare qui lui envoyait cette pierre. Il ne s'en séparait jamais, la portant comme une amulette, une sorte de talisman qui le protégeait dans les fosses de la minière. En lui faisant parvenir cette pierre, Gaspare lui adressait un message : il n'avait pas quitté la province ni même la région, ces charbonniers le conduiraient jusqu'à lui.

Barthélémy effectua dans la journée ses septante-cinq trajets avec son chien de mine. La petite goutte de lave noire qui battait dans sa poche contre sa cuisse lui rappelait sans cesse le message de Gaspare, mais il ne voulait rien en laisser paraître. Depuis l'interrogatoire avec ce sergent, il se sentait sous surveillance, vraie ou simulée, cette filature pesait sur ses épaules en toutes circonstances. Il la ressentait sur le trajet du matin vers la minière, sur celui du retour le soir, et même dans la galerie lorsqu'un jour le coureur à l'aval avait été changé par un garçon qu'il ne connaissait pas… Depuis ce message, il devait redoubler d'attention. Il prendrait le temps d'élaborer un projet pour retrouver Gaspare, sans rien précipiter, sans donner aucun prétexte à ce Moissonnier de suspecter quoi que ce soit.

Mais les événements se précipitèrent. Le dimanche qui suivit, alors qu'il aidait son oncle dans le magasin, s'attendant à affronter la foule des clientes qui sortiraient bientôt de la messe – le curé mettait cependant régulièrement en garde ses paroissiens contre ces pratiques commerciales réprouvées par les règles de respect du repos dominical –, Barthélémy vit entrer dans la boutique ce jeune homme, nouvellement recruté par maître Chesal et qu'on murmurait être le frère de Gaspare Varacello. Tous ses sens étaient en alerte, même s'il se sentait dans la boutique de son oncle à l'abri des aguets posés par le sergent Moissonnier. Reconnaissant dans ce jeune homme un de ces ouvriers de la minière, son oncle jeta à Barthélémy un œil dur en guise de rappel : n'oublie pas ! Pas de crédit à des gens qui ne touchent que douze sols par jour !

Francesco s'adressa à Barthélémy avec un grand sourire, en lui tendant la main, tout heureux de trouver enfin cet ami de son frère que lui avait recommandé le vieil Augustineo.

— Je suis Francesco Var…

Barthélémy le coupa vivement en posant son index devant ses lèvres. Un homme venait d'entrer à la suite de Francesco. Barthélémy identifia immédiatement le genre du personnage. Il en venait un ou deux par an dans la commune. Habillés comme à la ville, leurs vêtements bourgeois luisants de crasse ne faisaient pas longtemps illusion. En s'immisçant dans les palabres au marché, en s'informant auprès des garçons vachers dans les écuries, en parlant haut, beau et fort, ils avaient tôt fait de repérer les gens dans le besoin et de leur proposer leurs services. À ceux qui ne pouvaient payer leur impôt, ils disaient qu'ils connaissaient bien l'exacteur ; à ceux qui étaient en conflit avec leur voisin, ils se présentaient comme amis de longue date du châtelain ; pour ceux qui étaient tourmentés par la justice, ils étaient intimes avec le juge maje de la judicature. Ils ne vendaient rien, ne fabriquaient rien, se promettaient d'intervenir sur tout, proposaient leurs bons offices pour un bol de soupe, un coin de grange pour une nuit, parfois quelques deniers. Le lendemain, ils avaient disparu. Le genre de personnage que Moissonnier pourrait bien recruter pour le traquer.

Barthélémy répondit au sourire de Francesco par un sourire ostensiblement commercial, en étalant devant lui un assortiment de feuilles de papier de plusieurs sortes de grain.

Francesco comprit qu'il devait jouer la comédie pour abuser l'homme qui discutait avec François Coste le prix d'une tabatière tout en jetant des coups d'œil furtifs en direction des jeunes gens. Dans la liasse des cinq feuilles qu'il vendit à Francesco, Barthélémy glissa un billet griffonné à la hâte :

*« Dimanche prochain, à l'aube, sur le pont des Moulins. »*

## 16.
## Hameau de Pramain, 4 novembre 1766

Tous les jours de la semaine, Francesco fut dans l'attente de ce prochain dimanche. Des jours qui ne s'étirèrent pas comme à l'accoutumée. Le nouveau régisseur avait annoncé la visite dans la semaine à venir de Son Excellence le baron de La Tour, le seigneur qui avait repris la minière après le départ des Anglais. Pour le régisseur, visite signifiait inspection. Il fallait donc que tout fût propre, nettoyé, rangé. Les casseurs avaient dû trier leurs monceaux selon leur qualité de minerai, en séparant le compact et le mêlé. Le bocardier et ses aides avaient dû débarrasser la grande roue de la bourbe vaseuse qui s'était déposée au fond des augets, décrasser les flèches de la fange qui les avait recouvertes avec l'usage et renouveler les mousses qui garnissaient le fond des auges. Les laveuses avaient récuré tables, canaux et labyrinthes. Les déblayeurs avaient été priés de débarrasser les galeries de toutes les matières qu'on y avait laissé s'entreposer par incurie. Les fondeurs étaient prêts à allumer leurs fours dès l'arrivée de Son Excellence pour lui montrer l'image d'un établissement allant bon train. Il fallait que tout brille, que tout ronronne, que chaque artifice mène sa cadence en harmonie avec les autres. On devait effacer la crasse, faire disparaître les déchets, ranger tout ce qu'on avait laissé traîner. Et le jour de la visite, la consigne était d'étouffer les cris et les jurons…

Ce dimanche arriva enfin. Francesco, rendu désœuvré de la minière, se rendit au pont des Moulins. Le soleil n'était pas encore levé. Il attendit dans la brume froide et humide qui émanait du torrent par nappes. Ce n'est qu'au bout d'une demi-heure que Barthélémy apparut, sortant de la rive boisée.

— J'ai attendu pour être sûr que tu n'aies pas été suivi.

Décidément, pensa Francesco, Barthélémy se montre bien prudent…

— N'oublie pas que ton frère est recherché ! Allons-y !

— Où va-t-on ? demanda Francesco.

Barthélémy raconta la petite pierre noire transmise par un charbonnier qui menait sa caravane sur le chemin des Esserts. Francesco fut envahi de bonheur : Gaspare était vivant, il avait envoyé un message, il attendait un signe.

À son tour, Francesco raconta sa rencontre avec cette Cléopha Senhoffer dans la galerie, son désir de retrouver Gaspare, sa conviction qu'il était innocent.

— C'est dans ce secteur que ton frère se cache, plus haut que le mas des Esserts. Dans la forêt. Il faut trouver la retraite des charbonniers. À cette saison, ils sont encore en forêt, mais plus pour longtemps.

Avant de s'engager sur le chemin qui montait en lacets dans la gorge du torrent, les deux garçons s'opposèrent vivement sur ce qu'ils devaient faire quand ils auraient retrouvé Gaspare. Pour Barthélémy, il s'agissait simplement de reprendre contact avec lui, de lui remettre les quelques vivres qu'il avait pris à la boutique et d'attendre encore jusqu'à ce que Victor Moissonnier se lasse. Il pourrait alors se joindre à une caravane de sels depuis Moustier, puis le Mont-Cenis et le Piémont. Quant à Francesco, tout excité à l'idée de revoir son frère, il s'efforcerait de le convaincre qu'il n'encourait plus de danger à revenir à la minière, le témoignage de Cléopha démasquerait les coupables et l'innocenterait. Pour finir, ils convinrent de laisser Gaspare prendre lui-même sa décision.

Ils marchaient en silence. Francesco aurait bien voulu en savoir plus sur Gaspare, sur sa vie à Pescy, sur son travail de coureur de chien de mine. Barthélémy avait été très ami avec lui. Pourquoi l'avait-on affecté à la fonderie ? Où habitait-il quand il était coureur ? Connaissait-il Cléopha ? Depuis quand était-il en fuite ? Mais toutes ces questions se heurtaient au mutisme de Barthélémy qui marchait devant, l'air ronchon. Il n'avait pas envie de répondre à ces interrogations qu'il devinait prêtes à jaillir de la bouche de Francesco. Quelque chose le retenait d'en faire son complice, son allié dans cette recherche de Gaspare. Mais quoi ? Ce jeune garçon, pensa-t-il, est en droit de savoir ce qu'il est advenu de son frère. Pourquoi refuserais-je de lui répondre ? Il se surprit lui-même à être à ce point réticent aux demandes légitimes de Francesco. Sa réflexion le mena vite à un constat : quand ils auront retrouvé Gaspare, Francesco fera tout pour retourner avec son frère en Piémont. Et pour lui, Barthélémy, chaque pas le rapprochait de la séparation avec son ami. Alors que Francesco marchait vers le bonheur de retrouver son frère, lui cheminait vers la peine de le perdre.

Barthélémy se retournait souvent, s'arrêtant pour écouter, croyant entendre parfois un hennissement ou des éclats de voix, cherchant à repérer un mouvement dans la forêt ou une ombre sur la neige. Il se sentait à découvert, exposé. Jamais les aguets dont le sergent l'avait menacé en permanence ne lui avaient paru si réels. Il avait peine à faire taire Francesco qui parlait fort, riait et s'exclamait sans mesure.

En arrivant au hameau des Bauches, les deux garçons furent saisis par l'immensité du cirque de montagnes qui s'ouvrait à eux, d'une grandeur sauvage, d'une blancheur éclatante. Au loin, se détachant sur la teinte sombre des bois noirs, une colonne de fumée s'élevait à la verticale, mince, blanche, puis se couchait à l'horizontale emportée par un coulis de vent qui déboulait d'une crête enneigée. Les charbonniers devaient se trouver là, quelque part dans la forêt qui couvrait le bas des pentes escarpées. Ils poussèrent jusqu'au hameau de Pramain, trois ou quatre maisons adossées à la pente, tournées vers le soleil levant, à première vue inoccupées. En contournant le hameau par-derrière, ils virent des traces dans la neige, des piétinements nombreux qui avaient formé un sentier de neige dure légèrement brunie par des traces de terre et de foin et qui conduisait à l'un des chalets.

— Je vous attendais, dit le grand gaillard qui leur ouvrit la porte. Entrez !

Barthélémy s'apprêtait à lui dire qui ils étaient, quand l'homme l'interrompit.

— Je sais qui vous êtes. C'est moi qui t'ai fait passer la pierre de scorie. Gaspare se cache dans la forêt. Il est prévenu, il va arriver d'un moment à l'autre.

L'intérieur du chalet était bien tenu, très propre. À croire que l'air de ces montagnes ou l'altitude peut-être assainissait tout. Des meubles simples, efficaces, construits avec autant de simplicité que d'adresse. Tout était utile, rien n'était superflu. Le seul ornement concédé, accroché au-dessus de l'âtre, était un petit tableau représentant la Vierge noire d'Oropa en dessous duquel était mentionné : « *Sant'Eusebio di Vercelli* ». Le charbonnier expliqua :

— Mes compagnons sont repartis à Biella. Je suis resté avec Gaspare.

Barthélémy et Francesco venaient juste de poser leur sac quand on frappa à la porte. À peine le charbonnier eut-il soulevé la clenche que la porte s'ouvrit avec fracas, Gaspare fut poussé violemment à l'intérieur et tomba rudement sur le plancher, les mains liées dans le dos. Quatre soldats en armes firent irruption derrière lui dans la pièce, suivis de leur sergent.

— Le voilà, votre Gaspare que vous cherchiez, dit Moissonnier, l'air triomphant, vous aurez tout le temps de lui tenir compagnie dans les geôles de Moustier !

Francesco et Gaspare se regardèrent intensément, sans pouvoir exprimer la moindre effusion tant cette intrusion était violente, tant ces retrouvailles étaient irréelles après deux ans de séparation. Le visage de Gaspare était mangé par une barbe noire, abondante. La joie et le rire étaient dans leurs yeux, mêlés d'angoisse et de crainte.

— Comment avez-vous fait ? demanda Barthélémy, accablé par cette infortune.

— Ce jeune garçon est bien naïf, répondit le sergent en désignant Francesco du regard, nous le suivons depuis qu'il est parti ce matin de la Crételine… Nous aussi, nous savons nous déplacer discrètement en forêt et sur la neige…

Puis s'adressant à ses hommes :

— Liez-leur les mains dans le dos, attachées au col !

Le grand charbonnier hésita à se rebeller. Il était de taille à résister, mais les soldats se firent menaçants, pointant leurs fusils sur le petit groupe.

La troupe quitta le hameau de Pramain et s'engagea dans la descente vers la minière. Victor Moissonnier ouvrait la marche, monté sur un cheval rouan de petite taille, les quatre soldats à pied encadrant le groupe des captifs liés les uns aux autres. Malgré l'ordre des soldats de garder le silence, Francesco avait protesté vigoureusement de l'innocence de son frère, Barthélémy s'était écrié vivement qu'on n'avait pas de preuve, seulement une dénonciation, mais le sergent n'opposait que son dos à ces criailleries et continuait à chevaucher en silence. Au bout de quelques toises de cette marche agitée, les jeunes gens se turent, la marche se fit taiseuse, seuls Gaspare et Francesco échangeaient quelques mots à voix basse.

La troupe arriva à la minière vers quatre heures le soir, se frayant un passage parmi les ouvriers déblayeurs que maître Chesal avait réquisitionnés ce dimanche pour débarrasser les galeries des dernières matières restantes avant la visite du seigneur de La Tour. Toute l'équipe des boiseurs était mobilisée également, conduite par Aurelio. C'était l'heure pour eux de quitter leur poste. L'arrivée de la troupe des captifs et des soldats suscita étonnements et commentaires. Quelques déblayeurs coureurs, reconnaissant leur compagnon, adressèrent des signes à Gaspare, ne sachant, du bonheur de le retrouver ou du chagrin de sa captivité, quel sentiment exprimer. Moissonnier demanda à un ouvrier, sortant de la galerie et encore empoussiéré, d'aller quérir le régisseur et dirigea la troupe vers la fonderie, seul bâtiment à pouvoir contenir une telle affluence. Il entendait bien donner à sa capture la solennité de ce grand événement qu'on ne manquerait pas de porter à son crédit.

Il obligea les captifs à se mettre à genoux dans un coin de la salle de coupellation, gardés par les soldats.

## 17.
## La fonderie, 4 novembre 1766

Les fours étaient éteints. Maître Aytre avait déjà procédé à la chauffe de la brasque pendant une journée. Les outils qu'utiliseraient les fondeurs lors de la fonte du lendemain étaient soigneusement rangés près des fours : deux ringards dont l'un tourné en spirale, une spadelle, un long rouable de fer pour tirer les matières de la surface du bain, des écumoires pour prélever les crasses, une corbeille en saule tressé qui, remplie à comble, valait une charge de charbon, une casserole en fer pour les scories, les cuillers de fer pour verser le métal en fusion dans les gueuses de fonte… Pour l'heure, il s'affairait avec un maçon à façonner dans le sol de la fonderie, à l'aide d'un couteau, la gueuse de sable qui recevrait les coulées de plomb d'œuvre. Dans son laboratoire, Marco Pagliani portait sur un registre relié en papier cloche tous les résultats des essais qu'il venait de terminer et qui constituaient les objectifs de production en plomb et en argent de la fonte qui commencerait le lendemain. Louis Garella recopiait sur son propre registre les chiffres de l'essayeur. Le calme régnait dans la fonderie, avant l'effervescence qui saisirait le bâtiment dès l'allumage des fours.

L'arrivée du sergent et de sa troupe de captifs ne perturba en rien l'attention du maître fondeur et de l'essayeur. Hans Aytre, sans un regard à Gaspare qui était toujours à genoux avec ses compagnons d'infortune, se contenta de dire :

— Ah ! Vous l'avez enfin cueilli, ce criminel !

En arrivant, le régisseur s'adressa au sergent :

— Eh bien ! Monsieur l'officier, que nous vaut ce branle dans un lieu dont l'accès est réservé, dois-je vous le rappeler, aux personnes versées dans l'art de la métallurgie ?

Victor Moissonnier bomba le torse.

— J'ai l'honneur de vous informer, monsieur, que mes hommes et moi, après plusieurs mois de surveillance et une longue traque dans la montagne, avons réussi à nous saisir de l'auteur du vol d'argent perpétré l'an passé dans votre fonderie, avec trois de ses complices. Je les conduirai demain chez le juge maje à Moustier.

— Je vous en félicite. Son Excellence le comte de La Tour ne manquera pas, j'en suis sûr, d'adresser à l'intendant du duché ses louanges pour l'efficacité de sa police et pour le zèle dont vous avez fait preuve.

— Je vous en remercie. Cependant, pour en terminer avec l'instruction de cette affaire, et avec votre permission, je souhaiterais que nous entendions le témoignage de monsieur Aurelio Vercellin, votre maître charpentier boiseur. Il peut, je crois, nous éclairer sur le meurtre de cet ouvrier boiseur qui a eu lieu il y a quelques jours.

Aurelio s'avança, entouré de toute son équipe de boiseurs. Il expliqua au régisseur qu'il avait trouvé une grosse cognée près du corps de Pierre Helle, tachée de sang, et qu'ils en avaient déduit avec le sergent que Pierre Helle, pour se défendre, avait dû blesser son agresseur.

— … qui est peut-être présent dans ce bâtiment en ce moment même ! Vous comprendrez, monsieur, dit le sergent en s'adressant au régisseur, que je doive procéder à l'inspection corporelle de tous les déblayeurs et boiseurs présents.

Et s'adressant à l'assistance :

— Personne ne sort de ce bâtiment sans mon autorisation ! Deux de mes hommes seront en faction à la porte de la fonderie, les deux autres sont en charge des quatre prisonniers.

Commença alors une curieuse procession devant le sergent qui ordonnait à chacun de défiler devant lui, nu jusqu'à la ceinture, se présentant de face et de dos. Beaucoup rechignaient, maugréaient contre cette farce et finalement obtempéraient devant la détermination de Victor Moissonnier derrière lequel se tenait, debout, Claude Durhosne. Sa fonction de régisseur l'obligeait à approuver cette recherche de la vérité, quoique le procédé fût jugé dégradant par certains.

Le défilé se déroulait sans embarras, trente ou quarante ouvriers s'étaient déjà prêtés à cette inspection inaccoutumée que l'on jugeait une foucade du sergent, quand se présenta dans la file… une jeune fille. Le sergent n'avait pas prévu ce cas, il en fut tout ébranlé. Elle semblait réticente à se montrer en pleine lumière, aux yeux de tant de monde. Elle était vêtue d'une jupe bleue et d'un devantier de coton chevronné de gris, d'un corsage fait d'un lainage écru. Ses épaules étaient recouvertes d'un châle bleu nuit et ses cheveux étaient enfermés dans une coiffe de coton blanc. Elle refusa tout net de se dévêtir.

— Que fais-tu dans cette compagnie ? demanda le régisseur.

— Je travaille au service des mineurs, répondit la jeune fille, à fabriquer les canettes.

— Tu peux passer, lui dit le sergent.

Francesco ne reconnut pas immédiatement Cléopha ; il l'avait vue à peine quelques instants dans l'obscurité de la galerie, dans un vêtement sombre et poussiéreux, taillé pour ne pas être vue, porté pour ne pas être reconnue, pour se fondre dans l'anonymat des ouvriers des fosses. Mais en la voyant, Gaspare se leva brusquement et s'écria :

— Dis-leur, Cléopha ! Dis-leur ce que tu sais ! Dis-leur ce que tu as vu ! Montre-leur ce que tu as trouvé dans la galerie !

Le soldat en faction près de lui le plaqua brutalement à terre. Intrigué, le sergent interpella la jeune fille qui, craintive, gardait les yeux baissés :

— Qu'as-tu vu dans la galerie ? lui demanda le sergent. Si tu sais quelque chose sur ce meurtre, tu dois me le dire. Parle !

Depuis le fourneau à manche en préparation, Hans Aytre s'écria d'une voix forte :

— Sergent ! Vous n'allez pas apporter quelque crédit aux dires de cette bougresse ! Ce n'est qu'une foutue pralieuse qui ne cherche qu'à se tourner à son avantage !

Le sergent ignora le maître des fontes.

— Allons, parle ! Ne m'oblige pas à t'éprouver ! Tu connais quelque circonstance à propos de ce meurtre ?

— À propos de ce meurtre, non, répondit Cléopha dans un murmure pour n'être entendue que du sergent, mais à propos du vol d'argent, oui !

Elle avait su dominer sa crainte, encouragée par la supplique de Gaspare.

— Je peux vous montrer quelque chose. Dans la galerie. Ce n'est pas loin…

— Eh bien ! Soit ! J'espère pour toi que ça vaut la peine de pénétrer dans ces boyaux ! Monsieur Durhosne, je vous engage à m'accompagner pour découvrir cette pièce si importante, paraît-il, de notre enquête. Monsieur Vercellin, fournissez-nous des lampes, vous nous servirez de guide.

Et, s'adressant au reste de l'assistance, avec un regard appuyé à ses soldats :

— Je vous rappelle que personne ne sort de la fonderie avant mon retour et sans mon autorisation.

La petite troupe se dirigea vers l'entrée de la minière, passant devant la cahute du vieux Josef Katherin qui n'en croyait pas ses yeux. Ils traversèrent la salle de la prière et s'engagèrent dans la galerie. Cléopha ouvrait la marche, sans lampe, suivie d'Aurelio, du régisseur et du sergent Moissonnier. Les hommes portaient chacun une lampe. Le sergent était empoté, respirait fort, ne sachant s'il devait lever haut sa lampe ou la tenir bas, sa marche était hésitante, tâtonnant les parois de sa main libre, suppliant à tout moment qu'on l'attende… Ils arrivèrent à la naissance de la traverse abandonnée dont l'accès était toujours entravé par des bois croisés. Aurelio montra au régisseur et au sergent l'emplacement où l'on avait trouvé le corps de Pierre Helle et la doloire. Cléopha poursuivit dans la galerie sur quelques pieds seulement et s'immobilisa, attendant que tous la rejoignent. Dans le boisage qui formait à cet endroit une encoignure dans la paroi, elle ôta alors deux troncs fendus posés horizontalement entre deux étançons, découvrant une niche creusée dans la roche grise. Elle en sortit un sac en peau, noué par une cordelette, puis un deuxième tout aussi plein que le premier et les tendit à Aurelio qui lui paraissait la personne la plus apte à recevoir une telle trouvaille. Les hommes ouvrirent les sacs et découvrirent des morceaux d'argent assez fins pour retenir toute la lueur des lampes ; ils brillaient d'un éclat scintillant au moindre mouvement. Le tout ne devait peser pas moins d'une trentaine de livres. Des morceaux d'argent fin, qui avaient gardé les formes pâteuses de la coupellation, figés dans les sinuosités visqueuses et refroidies du métal en fusion. Claude Durhosne était stupéfait. Il avait du mal à admettre qu'on ait pu détourner un tel trésor de la fonderie.

— En plusieurs fois, murmura Cléopha, de petites quantités...

— Depuis quand ? demanda le sergent.

— Depuis la campagne de fonte de l'an passé.

— Qui ? As-tu vu qui a déposé cet argent ?

Cléopha gardait le silence, effrayée à l'idée de dénoncer, dans la crainte des représailles qu'elle pourrait subir.

— Ne crains rien, lui dit le sergent, personne d'autre que nous ne saura.

Aurelio encouragea la jeune fille à parler. Il savait le risque qu'elle prenait.

— Tes paroles ne sortiront pas de cette galerie, Cléopha. En révélant le nom de l'auteur de ce vol, tu peux faire libérer Gaspare et Francesco, lui dit Aurelio en cherchant du regard l'approbation du sergent.

— Maître Pagliani, lâcha-t-elle dans un souffle après une longue hésitation, il est venu plusieurs fois, après le travail des mineurs et des boiseurs.

— Tu es sûre ? Tu as bien vu maître Pagliani déposer des morceaux d'argent dans cette cache ?

— Oui.

— Combien de fois est-il venu ? demanda le régisseur.

— Je ne sais pas. Je l'ai vu plusieurs fois.

Cléopha était effarouchée par les questions de ces hommes, mais elle semblait sûre d'elle. Ses révélations étaient stupéfiantes. Claude Durhosne était consterné. Maître Pagliani ! L'essayeur de toute confiance qu'on avait été chercher à Turin avec toutes les recommandations du comte de La Tour ! L'homme qui, d'après ses essais, déterminait les quantités de plomb et d'argent que devait produire le maître des fontes ! Mais comment avait-il pu sortir une telle quantité d'argent de la fonderie ? Si cette fille disait vrai, la justice de l'intendant se saisirait de l'essayeur, il ne pourrait s'y opposer. Le premier jour de la saison des fontes ! C'était toute la campagne qui était compromise !

La petite troupe revint vers la sortie, au grand soulagement de Moissonnier qui, c'était décidé, ne remettrait plus jamais les pieds dans ces souterrains ténébreux et malodorants. Il s'entretenait en aparté avec Aurelio.

— Peut-être Pierre Helle a-t-il surpris Pagliani alors qu'il accédait à sa cache, suggéra Aurelio. Il l'agresse pour le tuer, Pierre se défend et le blesse…

— Dans ce cas, maître Pagliani doit présenter les traces de cette lutte.

— Mais nous l'avons vu tantôt avant de sortir de la fonderie, il ne semblait pas blessé !

— Je saurai le démasquer, répondit le sergent, laissez-moi faire.

Le régisseur intervint :

— Je n'étais pas en poste lors de la dernière saison de fonte, mais je crois pouvoir affirmer que l'essayeur n'a pu agir seul. Il vous faudra interroger le maître fondeur ainsi que Louis Garella, le commis. Après tout, il est censé vérifier toutes les opérations de fonte…

Quand ils arrivèrent à la fonderie, une grande agitation régnait dans le bâtiment. Les ouvriers s'étaient emparés de Hans Aytre et de Marco Pagliani qui avaient tenté de sortir du bâtiment, prétextant qu'ils n'étaient pas concernés par la défense du sergent. Les soldats s'étaient interposés et avaient demandé aux ouvriers de leur prêter main-forte. Les deux chefs de fonderie s'en étaient pris ensuite à Gaspare Varacello, le molestant et le violentant gravement. Les soldats avaient dû faire usage de leur fusil en tirant en l'air pour calmer les querelleurs. L'arrivée du régisseur et du sergent apaisa ouvriers, soldats et fortes têtes.

— Allons, messieurs ! Calmez-vous ! Reprenons notre inspection corporelle là où nous l'avons laissée !

C'est alors que Hans Aytre, aux côtés de Marco Pagliani, s'adressa au régisseur sur un ton arrogant :

— Monsieur Durhosne ! Faut-il vous rappeler que maître Pagliani et moi-même faisons partie des employés de cette minière ? À ce titre, nous n'avons pas à subir les mêmes conditions que les ouvriers. S'il y a des criminels dans cette assistance, c'est parmi eux qu'il faut les chercher ! Dites à votre militaire de nous laisser sur-le-champ sortir de la fonderie !

Le régisseur sentit Victor Moissonnier se cabrer sous le qualificatif de « militaire ».

— Je vous rappelle, monsieur, que, si je suis un militaire, je suis également un soldat de justice, député par Son Excellence monsieur l'intendant de Tarentaise et qu'en matière de justice, personne ne peut se soustraire à la recherche de la vérité, fût-il « employé » comme vous prétendez l'être.

Puis, s'adressant à maître Pagliani :

— Je crois que ceci vous appartient, monsieur, dit-il en lui lançant vivement l'un des sacs en peau empli d'argent.

Dans un réflexe, maître Pagliani tenta de se saisir du sac, mais avec sa main droite seulement ; en grimaçant de douleur, il tenta de lever son bras gauche qui resta inerte le long du corps. Le sac tomba et tous purent voir les fragments d'argent fin s'éparpiller sur le sol. L'essayeur ne tenta même pas de les ramasser. Son vêtement se teinta d'une large tache de sang sur l'épaule gauche.

— Êtes-vous blessé, monsieur ? demanda le sergent.

Marco Pagliani resta silencieux, les yeux au sol. Les boiseurs et déblayeurs qui avaient assisté à la scène, certains encore nus jusqu'à la ceinture en attente de cette fameuse inspection corporelle, contemplaient ahuris le monceau d'argent au sol, s'effrayaient de la blessure de l'essayeur dont le sang gouttait maintenant abondamment, commentaient bruyamment. Chacun comprenait que maître Pagliani pouvait se révéler être un voleur et un assassin. Les boiseurs commençaient à murmurer contre le meurtrier de leur compagnon.

Estimant que la vérité ne pouvait surgir d'une telle pagaille et qu'elle ne saurait éclater que dans la sérénité, le sergent fit évacuer le bâtiment :

— Je vous prie de sortir de la fonderie, tous ! À l'exception des quatre prisonniers, de maître Pagliani, de maître Aytre et de monsieur Garella que je désire interroger en présence de monsieur Durhosne.

## 18.

*Je ne comprenais pas. J'avais pourtant tout vérifié, assisté à toutes les opérations.*

*Toutes ? Je me souviens maintenant qu'à la fin de ce mois de septembre, j'étais encore très affecté par cette crise de colique du plomb. Je n'avais pu rejoindre la fonderie que le 24 septembre, le lendemain, onze heures après que le maître des fontes ait allumé le premier four sans m'attendre. Je n'en avais point fait état dans mon rapport à l'intendant, pensant avoir démérité de ne pas avoir assisté dès son début à cette opération, ne voyant là que défiance et suspicion de la part des fondeurs pour entraver ma commission. Ce ne fut que le lendemain que Hans Aytre, le maître de fonderie, m'indiqua les quantités de matières qu'il avait sorties des magasins. C'était la seule fois où je n'avais pas contrôlé moi-même les quantités de matières à traiter. La seule fois ! Enfin, je crois…*

*Quelques semaines après le vol par ce Varacello, l'idée m'était venue progressivement. Lors de cette première fonte, profitant de mon absence, le maître fondeur aurait-il pu traiter plus de matières qu'il n'en avait déclarées ? Ou l'essayeur aurait-il triché sur la teneur des échantillons ? Dans les deux cas, les fondeurs auraient dû dissimuler, au cours de l'opération de fonte et en ma présence, quelques quantités de plomb d'œuvre et une partie du gâteau d'argent pendant l'affinage. Difficile à faire, mais peut-être pas impossible pour des ouvriers si habiles en métallurgie, probablement capables de m'abuser, moi qui avais été nommé commis aux fontes et évaporations sur une décision administrative, sans avoir la moindre notion de métallurgie ni la moindre expérience de cet art. Le jeune charioteur avait-il découvert ces manigances ? Avait-on voulu le faire accuser d'un vol qu'il n'avait pas commis, mais simplement décelé ? Je n'en ai parlé à personne, ni au régisseur, ni même à vous quand vous êtes venu m'interroger. Il ne servait à rien de questionner Hans Aytre et Marco Pagliani qui s'en tiendraient évidemment à leurs déclarations. J'arrivais à cette conclusion que seul ce Gaspare Varacello pourrait dire la vérité, mais pour cela, il fallait que vous, sergent, le retrouviez.*

19.

*J'avais compris tout de suite. Depuis deux mois que je travaillais à la fonderie comme charioteur, j'avais découvert les manœuvres auxquelles se livraient l'essayeur et le maître des fontes. Le premier trichait sur la teneur, le second sur la quantité. Profitant des retards et des absences du commis et du garde-magasin, malades, ils avaient réussi à fondre et affiner plus de métal qu'ils n'en déclaraient et gardaient ainsi le surplus pour eux-mêmes. Ça m'étonnait aussi que le maître fondeur me demande de lui apporter au four plus de brouettes de schlich que le nombre noté par l'essayeur. Je me demandais où ils cachaient leur butin.*

20.

*Cette saison, la fonte n'allait pas bon train. Je lui avais pourtant dit au Willish : monsieur le régisseur, vous ne devriez pas nous faire mettre autant de déchets de forgerie dans les fours, ils s'exhalent en miasmes puants sans délivrer le plomb des matières stériles. Mais il s'était obstiné, et tout le monde a été malade. Moi, j'avais l'habitude. Les fours puaient, mais ils marchaient, ils marchaient en boitant, mais ils marchaient. Et avec monsieur Pagliani, on s'est trouvés seuls dans la fonderie. Le régisseur était malade, le garde-magasin était malade, le commis était malade. Pendant plusieurs fontes, il a noté sur ses registres une teneur moindre en métal, et moi j'ai coulé plus de métal que ses essais. Parfois, je chargeais avec de la mine choisie, presque pure. L'année dernière, on a dû retirer pour nous au moins vingt livres d'argent, poids de marc.*

*Puis en novembre, on a vu que le jeune charioteur, que le nouveau régisseur avait placé au service des fontes, avait compris. Ça devenait dangereux. On a voulu l'éliminer en le faisant accuser de vol…*

*Cette année, on a recommencé, mais c'était plus difficile. Le commis assistait à toutes les opérations et le garde-magasin vérifiait tout.*

## 21.

*Au début, je retirais de petites quantités d'argent au fond de la garde-robe dans la salle de coupellation. Les derniers travaux sur la fonderie avaient laissé un recoin dans la menuiserie. Ça ne se voyait pas, mais on risquait toujours que la cachette soit découverte par le garde-magasin ou le commis. Je n'étais pas tranquille. En attendant de partir avec Hans à la fin de cette saison avec notre butin, il fallait qu'on trouve une cachette plus sûre.*

*C'est moi qui ai eu l'idée. Derrière le boisage de la galerie d'accès. Un endroit devant lequel beaucoup de gens passaient tous les jours, mais que personne ne pouvait soupçonner de receler un tel trésor. Seulement, ni Hans ni moi n'avions de raison de pénétrer dans la galerie ; nous n'étions ni mineurs, ni boiseurs, ni déblayeurs. J'ai vite remarqué que le vieux Katherin, à l'entrée de la galerie, n'était pas très vigilant et qu'il se réfugiait souvent dans la forge voisine dans les temps de grand froid. C'était facile de se glisser dans la galerie quand elle était déserte.*

*Mais cette nuit-là, elle n'était pas totalement déserte. J'avais déjà ôté les deux bois fendus et sorti l'un des sacs pour y déposer notre dernière moisson, quand ce boiseur m'interpella. Je me suis retourné et dans le même mouvement, je l'ai frappé au ventre, avec un couteau. En se défendant, il m'a blessé avec sa hache. Je regrette pour cet homme, j'ai agi dans un mouvement irréfléchi.*

## 22.
## La minière, 7 novembre 1766

Victor Amédée Sallier, baron de La Tour, marquis de Cordon, arriva à Pesey à la fin de cette semaine tant agitée pour la minière. Depuis l'an 1760, il représentait les intérêts, dans la Compagnie minière de Pesey, de son père le comte de La Tour, qui occupait alors la charge d'ambassadeur auprès de Sa Majesté Très Catholique le roi d'Espagne. Pour prendre la suite des Anglais, le vieux comte avait fondé la Grande Compagnie Savoyarde, une société par actions, avec plusieurs grandes figures de la noblesse savoyarde auxquelles s'étaient joints quelques bourgeois roturiers. Ce n'est qu'au terme d'une dizaine d'années de réorganisation de la minière et d'investissements lourds que la Compagnie avait pu distribuer les premiers dividendes à ses actionnaires qui pour autant ne mettaient jamais les pieds à la minière pour s'enquérir de sa marche. Victor Amédée Sallier, major du régiment de Tarentaise, colonel du régiment de la reine, ministre plénipotentiaire à Londres, à La Haye et à Paris, n'avait pas beaucoup le loisir de s'occuper des affaires de la Compagnie, laissant à Joseph François de Conzié, comte des Charmettes, le soin de s'en soucier depuis Chambéry. L'homme sur qui reposait le fonctionnement de la minière était bien ce Claude Durhosne, le régisseur, homme de confiance qui présentait une fidélité et une probité à toute épreuve, engagé pour résider à Pesey hiver comme été, logé, meublé, chauffé, aux appointements de plusieurs centaines de livres l'an. Au cours de cette tournée en Tarentaise, le baron était accompagné par un certain Jaume de La Vallette, un niçard bien introduit dans les milieux d'affaires français et savoyards, qu'il avait choisi comme fondé de pouvoir et secrétaire de la Compagnie Savoyarde. Ils en profiteraient, après la minière de Pesey, pour visiter celle de cuivre de Bonneval, au-dessus du bourg de Saint-Maurice, dans laquelle le baron avait quelques intérêts.

Le régisseur reçut les deux hommes avec tous les égards dus à leur rang de dirigeants de la Compagnie. Il s'excusa que la maison de direction, en cours de construction en contrebas de la fonderie ne fût point encore achevée. Pour cette fois, le curé les hébergerait dans le presbytère, vaste et confortable.

Claude Durhosne informa le baron de la situation créée par la machination de ces deux escrocs Aytre et Pagliani qui, à n'en point douter, seraient pendus. Le sergent Moissonnier avait présenté tout le monde au juge maje qui avait entendu chacun. Après leurs confessions, les deux complices furent retenus dans les geôles de Moustier en attendant d'être transférés à Turin pour y être jugés par la Chambre des comptes, et Gaspare, Francesco, Barthélémy et le charbonnier étaient remontés à la minière.

Claude Durhosne avait déjà requis un nouvel essayeur, Jean David Unger, natif de Sainte-Marie-aux-Mines en Alsace, et un fondeur, Balthazar Hoën de la paroisse de Kantz, diocèse de Brixens en Tyrol. On les attendait sous les dix jours.

— Les opérations de fonte me semblent bien compromises cette saison, fit remarquer le baron, inquiet des résultats de sa compagnie.

— Remises de deux semaines seulement, Votre Excellence, répondit le régisseur. Nous forcerons les feux au mieux des capacités de la fonderie.

Faute de pouvoir assister à la marche des fours, le baron inspecta en détail les réparations faites sur l'ancienne fonderie selon les prescriptions du chevalier Nicolis de Robilant, l'inspecteur général des Mines des États de terre ferme. Il les avait approuvées officiellement en apposant sa signature sur les plans de la nouvelle fonderie en qualité de procureur de son père, mais il n'était encore jamais venu en constater l'exécution. Il visita les quatre grands fours à manche conçus à l'allemande avec leur canal des vents produits par les trombes hydrauliques et les deux fourneaux à réverbère qu'on avait gardés des Anglais. Dans la salle des évaporations, il se fit expliquer la marche du fourneau à coupelle avec son chapeau en fer lutté, amovible, et le tourniquet pour le lever et l'écarter. On lui expliqua comment on obtenait dans le four d'affinage les gâteaux d'argent fin au titre de onze deniers l'once. On lui montra les petits fourneaux dans lesquels l'essayeur fixait, à partir de la teneur des échantillons, les objectifs de production de plomb marchand, d'argent fin et de litharge, ce nouveau produit que la Compagnie commercialisait avec profit. Bien que déçu de ne pouvoir assister aux opérations de fonte, le baron fut impressionné par tous ces artifices modernes de la technologie allemande que le chevalier de Robilant était allé étudier à Freiberg en Saxe et à Leipzig, avec quatre cadets de l'Artillerie royale.

Il inspecta également, toujours suivi du sieur Jaume de La Vallette et sous la conduite de Claude Durhosne, les artifices de surface : la casserie, les cinq bocards, les laveries, les fours de grillage, les hangars… Tous ces ateliers, toutes ces machines fonctionnaient à merveille, tout lui parut très bien agencé. Le baron insista pour pénétrer dans les galeries. Ils se vêtirent d'une veste courte et d'un pantalon en toile serrée que le régisseur tenait en réserve pour les visiteurs. Le maître mineur et Aurelio les conduisirent jusqu'au terme des travaux les plus profonds, à quatre cent cinquante pieds sous le niveau de la surface et jusqu'au front de taille le plus éloigné de l'entrée.

Dans les galeries les plus profondes, ils durent cheminer avec de l'eau jusqu'aux mollets. Ils purent voir le travail harassant des hommes chargés d'exhaure depuis le grand puits. Avec des treuils, ils remontaient inlassablement des seillons en bois ou des poches en cuir emplis d'eau jusqu'à la surface. Les eaux surgissaient en permanence de la montagne, elles étaient très abondantes dans la saison où les neiges fondaient, ou alors quelques jours après de fortes pluies. Ce travail employait beaucoup d'ouvriers et coûtait fort cher, mais il était indispensable pour que le filon qui plongeait maintenant de plus en plus profondément dans la montagne ne soit pas ennoyé et reste accessible aux mineurs.

Aurelio se risqua :

— Avec votre permission, Excellence, ces eaux abondantes sont aussi un grand danger pour ceux qui travaillent ici et qui les craignent plus encore que les chutes, les écrasements et même les éboulements. Tous ici redoutent qu'elles ennoient subitement galeries et traverses et que leur niveau s'élève soudainement dans les puits, fermant toutes les issues.

Le baron regarda Aurelio et resta un moment silencieux, s'avisant subitement qu'à cet instant, dans cette galerie, les pieds dans l'eau, il se trouvait, tout baron qu'il était, exposé aux mêmes dangers et dans les mêmes conditions que les hommes qui l'accompagnaient. Puis, retrouvant rapidement son statut plus confortable de dirigeant de la Compagnie, il s'enquit auprès du régisseur de l'avancement des travaux de la grande galerie d'écoulement commencés depuis quatre ans.

— Un ouvrage, m'a-t-on dit, qui permettra, à terme, de drainer toutes les eaux qui s'accumulent, pour l'heure, dans le fond du grand puits, et de les conduire à l'extérieur dans le lit du Grand Nant.

— Maître Vercellin peut vous entretenir en détail de ce chantier, répondit Claude Durhosne. Il est en charge de son étançonnement.

Aurelio expliqua. Trois équipes se répartissaient tout le long de la conduite entre le grand puits et le Grand Nant, sur trois cents pieds. Des mineurs, déblayeurs, boiseurs, comme dans les galeries d'où l'on sortait la mine. On avait creusé trois puits répartis sur le tracé de la conduite pour évacuer les déblais à la surface. La progression était lente ; soit la roche était très dure, soit au contraire on avançait dans un sol tendre et meuble qui s'écroulait sitôt creusé. Ces parties exigeaient des étançonnements qui empruntaient plus à l'art de la charpenterie qu'à celui du boisage. Parfois même, on avait appelé les maçons pour qu'ils construisent des muraillements et des voûtes en pierres. Il fallait en outre construire un pont au-dessus du canal tout au long du tracé pour permettre le roulage des chiens.

Le régisseur ajouta :

— La priorité, Excellence, reste l'extraction de la mine. Ce n'est que dans les temps où les eaux sont trop abondantes et noient les galeries que je peux affecter les hommes à ce chantier.

— Il conviendrait d'expliquer aux actionnaires la durée de ces travaux, fit remarquer le secrétaire de la Compagnie.

— Vous vous en chargerez, monsieur de La Vallette, dès notre retour.

Puis s'adressant à Claude Durhosne :

— Vous êtes-vous occupé d'appeler le nommé Merlo, comme je vous l'ai demandé dans ma lettre ? Pour régler cette affaire qui traîne depuis plusieurs années à la Chambre des comptes…

— Oui, Excellence, vous le rencontrerez demain à Nancruet, en présence de maître Cornu, le notaire d'Aime que vous avez mandé vous-même.

— Parfait. À présent, je vais me décrotter avant d'aller dîner chez le curé. Ces souterrains sont de véritables cloaques, on s'y embourbe dès qu'on y pénètre…

## 23.
## Nancruet, novembre 1766

Dans leur maison aux Moulins, Jean Vercellin et sa femme Catherine finissaient leur repas. Quelques pommes de terre à écorce blanche qui accompagnaient les restes d'un ragout de chèvre. À cinquante-neuf ans passés, Jean avait dû cesser son travail de forêtier. Non pas qu'il se sentît décrépit, il restait encore vigoureux. Mais sa main droite, restée paralysée depuis son agression par les coupeurs de bois de lune, il y avait vingt ans, le faisait souffrir. Malgré les soins du chirurgien de la minière, les doigts s'étaient peu à peu recroquevillés, formant un bloc inerte et insensible, seul le pouce se mouvait, sans force et sans opposition. Les douleurs étaient apparues quelques mois après l'offense, d'abord dans le poignet, puis s'étaient propagées le long du bras, et aujourd'hui, c'était toute l'épaule qui était douloureuse. Il se soulageait en se frictionnant avec de l'huile de marmotte à base de sauge et en appliquant des cataplasmes d'herbe aux goutteux. Lorsque la douleur avait décidé de le tenir éveillé toute la nuit, Catherine lui administrait un copon de liqueur de génépi dans lequel elle avait fait macérer quelques graines de pavot. Le secrétaire de la communauté de Pesey avait enregistré son incapacité à exercer ses fonctions de forêtier et, en accord avec les communautés de Landry et de Bellentre et après avoir eu l'aval de l'intendant de Tarentaise, on lui avait attribué un subside de dix livres. « *En une seule fois et à cause de l'infirmité dont vous fûtes victime dans l'exercice de votre fonction* », avait précisé le secrétaire. Avec les quelques deniers que Catherine recevait pour l'entretien de la maison des vicaires et ceux que Jean tirait de la vente des légumes du jardin, le couple vivait une vie en déclin. Pas de terre, pas de pain. Pas de bêtes, pas de lait. Peu de ressources, peu de besoins.

En arrivant soudainement, Augustineo troubla la veillée avec laquelle Jean et Catherine s'apprêtaient à finir leur journée. Il était tout échauffé, les yeux brillants qu'on ne lui connaissait plus depuis longtemps.

— Jean ! Tu dois m'aider !

— T'aider ? Mais…

— Demain ! Le baron de La Tour, le chef de la minière ! Il me convoque demain ! Pour mes droits ! Il veut conclure pour mes droits de découvreur de la minière ! Demain ! À Nancruet !

Augustineo s'étrangla dans une violente quinte de toux. Jean tenta de calmer son ami. Il était surpris qu'à son âge, Augustineo soit à ce point agité par cette affaire. Bien sûr, il comprenait. Cela faisait plus de trente années qu'il attendait ce moment, mais il ne devait pas se présenter à cette rencontre s'il n'avait pas fait la paix dans son cœur et le calme dans son esprit. Il aurait face à lui un homme rompu à la négociation, un diplomate habitué à conclure dans ses intérêts tout en laissant croire à ses interlocuteurs qu'ils gardaient tête haute. Bien sûr, Augustineo avait pour lui les Royales Constitutions qui disposaient en faveur des inventeurs des minières, mais c'était un texte ancien, écrit bien avant qu'Augustineo n'ait découvert sa minière. Et surtout un texte que les nobles seigneurs savaient depuis longtemps détourner à leur profit. Jean sentait qu'il devait aider Augustineo en l'amenant à renoncer à son attitude revendicative, à accepter de négocier avec la Compagnie Savoyarde sans rien perdre de sa fierté d'avoir été à l'origine de cette grande activité. Jean pensa avec un peu d'amertume que si Augustineo avait découvert la minière, c'était lui, Jean, qui l'avait aménagée et transformée en usine. Et pour ça, il n'avait reçu que son salaire de caporal de minière de la part du sieur Deriva et un congédiement de la part de la Compagnie Anglaise quelques années plus tard. Les Royales Constitutions ne disaient rien en faveur des caporaux de minières…

La rencontre eut lieu à Nancruet le lendemain, un peu avant midi, dans la maison qui relevait du bénéfice de la chapelle de Notre-Dame de Pitié, cette même maison qui avait abrité un temps maître Joseph Marie Martel, le sculpteur, et sa famille. Le baron de La Tour avait tenu à choisir ce hameau de Nancruet pour rappeler, si besoin était, que la Compagnie Savoyarde avait aidé, à la demande du curé, à la restauration de la chapelle dédiée à santa Maria-Magdalena. Et puis il serait du meilleur effet de conclure une reconnaissance de ses droits à un homme du pays dans un hameau du pays. La Compagnie ne pouvait qu'y gagner de bonnes couleurs.

Le baron était accompagné du secrétaire de la Compagnie, ainsi que du régisseur de la minière. Il avait fait venir maître Cornu, un notaire d'Aime, qui serait chargé de transcrire, dans un acte en bonne forme, l'accord des deux parties. L'affaire concernant les droits d'un membre de la noblesse savoyarde, la plume serait tenue par le sieur Bertrand Genin, avocat de profession, procureur du Sénat de Savoie. Pour que l'acte soit authentique, le notaire, en homme de loi avisé, avait requis deux témoins, les honorables François Mérendon et Jean Merloz, tous deux habitant à Pesey. Augustineo était accompagné de Jean qui se présenta comme ancien caporal de la minière et témoin des faits quasiment depuis les premières années de l'exploitation de ladite minière.

— Lequel de ces deux-là est notre célèbre inventeur ? chuchota le baron à l'oreille de son régisseur.

— Celui qui a le poil blanc, répondit Claude Durhosne en désignant Augustineo d'un regard appuyé d'un coup de menton dans sa direction.

Au-dehors, le soleil était haut et chaud. Un silence régnait dans la pièce, chargé du tourment que chacun ressentait : allait-on vers un affrontement entre le seigneur de La Tour et le vieux Merlo ? Vers une humiliation du vieux mineur par le chef de la Compagnie ? Ou au contraire, cette rencontre serait-elle celle de la reconnaissance des droits et des compromis ?

Il revenait au baron de La Tour, en vertu de son privilège de préséance, de prendre la parole en premier :

— Monsieur Merlo, il me plaît de saluer en vous le découvreur de cette minière qui, au fil des années, est devenue un établissement prospère pour le plus grand avantage de cette contrée et pour le plus grand plaisir de Sa Majesté.

Jean eut un soupir de soulagement : le baron reconnaissait les droits d'Augustineo. Restait à les chiffrer... Le notaire intervint :

— Messieurs, nous sommes réunis ce jour d'hui à la demande de Son Excellence le baron Sallier de La Tour et marquis de Cordon, en vertu de la procure qui lui a été instituée par la Compagnie Savoyarde, présentement exploitante de la minière de Pesey. Son Excellence s'est inquiétée de l'issue de l'affaire ouverte par le sieur Merlo à la Chambre des comptes en 1741, affaire restée pendante jusqu'à ce jour pour n'avoir été ni instruite ni réglée par les entrepreneurs de la minière qui ont précédé la Compagnie Savoyarde.

Puis s'adressant à Augustineo :

— Monsieur Hugues Augustin Merlo, fils de feu Giacomo Merlo, habitant la paroisse de Pesey, maintenez-vous la déclaration de découverte d'une minière sise dans la susdite paroisse au lieu du Pissieu, dont vous avez déposé une montre auprès de l'intendant de Tarentaise en l'année 1735 ?

— Oui. Je me rappelle bien. C'était au début des grands froids, j'ai commencé au pied du grand rocher jaune…

Augustineo, tout content qu'on lui en donne l'opportunité, se lançait dans le récit détaillé de sa découverte, il voulait faire partager son aventure personnelle. Curieusement, s'imposait à son esprit l'image de la petite hermine blanche assise sur son rocher, le regardant sortir du trou ses premières hottes de déblais. Elle faisait partie de l'aventure, il fallait qu'elle soit citée dans l'acte que rédigerait ce notaire ! Celui-ci l'arrêta d'un geste.

— Nous savons tous quelle a été votre contribution personnelle à cette découverte, monsieur Merlo. Excellence, reconnaissez-vous le sieur Augustin Merlo ici présent comme l'inventeur de ladite minière, ainsi que l'enregistrement de cette découverte dont il lui a été délivré reçu par les services de l'intendance de Tarentaise en 1735 ?

— Oui, maître. Je l'ai déjà dit. Passons, je vous prie, aux suites de cette affaire.

Le notaire fit l'historique du plaintif qu'Augustineo, devant le refus du *signore* Deriva, avait déposé à la Chambre des comptes en 1741.

— Vous aviez requis, monsieur Merlo, par l'intermédiaire de votre procureur, un certain Nicolas Crusillat aujourd'hui décédé, une récompense du deux et demi pour cent du produit de la minière. Est-ce bien exact ?

Sans attendre la réponse d'Augustineo, le baron répliqua :

— Maître, dois-je vous rappeler que le produit de la minière est déjà frappé du droit de seigneuriage au profit des royales Finances ? Je ne saurai admettre qu'on alourdisse davantage la récolte de cette industrie.

— C'est pourtant ainsi qu'en disposent les Royales Constitutions, intervint Jean.

En prenant ainsi la parole sans y avoir été autorisé, Jean s'était rendu coupable d'un affront que le baron ressentit vivement, une fois de plus pensa-t-il, comme une atteinte aux règles qui avaient pourtant garanti jusqu'à présent l'ordre social établi dans le royaume. Depuis plusieurs années, dans de nombreuses situations, il constatait et déplorait cette dégradation des us, qui bousculait en particulier le statut de la noblesse, bien souvent encouragée par les mesures légales prises par l'administration de Sa Majesté en faveur de la bourgeoisie et du peuple. Irrité, il s'adressa à Jean :

— Pour n'être qu'un simple ancien caporal de minière, vous me paraissez, monsieur, bien au fait de ce genre de choses. Laissez donc ce brave Merlo et moi-même régler cette affaire entre nous, sans y mettre argutie, chicane et autre avocasserie.

Le ton se durcissait, les parties en présence prenaient de la vigueur. Le baron, bien qu'un peu égaré dans ce rôle de chef d'industrie, entendait surtout rappeler son statut et ses privilèges de noble seigneur, tandis qu'Augustineo endossait, avec l'aide de Jean, les habits de l'innovateur qui avait le nouveau droit pour lui.

— Mais enfin, monsieur, vous avez avoué avoir reçu du sieur Deriva le paiement de tous les salaires et journées pour la recherche, la découverte et les travaux de ladite minière !

— Le paiement desdits journées et salaires ne saurait être le prix du bénéfice promis par les Royales Constitutions, répondit Augustineo. J'ajoute que le bénéfice de deux parts et demi pour cent est bien peu de chose en comparaison du bénéfice tant de fois plus considérable que les sieurs Deriva et ceux qui leur ont succédé ont retiré et continuent de retirer du produit de ladite minière !

Augustineo, une fois passé les premiers moments d'intimidation face au parti de la noblesse et des hommes de loi, s'échauffait, prenait de l'assurance, s'enhardissait, défendait son droit. Mais les choses n'avançaient pas. Le notaire, avec le souci de lever les entraves, s'adressa au baron :

— Si les sieurs Deriva vivaient et jouissaient aujourd'hui encore de la minière, à n'en point douter ils auraient marqué au sieur Merlo une reconnaissance à raison de sa découverte. Avec tout mon respect, je me permets de remarquer que, dans l'exploitation de cette minière, Votre Excellence ainsi que le marquis de Saint-Maurice êtes les successeurs des sieurs Deriva et qu'ainsi vous êtes dans le cas d'avoir les mêmes égards quant aux droits ouverts.

Le baron eut un bref aparté avec le secrétaire de la Compagnie, que les deux hommes ponctuèrent avec des hochements de tête, puis il prit une pose calculée, très étudiée, le bras droit posé sur le gauche, dans cette attitude qu'affectaient volontiers les nobles seigneurs, rappelant à Augustineo les portraits des grands personnages sur ces tableaux qu'il avait vus accrochés dans les escaliers de l'intendance de Moustier.

— Afin d'en terminer et prévenir tout procès et recherche à l'avenir, je suis déterminé, par considération de son prétendu droit, à payer au sieur Merlo une somme de quatre cents livres en une fois. En outre, tant que le comte de La Tour, mon père, et le marquis de Saint-Maurice cultiveront ladite minière, la Compagnie vous versera par commisération eu égard à votre état et à celui de votre famille, une pension annuelle de soixante livres.

Ce fut au tour d'Augustineo et de Jean de s'entretenir brièvement en aparté. Augustineo s'adressa au baron sur un ton qui se voulait hautain, comme pour signifier qu'il traitait cette affaire d'égal à égal avec ce seigneur :

— Gardez la commisération, monsieur le baron, je prends la récompense et j'accepte la pension annuelle.

Étonné par cette détermination de la part d'un homme qu'il avait jugé fruste et peu versé dans les affaires réservées aux gens du monde, le baron répliqua :

— Il va sans dire que c'est à la condition que vous vous départiez de tout prétendu droit en vertu de quelle cause et motif que ce puisse être et que vous renonciez, dans l'acte à établir ici même, à toute instance ultérieure, demande et recherche.

Le notaire salua cet accord en faisant valoir qu'il mettait un terme à une instance ouverte depuis plus de vingt-sept années. En entendant cette arithmétique énoncée par le notaire, Augustineo ne put s'empêcher de la rectifier après un rapide calcul :

— Si vous me permettez, monsieur, trente-trois ans après que j'aie découvert cette minière !

Le baron de La Tour compta la somme de quatre cents livres en pièces de sept sols et demi et de deux sols et demi de Savoie, retirées et emboursées par Augustineo au vu des témoins. Le procureur du Sénat et le notaire rédigèrent l'acte qui fut signé par le seigneur de La Tour, par Augustineo et l'un des témoins, l'autre ayant déclaré, pour être illittéré, ne savoir ni lire ni écrire.

## 24.
## Printemps 1767

Pour entreprendre ce voyage vers le Piémont, Gaspare et Cléopha avaient choisi de se joindre à une caravane qui devait voiturer du plomb et de l'argent jusqu'à Turin. Gaspare serait l'un des muletiers. La veille, il avait annoncé sa décision à Barthélémy qui s'y attendait.

— Je savais en allant te chercher chez les charbonniers que tu repartirais chez toi. Tu es venu chercher du rêve dans cette minière, ici à Pesey, tu n'y as trouvé que bassesses, manigances et agissements frauduleux...

— Pas seulement, Barthélémy. Oui, bien sûr, j'ai appris qu'une minière n'est ni un jeu ni un rêve. Pour nos compagnons, c'est un moyen de vivre, de survivre. J'ai le sentiment que notre monde se fracture, aujourd'hui ; ni toi ni moi ne pouvons plus vivre comme nos parents, mais nous n'avons pas encore inventé autre chose. Cette minière n'est peut-être qu'une étape dans notre errance, pour moi qui viens d'au-delà des monts, mais aussi pour toi qui viens de ta famille dispersée.

À l'heure de leur séparation qu'ils pressentaient définitive, ils partageaient un moment de gravité. Ils se quittèrent dans une accolade bourrue.

— Je ne t'oublierai pas, coureur de chiens ! murmura Barthélémy.

Cléopha avait troqué ses hardes grises de faiseuse de canettes pour une jupe de cotonne bleue, une chemise blanche à manches bouffantes, un corselet gris clair dans lequel elle glissait les pointes d'un châle de serge violet. Elle était brune, pas noire, mais brune, d'une couleur chaude ; ses cheveux tressés en couronne à la façon tyroloise encadraient son visage aux traits pleins et réguliers. Chaque fois qu'il la regardait, Gaspare était touché par sa beauté calme, certain que Cléopha serait belle à tous les âges de sa vie. Elle avait gardé la coiffe de toile prime que portait sa mère quand, avec son père, ils avaient entrepris ce long périple depuis les bords de l'Adige. Kaltenbrunn, le village de son enfance, n'était plus pour elle qu'un souvenir dont les images s'étaient estompées peu à peu.

Ils avaient été une dizaine à partir de Kaltenbrunn. Elle était très jeune alors et ne comprenait pas. Pourquoi fallait-il quitter la maison, le village, ses amies, partir si loin, dans un pays inconnu ? Mais elle avait perçu l'angoisse et la désespérance dans les yeux de ses parents. Elle avait saisi leur détermination. Les minières avaient peu à peu fermé dans la province de Bozen. La nouvelle était parvenue à Kaltenbrunn par des voyageurs : une compagnie anglaise embauchait sur une minière dans le duché de Savoie, dans le royaume sarde. C'était le vieux Josef Katherin, l'oncle de sa mère, qui leur avait fait passer le message, il s'était installé en Savoie depuis deux ans déjà, sur cette minière de Pesey. Du plomb et de l'argent, comme ici. Hans Senhoffer était un maître mineur respecté ici pour son savoir-faire, on l'embaucherait sûrement là-bas pour ses compétences. Il avait fait le choix de partir avec sa femme et sa fille. Pas comme certains qui étaient partis seuls, laissant sur place des familles qui ne connaîtraient désormais que la pauvreté, l'attente et la séparation.

Hans Senhoffer savait que le voyage serait long. Il avait choisi le début du mois de juin pour se mettre en route : les passages de montagne ne seraient plus obstrués par les neiges. Près de deux mois, à pied, parfois montés sur le charroi d'un voiturier, parfois juchés sur un caisson militaire parmi le fourniment des soldats ou encore serrés dans la voiture d'un équipage de grand chemin. Ils empruntèrent les sentiers, les passes, les cols, dormant dans les fermes, les hospices, les abris d'alpage. À Bergamo, ils quittèrent la montagne, cheminant sur les routes de la grande plaine, évitant les grandes villes, Brescia, Milano, où l'on dépense trop.

L'accident se produisit près de Biella, sur une route détrempée par le dernier orage. Leur troupe était formée ce jour-là d'une vingtaine de marcheurs, paysans, artisans, petits marchands ou migrants comme eux. Au gré des routes que l'on croisait, certains quittaient le groupe, d'autres s'y joignaient pour une heure, un jour ou une semaine. La petite troupe parfois s'enflait de nouveaux venus, parfois se ratatinait de nouveaux départs, toujours trottinant à son rythme régulier. Soudain, précédée par un cavalier dont l'uniforme avait cessé depuis longtemps d'arborer les couleurs de son unité, une chaise roulante tirée par un grand cheval noir, menée à vive allure par un personnage sans doute important et convaincu qu'il devait vivre plus vite que les autres, les croisa dans une gerbe d'eau boueuse. Plusieurs marcheurs furent renversés, se relevant en jurant et pestant contre ce maroufle gonflé de sa suffisance, proférant leurs injures vers le nuage qui cachait déjà au loin le grossier équipage fuyant l'émeute.

Margrit Senhoffer ne se releva pas, sa tête avait heurté violemment la pierre d'angle d'un muret. Elle s'éteignit dans les bras de Hans, sans effroi, sans adieu. La petite Cléopha était restée debout, sans comprendre, attendant que sa mère se relevât. On fit halte deux jours dans le village tout proche de Balocco. Dans le cimetière de l'église San Michele, Hans avait gravé sur une croix en bois : *« Margrit Pranomayer, épouse de Hans Senhoffer, mère de Cléopha – 1729-1755 »* Puis on était reparti, rejoignant la compagnie d'une autre troupe sur la route. Ce n'est que deux jours après, en arrivant dans le duché d'Aoste, que Cléopha se laissa aller à pleurer, longuement, seule, en silence. Elle se sentait de nulle part. Kaltenbrunn n'existait plus, ce lointain Pesey pas encore. Sa mère était morte, sépulturée dans une terre inconnue où personne ne l'avait accueillie, reconnue. Une morte de passage ! Elle oubliait déjà le nom de ce village où elle ne retournerait sans doute jamais. Elle pressentait aussi la fragilité de son père. Oh ! Pas encore. Aujourd'hui, il paraissait solide, fort, décidé. Mais elle lisait dans ses yeux la cassure qui fissurait son cœur, qui le menaçait tout entier. Un jour, il tomberait. Resterait alors simplement Cléopha Senhoffer. Quand on lui demanderait *« D'où es-tu ? »*, elle répondrait *« Je suis de moi-même »*.

Quant à Gaspare, ses rêves de merveilles souterraines s'étaient évanouis dans cette emmêlée qui l'avait obligé à fuir la minière et à vivre une année dans la montagne avec les charbonniers. Faute d'avoir découvert les chimères des profondeurs, il avait vécu, avec ces hommes qu'on disait rustres, l'amitié, la solidarité et l'humour qui permet de se rire des mauvais tours de la vie. Une année qu'il n'était pas près d'oublier, qu'il emporterait avec lui chez son père à Traversella. Qu'allait-il y retrouver ? Il n'en savait rien. La ferme de son père ou son père ? La maison de sa mère ou sa mère ? Son avenir restait indécis, mais il ressentait le besoin de revenir à Traversella, de faire le chemin inverse. Et de le faire avec Cléopha.

Aujourd'hui, elle s'apprêtait à accompagner Gaspare qui retournait dans son pays. Cela faisait deux ans qu'elle vivait dans ces galeries profondes, escamotant sa nature, se fondant avec la couleur même de la roche. Elle y avait croisé plusieurs fois Gaspare poussant son chien de mine en riant. Quand il avait été obligé de fuir, son rire lui avait manqué soudainement. Rien ne la retenait plus à Pesey, ni son emploi à la minière ni ses compagnes avec lesquelles elle partageait une masure à Nancruet. Elle se sentait errante, ballotée d'un lieu à l'autre, d'une langue à l'autre, sans attache et sans but. Peu à peu, Gaspare était devenu un repère, un point fixe dans son errance. L'aimait-elle ? Peu importait, il était là, bien réel, avec ses boucles noires, ses yeux clairs, ses muscles lisses, son odeur forte. Elle avait senti chez lui sa force, sa hargne, mais aussi sa tendresse, ses abandons. Il était devenu peu à peu son pays natal. Quand on lui demanderait *« D'où es-tu ? »*, elle répondrait : *« Je suis de Gaspare »*.

Le convoi des muletiers se mit en route, encadré par quatre soldats à cheval et en armes, à la garde de Dieu et sous la conduite du sieur Boch, le maître voiturier du Val de Tignes. Un millier de rubs de plomb et plusieurs dizaines de lingots d'argent, un train de septante-cinq mulets menés par une dizaine de muletiers. L'itinéraire avait été choisi par les soldats de l'intendance et tenu secret jusqu'au départ. Cette fois, on passerait les monts par la Vanoise, Entre-Deux-Aigues, le Mont-Cenis, Suse. Pour maître

Boch, l'entrée dans Turin avec ces dizaines de mulets était plus difficile que de passer les monts, mais il devait livrer à l'Arsenal situé au cœur de la ville, dans la citadelle. On approcherait par *la strada di Rivoli* et on se présenterait à la porte Susina. Là, comme à chaque fois, on serait arrêté par les gardes, et comme chaque fois, on attendrait, un jour, une semaine, parfois plus. Pour éviter que les encombrants chargements parcourent les rues de la ville, peut-être les soldats obligeraient-ils le convoi à faire le détour par la Porta Nueva en contournant les fortifications, passant sous les bastions de Saint-Maurice et Saint-Lazare. On entrerait dans la cour de l'Arsenal, en passant devant les quatre énormes couleuvrines disposées de part et d'autre du porche, accueilli par les hommes d'un détachement de l'artillerie. La livraison du plomb durerait une journée tandis que les mulets chargés des lingots d'argent poursuivraient leur chemin en passant par les remparts pour atteindre le nouvel Hôtel de la Monnaie situé derrière l'Académie royale.

En quittant la minière, Gaspare se retourna une dernière fois. Il eut la même sensation qu'il ressentait chaque fois qu'il sortait des galeries, à l'air libre.

# Troisième épisode : 1768-1791

## Gasparde

## 1.
## Dans la salle des évaporations, septembre 1768

Après l'affaire de la fonderie et le meurtre du boiseur, le calme était revenu dans la minière à Pesey. Barthélémy Garçon avait convaincu Francesco de reprendre ensemble leurs courses derrière leur chien de mine. Ils avaient forgé leur amitié nouvelle dans le sentiment d'injustice qu'ils avaient ressenti sur le sort de Gaspare et la fin tragique de Pierre Helle, fustigeant tout pareillement le sergent, le régisseur, le maître des fontes et l'essayeur, à leurs yeux mêmement responsables. Pour partager ses journées avec son nouvel ami, Francesco avait demandé à être affecté au roulage des chiens. Mais alors que Barthélémy retrouvait peu à peu le calme entre le roulage à la minière et la boutique de son oncle, Francesco, au fond de lui, restait en révolte. Partout dans la minière il voyait des traces d'injustice. Dans les ordres donnés par les chefs du déblaiement, dans les trois ou quatre livres que les ouvriers recevaient par semaine, dans la valeur des massettes consignées sur le salaire des mineurs, dans les pleurs de cette malheureuse Maria Ponte violentée par son bocardier pas plus tard que la semaine précédente. Peu après, Barthélémy fut affecté à la fonderie. Privé de la présence affectueuse de son frère reparti à Traversella et de la compagnie quotidienne de son seul ami à Pesey, Francesco s'en fut un jour chercher ailleurs des raisons de travailler et de vivre, vers la France où – on le disait – les idées nouvelles agitaient les gens des métiers.

Devant la défection de quelques aides-affineurs et l'infidélité des ouvriers étrangers d'une année sur l'autre, le régisseur s'était résolu à former des ouvriers de Pesey habitant sur place pour assurer durablement les opérations de fonte. Barthélémy se trouva ainsi à apprendre d'un certain Giuseppe Biocco, un aide-fondeur originaire de la vallée d'Andorno, les gestes de faiseur de lit, faiseur de coupelle au four d'évaporation. Barthélémy comprit très vite que procéder à la séparation du plomb et de l'argent était une opération délicate qui demandait beaucoup de minutie.

Debout dans le petit bâtiment construit en contrebas de la fonderie au-dessus du canal de fuite, Giuseppe surveillait le moulin qui broyait des os. Des carcasses d'animaux de toutes sortes livrées à la minière par Anna Thouvex qui, avec sa charrette à bras, faisait régulièrement le tour des fermes de la paroisse pour récupérer les dépouilles décharnées d'animaux. La meule tournait lentement sur son axe relié à une roue à augets par des engrenages en bois. Seuls les craquements des os broyés troublaient le bruit régulier de la meule. Une odeur fétide stagnait dans le bâtiment. Barthélémy s'occupait à remplir des brouettes avec ces fragments d'os concassés et à les porter au four où ils seraient grillés et réduits en cendres. Le trajet n'était pas long, une dizaine de toises seulement séparaient le moulin du four de grillage des os. Ils transportèrent ensuite leurs cendres et quelques brouettées de terre grasse dans une pièce attenante à la fonderie. Giuseppe accompagna ses gestes de commentaires précis à l'attention de Barthélémy.

— C'est simple. Tu commences par préparer tes cendres en les tamisant proprement dans ce crible en fils de laiton, sans laisser aucun débris de bois ou de roche, et tu les serres dans ce coffre en bois de large. Dans le cuvier, tu démêles à sec la terre grasse avec les cendres à raison de neuf parties de cendres pour une de terre. Le mélange doit être bien intime. Puis on ajoute vingt-neuf bennes d'eau pour cent quinze de cendres.

Tout en parlant pour l'un et en écoutant pour l'autre, les deux hommes pétrissaient la coupelle à l'aide de pelles, certaines carrées et d'autres pointues, jusqu'à obtenir une pâte compacte et humide qu'ils formèrent en tas. Giuseppe, à l'aide d'un long couteau en bois à deux manches, coupa les cendres bien fines et les serra avec une dame de bois.

— Tu dois les laisser reposer pendant une journée et recommencer trois fois. Ça te laisse le temps de nettoyer le raffinage.

— Le raffinage ?

— Oui, le plomb d'œuvre qui sort des fours. Tu balayes chaque saumon, tu les arroses et tu les laves un par un avec un pinceau.

Au quatrième jour de leur travail, ils transportèrent le tas de coupelle dans la salle des évaporations. La pièce était silencieuse, contrastant avec l'atmosphère incandescente de la salle des fontes, illuminée par les coulées de matières visqueuses et ignescentes, emplie du bourdonnement des fours à manche, des cris des fondeurs morigénant leurs aides et du tintement des spadelles, des ringards et des cuillers à plomb tombant au sol.

Au centre de la salle des évaporations se trouvait une grande cuve métallique au-dessus de laquelle était suspendu un chapeau de forme conique accroché par des chaînes à une potence. Subitement, Barthélémy revit une image enfouie depuis longtemps dans sa mémoire, le geste de sa mère qui écartait la marmite, accrochée à un tourniquet, des flammes de l'âtre lorsque la soupe de pois était prête.

Il eut la sensation de pénétrer dans un lieu de création, l'endroit où se fabriquait ce métal précieux à partir de recettes tenues secrètes, de gestes ancestraux et de savoir-faire très anciens partagés seulement par un petit nombre d'initiés. Il comprit soudainement que c'était cette opération qui donnait tout son sens au travail des mineurs, des déblayeurs, des étançonneurs, des laveuses, des fondeurs, chacun restant cependant confiné dans des gestes fragmentés. C'était là, dans cette cuve et sous ce drôle de chapeau, que ces cailloux si lourds, si poussiéreux, qu'on avait jour après jour chariotés, concassés, lavés, se métamorphosaient en barres de plomb si douces sous la main et en lingots d'argent si luisants à l'œil. Bien sûr, on croisait souvent les caravanes de muletiers qui partaient pour Turin, on savait qu'ils voituraient du plomb et de l'argent, mais les soldats convoyeurs empêchaient de s'en approcher, les bêtes étaient bâtées de sacs de toile de jute ficelés à la forme de balles de riz du Piémont, on ne voyait jamais ces fameuses barres de plomb qui seraient livrées à l'Arsenal, ces beaux lingots d'argent qui seraient remis à l'Hôtel de la Monnaie. Et voilà qu'aujourd'hui, lui, Barthélémy Garçon, orphelin de père et de mère, sans terre et sans bien, ancien coureur de chiens, était sur le point de découvrir ces secrets, de participer à cette magie. L'épicerie de son oncle lui apparut soudain bien étriquée.

La grande cuve avait été nettoyée des restes de coupelle de la précédente campagne. Giuseppe expliqua à Barthélémy que le garnissage de l'intérieur de la cuve avec la coupelle obéissait à des règles très précises.

— Si tu veux être accepté par le maître affineur, si tu veux qu'il te recrute comme faiseur de lit pour la prochaine campagne, tu dois lui préparer une bonne coupelle. C'est d'elle que dépend la qualité de l'évaporation.

— L'évaporation… ?

— Dans les saumons, à la sortie des fours, le plomb et l'argent sont mêlés intimement. Pour les séparer, on doit les faire fondre dans ce four à coupelle, écarter subitement le chapeau et faire passer à la surface du bain un fort vent. C'est pour ça qu'on dit « évaporation ».

La confection du lit dans la coupelle les occupa encore deux jours. Ils avaient étalé leur mélange de cendres et de terre grasse tout également, le tassant en marchant à petits pas en spirale depuis la couronne jusqu'au centre, tassant la pâte avec leurs mocassins et leurs dames en bois. Puis ils étaient repartis du centre jusqu'à la couronne, toujours en spirale, toujours piétinant et damant leur mélange. De temps à autre, Giuseppe vérifiait avec un niveau que le lit fût partout d'égale épaisseur. Pour le dernier tour, ils avaient troqué leurs dames de bois par des demoiselles garnies de sabot de fer, plus pesantes. La coupelle était devenue dure comme le sol d'un chemin muletier, épousant parfaitement la cuve du four.

— Maintenant, c'est au maître affineur de disposer les saumons, en commençant par former une croix au centre et en les déposant jusqu'à la couronne. Tu l'aideras à les porter et à les recouvrir d'une bonne couche de paille. C'est lui qui conduira le feu et l'évaporation.

## 2.
## La mort de Jean

Aurelio peinait à entretenir sa famille. À cinquante-cinq ans, il travaillait encore à la minière, à l'économie. La galerie d'écoulement qui conduisait les eaux souterraines à l'extérieur pour alimenter la nouvelle laverie était maintenant terminée. Il était très fier d'avoir conduit ces travaux pendant les dix-huit années qu'avait duré le chantier. Aujourd'hui, les maîtres mineurs faisaient appel à son savoir de boiseur charpentier chaque fois que leurs excavations pénétraient des terrains meubles et friables ou au contraire rencontraient des chaos de gros blocs qui menaçaient de s'écrouler tout ensemble et sans alerte. Il estimait que son savoir-faire et son expérience valaient plus que les quarante livres que lui versait le garde-magasin chaque mois. Bien sûr, c'était beaucoup plus que les dix-huit sols que recevaient les mineurs chaque jour, encore plus que les seize sols qu'on donnait aux charioteurs et plus encore que les neuf ou dix sols alloués aux laveuses. Mais quand on réclamait plus de salaire, les régisseurs rabâchaient toujours la même rengaine. « *Les salaires versés par la minière sont complémentaires des revenus des fermes, c'est pour ça qu'ils sont si bas ! Vous autres, paysans de Pesey, vous avez beaucoup de chance, vous trouvez un emploi sur place en hiver quand d'autres sont obligés de partir en France ou dans le Piémont pour trouver du travail…* » Peut-être, disait souvent Aurelio, mais pour ceux qui n'ont pas de ferme, les salaires étaient vraiment parcimonieux… La plupart des ouvriers de la minière étrangers au pays vivaient entre eux, partageaient un logement, louaient ensemble une femme pour préparer les repas, tant il est vrai que la pénurie n'est subsistance que si elle est partagée.

Aurelio, lui, avait pu acheter une petite parcelle de terrain qu'il cultivait avec Maria-Magdalena. Les mains de sa femme avaient perdu leur élégance d'autrefois, ses doigts n'avaient plus la finesse que son père avait ciselée dans le retable majeur de Notre-Dame de Pitié, mais elle avait gardé ses brosses et ses pigments et aidait à l'occasion son frère à peindre ses ouvrages sculptés, comme elle l'avait fait pour son père plusieurs années auparavant.

Depuis un an déjà que Jean était mort, Aurelio et Maria-Magdalena avaient recueilli Catherine chez eux. C'était elle qui l'avait trouvé un jour de juin à l'heure où les cloches sonnaient l'angélus de la mi-journée. Dans le courtil, face contre terre, sa main valide serrant encore un fosseil* planté dans une rangée de fèves. Pendant plusieurs jours, elle en fut sidérée, déambulant dans la maison comme si elle marchait au bord d'un abîme qui se serait brusquement ouvert à ses pieds, laissant Maria-Magdalena et Aurelio faire pour elle tous les gestes de la vie courante. Puis, jour après jour, nuit après nuit, l'absence de Jean envahit tout le vide autour d'elle, autant que sa présence avait occupé tout son espace, comme si la mort ne les avait pas séparés.

Jean Vercellin était mort ! La nouvelle stupéfia les gens des Moulins, le village où il vivait depuis longtemps, plus que les gens de la minière où il avait travaillé si durement. Le grand Giovani Vercellina qui était arrivé du Piémont avec son jeune Aurelio et qui avait agencé toute la minière. Le grand et beau Jean Vercellin qui avait marié la belle Catherine de Bartholomée. L'homme que les coupeurs de bois de lune avaient mutilé à vie. L'ami du vieil Augustineo qui, à l'annonce de la disparition de son vieux comparse, s'affaissa un peu plus dans sa grande maison du Villaret.

Pierre, le fils aîné d'Aurelio, avait suivi le cortège funèbre de son grand-père, parfois soutenant Augustineo, parfois relayant l'un des porteurs du brancard sur lequel reposait Jean pour son dernier chemin, toujours fuyant la foule condoléante. À vingt-sept ans, c'était déjà un homme. Il n'avait pu retenir ses larmes tout le long de la procession. Des larmes peu abondantes, mais aussi intarissables que le chagrin de Pierre était inépuisable.

Aurelio aurait bien aimé que son fils devienne maître boiseur comme lui ou charpentier hydraulique pour construire les bocards et les baritels. Dès qu'il eut atteint l'âge de douze ans, Aurelio le fit entrer à la minière comme porte-pistolets. Le jeune Pierre rejoignit ainsi la bande des garçons qui, chaque jour et plusieurs fois par jour, apportaient fleurets, broches, pistolets et massettes, curettes et épinglettes aux mineurs jusqu'aux travaux les plus profonds. Ils attendaient devant la forge, à proximité de l'entrée des fosses, que le maréchal ait fini de forger les fers qu'il mettait à refroidir, fichés dans des trous sur un rocher jouxtant la forge. Les garçons entraient alors dans la galerie d'accès par petits groupes de trois ou quatre, riant et plaisantant, chacun avec sa besace chargée de ferrailles et muni d'une lampe. Puis, à mesure qu'ils atteignaient la traverse qui les conduirait au poste des mineurs qu'ils devaient approvisionner, ils quittaient la bande, l'un après l'autre. Le gamin se trouvait alors seul dans le boyau, surmontant sa crainte, attentif aux bruits, concentré sur ses pas, apprenant à estimer les distances, cherchant à voir au-delà du halo de lumière de sa lampe, rassuré quand enfin il devinait les lueurs mouvantes des mineurs excavant au terme de la galerie.

À plusieurs reprises, Aurelio avait emmené Pierre sur le chantier du cuvelage du grand puits ou sur les travaux d'étançonnements et d'échelonnements qui devaient suivre la rude pente de la galerie de la Rampe. Des travaux difficiles qui demandaient un grand savoir-faire et que la Compagnie payait bien. Plusieurs fois, il avait encouragé son fils à aider Augustineo sur ses chantiers de charpenterie. Le vieil homme lui avait enseigné le traçage et la coupe des embrèvements pour réunir une sablière à un poteau, une contre-fiche à un poinçon, un arbalétrier à un entrait. Pierre s'était familiarisé avec les outils que lui prêtait le vieux boiseur charpentier, l'ébauchoir qui entaillait les mortaises, la galère qui dégrossissait les bois après la cognée, le lasseret qui perçait les trous de chevilles, la mailloche qui servait à tout.

Mais Pierre avait une autre idée en tête. C'était le travail des maçons qui l'avait attiré quand il les avait vus édifier les piliers pour soutenir le plafond rocheux dans les travaux des Anglais, des piliers bien circulaires, bien montés, bien contournés. Ou encore dans la galerie d'écoulement quand il les avait aidés à bâtir des voûtes aux courbes parfaites montées sur des cintres galbés harmonieusement, qui reposaient sur les murs dressés rigoureusement. Un si bel ouvrage, des constructions si élégantes pour un chantier si industrieux, pour des ouvriers si frustes, visibles par les seuls coureurs de chiens ! Il s'était fait une conviction : pour peu qu'on y mette du métier et de l'art, les pierres agencées entre elles devenaient une belle matière…

Pierre ainsi était devenu maçon, tournant le dos au monde souterrain où l'invitait son père, bien que ce fût là qu'il prît le goût et apprît les premières règles de son art. Il avait fait le calcul : on payait la journée d'un maçon ou d'un charpentier quatorze sols, c'était un peu moins que celle d'un mineur, mais au moins on travaillait à son gré et à l'air libre. Il allait de chantier en chantier, de paroisse en paroisse, suivant des compagnons d'occasion, se formant aux côtés des maîtres maçons.

## 3.
## Josepha entre au couvent, 1772

Les deux sœurs de Pierre n'étaient pas présentes à l'enterrement de leur grand-père Jean. Aurelio surprenait souvent Maria-Magdalena en pleurs. Courbée sur les rangs de pois dans le potager, revenant du bachal chargée d'un seillon sur chaque épaule ou penchée sur les braises de l'âtre, le visage éclairé d'une chaude lumière et ruisselant de larmes silencieuses.

— Nous avons perdu nos trois enfants, sanglotait-elle.

— Mais non, lui murmurait Aurelio en la serrant dans ses bras, Pierre vient nous voir entre deux chantiers…

— Josepha est cloîtrée et maintenant Gasparde est perdue !

Pour Josepha, la plus âgée, sa grande tante Melchiotte avait été dès son plus jeune âge un modèle, bien qu'elle ne l'ait jamais vue. À soixante-trois ans, Melchiotte, la sœur aînée de Catherine, devenue sœur Scholastique au couvent, n'était plus jamais sortie de la maison des bernardines de Conflans depuis qu'elle y avait été admise à l'âge de dix-sept ans. Aujourd'hui, élue par la communauté sœur directrice auprès de la mère supérieure, elle dirigeait à ce titre le noviciat. C'était justement le vœu le plus cher de Josepha : intégrer le noviciat de Conflans et devenir l'une des Filles de la Providence. À l'automne de l'année 1772, Aurelio et Maria-Magdalena s'étaient rendus à Conflans, accompagnés de leur fille Josepha qui venait de fêter ses dix-huit ans. Aucun des trois n'avait jamais rencontré cette vieille tante dont plus personne ne prononçait le nom de baptême.

L'entrevue eut lieu dans le parloir de la Maison Rouge, marquée par un sentiment de curiosité partagée par les membres de cette même famille qui ne se connaissaient pas. Sœur Scholastique accueillit Josepha et ses parents avec beaucoup de chaleur, mais à aucun moment elle ne demanda des nouvelles du village, ne s'enquit de la santé de sa sœur Catherine, ne chercha à interroger Aurelio sur ses origines. Quand on en vint à exposer la candidature de Josepha au noviciat, sœur Scholastique prit un ton grave pour s'adresser à la jeune fille :

— Tu dois savoir que le noviciat dure deux années, pour apprendre la vertu. Après quoi tu seras autorisée à porter le voile de notre habit pendant trois ans. Seulement alors tu seras entendue par le Conseil de notre communauté qui décidera si tu es digne d'intégrer notre ordre, de prononcer tes vœux et d'entrer pour toujours dans notre clôture.

Josepha recevait ses paroles comme on reçoit un ordre de mission clair, un itinéraire lumineux qu'il suffisait de suivre.

Maria-Magdalena lui serrait le bras, pour encourager sa fille ou peut-être pour la réconforter, à moins que ce ne fût pour se préparer elle-même à une séparation. Ce fut Aurelio qui posa la question des frais de cette pension. La réponse de sœur Scholastique fut très claire : pendant toute la durée du noviciat, la famille prenait en charge l'entretien de la jeune prétendante. À la date de sa profession, elle devait apporter sa dot à la communauté. En général neuf cents livres.

Neuf cents livres, pensa Aurelio, c'est presque le salaire que reçoit le régisseur de la minière pour un an !

C'est alors que Maria-Magdalena prit la parole :

— Josepha est la petite-fille de Joseph Marie Martelli, mon père, celui qui a sculpté le retable majeur de Notre-Dame de Pitié dans notre paroisse de Pesey…

— Cette si belle pietà, si douloureuse, si compatissante !

— Vous êtes-vous rendue dans cette chapelle ? s'étonna Aurelio.

— Non, bien sûr, mais de nombreuses images saintes nous sont parvenues ici, à Conflans. Nous savons avec quelle ferveur votre communauté a édifié ce sanctuaire à la gloire de Marie.

— Ne pourrait-on pas reconnaître à Josepha cette ascendance remarquable et réduire quelque peu les frais de son noviciat ?

Sœur Scholastique promit de plaider cette cause auprès de la mère supérieure, laissant entendre que le cas de Josepha serait instruit avec bienveillance. Elle mit fin à l'entretien en donnant rendez-vous à la jeune fille le premier jour de l'Avent.

En se retirant, elle glissa à voix basse à Maria-Magdalena :

— Embrassez Catherine de ma part…

Josepha entra au noviciat de Conflans en l'année 1772. Ses parents supportèrent les frais d'entretien de leur fille jusqu'en 1774, parfois en livres, parfois en fruits de la récolte de leur jardin. Pendant ces deux années, elle rencontra souvent sœur Scholastique dans les couloirs du couvent sans que cette dernière n'évoquât jamais leur lien de parenté. Elle prononça alors ses vœux temporaires pour une durée de trois ans. En 1777, le Conseil de la Communauté lui imposa de renouveler ses vœux temporaires pour trois ans encore. En 1780, le Conseil des bernardines de Conflans, constatant que la famille de Josepha était dans l'incapacité d'apporter sa dot, décida de l'accueillir en tant que sœur converse, chargée d'entretenir le potager et d'assurer les tâches ménagères du couvent pour que les sœurs de chœur consacrent tout leur temps à la prière.

## 4.
## La fugue de Gasparde

Dès ses plus jeunes années, Gasparde, la dernière fille d'Aurelio et de Maria-Magdalena, s'était montrée une enfant difficile, colérique, irritable, irrespectueuse envers ses parents et rétive aux préceptes que lui chapitrait le curé. Petite, toute en nerfs et en os, le regard embrasé, on la sentait prête à bondir à la moindre chicane, à la plus légère contrariété. Privée très tôt de la présence de sa sœur Josepha, trop jeune pour partager son enfance avec son frère Pierre, elle s'était recroquevillée dans un monde d'images, de figures, de couleurs, de dessins, une façon de fuir les sempiternels récits de son père sur la minière et ses boiseries et les manifestations dévotes de sa mère. Cela ne l'empêchait pas de lui emprunter brosses, blaireaux et pigments pour colorier à l'infini et en secret des galets, des bois morts ou des lambeaux de tissus réformés. Esprit rebelle, nature insoumise, elle avait traversé ses années de scolarisation à la régence de Pesey en soubresauts indociles, retenant le strict nécessaire pour savoir lire passablement et écrire maladroitement. Parvenue à l'âge où l'on doit prendre part à la vie, elle fut pendant quelques mois laveuse à la minière au bocard Sainte-Marie, fille de ferme chez Claude Poccard qui avait trop de bêtes et pas assez de bras, puis engagée chez la Pétronille Manchet, la couturière.

Dès qu'elle le pouvait, Gasparde passait de grands moments dans les chapelles des villages ou dans l'église. Elle restait des heures à contempler le beau tableau de la sainte Marie-Madeleine à Nancruet, qu'on disait d'un peintre de Venise, ou encore les médaillons de l'autel du Rosaire dans l'église de la Sainte-Trinité, surtout celui représentant l'Annonce faite à Marie par un ange avec ses ailes bleutées et le lys fleuri qu'il offrait à la Vierge. Ce que Gasparde aimait par-dessus tout, c'était le devant d'autel de la petite chapelle de la Visitation de Beaupraz, un panneau de cuirs cousus, décoré en relief d'un déroulement de feuilles d'acanthe, de fleurs, de nœuds et d'arabesques dans des couleurs sourdes, bleu de Berlin et cinabre, rehauts de vert destilé et de brun sur fond blanc. Et au milieu, en médaillon, cette belle accolade des deux femmes partageant leur énorme secret.

Gasparde était restée seule. À vingt et un ans, elle n'était toujours pas mariée. Il y avait bien eu cette aventure avec le jeune Michel Merel qui possédait quelques champs dessus le four à Pesey et plusieurs moutons, mais pas de bêtes à cornes. Ils s'étaient rencontrés à la fête de Saint-Loup et à plusieurs occasions, mais dès qu'ils se sentaient bien ensemble, dès que leur désir l'un de l'autre leur donnait l'audace de se caresser, de s'embrasser, de s'enlacer, dès les premiers frôlements, Michel battait en retraite, effrayé à l'idée du péché qui, lui avait-on dit, commençait à cet instant précis. Son père, sa mère, ses oncles et tantes, le vicaire régent à l'école, le curé en chaire, tous l'avaient mis en garde depuis son plus jeune âge, tous l'avaient averti : « *œuvre de la chair ne désireras qu'en mariage seulement…* » Ainsi, dès que le premier frémissement pointait sous les caresses de Gasparde, Michel s'enfuyait, prétextant un retard de la traite de ses brebis ou un agnelage difficile et urgent. Et puis il y avait eu une autre bagatelle avec ce charretteur du Piémont, un beau brun bien bâti, mais ce fut une passade aussi vite oubliée qu'elle fut brutalement consommée dans un baraquon de la minière. En la voyant ainsi des heures en contemplation dans l'église ou les chapelles, on pensait, dans le village, que la Gasparde prendrait le chemin du couvent, comme sa sœur avant elle. À moins qu'elle ne fût désignée dans la famille pour accompagner les parents vers la fin de leur vie.

Un jour d'août 1779, Gasparde descendit au bourg de Saint-Maurice avec Claude Poccard : il lui avait demandé de remonter à Pesey avec une paire de chèvres qu'il avait achetées à la foire. Mais le soir, Gasparde n'était pas remontée. Claude l'avait cherchée partout dans le pré de foire et aux alentours, interrogeant les paysans, marchands et voituriers qu'il connaissait presque tous. Le soir, il s'était résolu à remonter lui-même ses chèvres et s'était arrêté chez Aurelio pour le prévenir.

Cela faisait maintenant deux années qu'Aurelio et Maria-Magdalena pleuraient leur fille absente, rongés par le remords de n'avoir pu la retenir, ressassant à l'infini toutes les conjectures, depuis la pire qui établirait enfin leur deuil jusqu'à un retour inespéré de leur fille qu'ils craignaient de ne plus reconnaître. Mais un détail retenait encore ses parents au bord de l'espoir : Gasparde était partie en emportant dans une petite besace ses cailloux et bois peints et tous les petits objets qu'elle décorait en secret depuis des années. Elle s'était aussi emparée de tout l'attirail de peinture de sa mère : brosses, pinceaux, couteaux, apprêts, pigments. Maria-Magdalena s'en était aperçu quelques semaines après son départ. Cela donnait un sens à cette disparition. Ce n'était plus la foucade capricieuse prise dans un moment de colère qu'elle avait crue au début. Maria-Magdalena en était sûre : Gasparde était partie dans une quête. Peut-être vers d'autres lieux de culte que ceux qu'elle avait trop souvent fréquentés à Pesey, peut-être vers d'autres œuvres peintes que celles qu'elle avait si longuement contemplées… Au début de cette fugue, aux dires des marchands et voituriers de passage, ses parents avaient pu suivre quelques traces de son errance. On l'avait d'abord aperçue au bourg de Saint-Maurice dans une auberge à la Bourgeat. Elle proposait, aux voyageurs qui faisaient halte sur la route du col, des boîtes à tabac décorées et de petits coffrets à mercerie ornés de motifs à fleurs. Puis c'est chez un marchand de couleurs qu'elle avait été vue à Moustier. Peu après, des voituriers l'avaient surprise le nez en l'air devant la chapelle de Notre-Dame des Grâces sur la route de Saint-Jean dans la vallée des Belleville. D'elle-même elle leur avait dit se nommer Gasparde venant de la paroisse de Pesey. Elle ne se cachait pas. Mais depuis, Aurelio et Maria-Magdalena n'avaient plus aucune nouvelle.

En fait, Gasparde n'était pas partie sur un coup de tête, mais bien avec une idée : visiter Notre-Dame de la Vie, le grand sanctuaire sur la route de Saint-Martin de Belleville. Après avoir cheminé plusieurs jours, en entrant dans le grand bâtiment, tout intimidée par la renommée de ce lieu, elle y retrouva un décor familier : le retable du maître autel lui rappela celui de l'église de Pesey, le dôme peint celui de Notre-Dame de Pitié. Mais ce furent d'autres images qui retinrent son attention, des images plus modestes, plus simples. Accrochés aux murs, sans ordonnancement apparent, de petits tableaux, le plus souvent peints sur des planchettes de bois dont certaines étaient gauchies par l'humidité de ces voûtes, représentaient des scènes de la vie de tous les jours : des paysans devant leur maison, alités dans leur chambre, conduisant leur bétail, marchant sur des chemins de montagne, fanant sur des terrains pentus. À y regarder de plus près, le danger était partout : avalanches, chutes dans un torrent, incendies, glissements de terrain. Et l'image de Notre-Dame de la Vie figurait sur tous ces petits tableaux, dans un coin du ciel, entourée de nuages et nimbée d'une lumière céleste. Ces ex-voto étaient des remerciements à la Vierge, l'un pour avoir sauvé son enfant de l'incendie de sa maison, l'autre pour avoir épargné sa femme tombée dans un torrent furieux, un autre encore pour être sorti vivant d'une tourmente de neige. Mort blanche sous les amas de neige, grise sous les éboulements rocheux ou rouge dans les flammes de l'incendie, mais toujours brutale, toujours soudaine et toujours évitée grâce à l'intercession de Notre-Dame.

Gasparde se sentait bien devant ces images, elle les sentait à sa portée, à portée de crayon, à portée de pinceau. Elle se reconnaissait dans ces décors de montagne, ces scènes familières qui toutes exprimaient cependant un lien avec le ciel. Elle adhérait à cette peinture simple qui ne cherchait pas la performance, à ce dessin peut-être un peu raide, mais suffisant pour exprimer le mouvement, la chute, la peur, la fuite. Elle appréciait ces couleurs, le plus souvent crues et entières, rarement mêlées ou rompues, qui rendaient si bien la lumière et les ombres, les plates étendues comme les profonds ravins, ce qui est proche et net, ce qui est loin et flou, ces couleurs sourdes qui menacent et celles qui sont claires et qui rassurent.

## 5.
## Saint-Laurent de la Côte

Gasparde resta deux jours dans le sanctuaire, dormit deux nuits sous le porche, et les yeux encore pleins de ces images simples qui la confortaient dans ce qu'elle aimait faire, elle se mit en route pour rejoindre la vallée avec la vague intention de regagner Pesey. Elle traversa plusieurs hameaux, quelques maisons construites sur d'étroits replats de terrains suspendus au-dessus de profondes ravines. Les paysans qu'elle croisait lui semblèrent d'un autre temps, d'un autre monde, accablés par la famine, courbés sur de maigres parcelles de terre, dérangés dans leur retraite et se relevant pour la regarder longuement passer jusqu'à ce qu'elle disparaisse au tournant du chemin. Elle sentait leurs regards chargés de curiosité et de méfiance peser sur son dos et se demanda si un étranger traversant ainsi le territoire de Pesey susciterait autant de suspicion.

Le lendemain matin, lorsque le révérend Pierre Brun, curé de Saint-Laurent de la Côte depuis vingt-deux ans, ouvrit son église, il trouva la jeune femme recroquevillée sous le porche de la porte latérale. Elle avait fini par s'endormir malgré les premiers froids de ces nuits d'août, après s'être souvenue avec regret de la maison des Moulins, des bruits sonores de son père descendant le matin, l'escalier gémissant sous ses pas, de la porte qui s'ouvrait sur un grincement qu'Aurelio n'avait jamais réussi à éliminer, des premiers crépitements du bois sec dans l'âtre, des premières odeurs de la soupe de fèves dans laquelle son père trempait ses morceaux de galettes de pain noir.

— Que faites-vous ici, mon enfant ? lui demanda le révérend Pierre Brun.

Gasparde se réveilla sur la silhouette du vieil homme d'Église : une soutane crasseuse boutonnée à la hâte, des galoches usées, une tignasse blanche hirsute, un regard bienveillant et malicieux éclairé par des yeux bleus et clairs, des yeux qui accueillaient toute rencontre comme un cadeau du ciel.

— Vous ne pouvez pas rester là au froid, venez dans mon presbytère, je trouverai bien un bol de lait chaud pour effacer la froidure de votre nuit.

Sans un mot, Gasparde suivit le vieux curé. Ils traversèrent l'église et sortirent par la porte principale. Le presbytère était une forte bâtisse située en contrebas de l'église. Quelques instants après, Gasparde était attablée devant un bol de lait fumant et une galette de pain d'orge.

— Est-ce le Seigneur ou le Démon qui conduit vos pas sur ces mauvais chemins ?

Gasparde ignora la question et finit de boire son lait en regardant le vieux prêtre au-delà de ses yeux bleus.

— Pourquoi votre église n'est-elle point pourvue des peintures et sculptures qui ornent d'habitude les autels des paroisses ? Je n'ai vu ici qu'un bâti en bois et une toile grossièrement peinte.

Le vieux curé fut surpris par tant de discernement de la part de cette jeune femme manifestement en errance.

— C'est une bien triste histoire, mon enfant, mais j'ai plaisir à la raconter à une personne capable d'observer si judicieusement que mon église est dépourvue de retable !

Le vieux curé raconta. Depuis plus de cent ans que l'église avait été reconstruite, elle avait été pourvue d'un beau retable magnifiquement orné pour la vénération de saint Laurent, le patron de la paroisse. Malheureusement, dit-il, ce chef-d'œuvre ne résista pas aux outrages des ans ni aux attaques insidieuses de l'humidité et des vers, et il y a quelques années, les communiers décidèrent de procéder à sa restauration. Ils confièrent le projet à un sculpteur qui habitait Macôt en lui concédant un prix-fait rédigé par un notaire de Moustier, accompagné d'un dessin choisi et signé par les procureurs de la fabrique, le syndic et les conseillers.

Encouragé par le regard attentif de Gasparde, le vieil homme d'Église poursuivit :

— Monseigneur, par l'intermédiaire de son vicaire général, a bien voulu me confier le soin de vérifier que le projet des communiers était bien conforme en tous points et tout à la fois aux Écritures et à la Tradition. L'architecture du retable devait être d'ordre composite avec quatre colonnes torses supportant l'entablement. Statues et anges devaient être travaillés d'un relief convenable comme le reste de l'ouvrage. Pour la décoration, les communiers avaient demandé des couleurs : bleu de Berlin et vert destilé sur argent pour les habillures des anges et des statues, cinabre pour le fond de la sculpture, naturelles pour les chairs. Le tableau central devait représenter saint Laurent et, à sa gauche, saint Vincent de Saragosse avec son chevalet et les corbeaux noirs qui défendirent son corps supplicié des crocs d'un grand loup. À sa droite, j'ai exigé que soit peinte l'image du pape Sixte II dont saint Laurent fut le diacre.

Le vieux curé continua :

— Les communiers étaient enthousiastes et impatients de voir ce projet réalisé. Durant plusieurs mois, les procureurs aux œuvres pies rendirent visite à moult reprises à maître André Martel, le sculpteur, dans son atelier à Macôt. À leur retour, ils racontaient l'avancement de l'œuvre qui serait bientôt assemblée. Mais un jour, le malheur frappa le sculpteur ainsi que notre communauté. Sa demeure fut la proie des flammes et, en une nuit, tout fut anéanti : ses biens domestiques, son argent, tous ses meubles, outils, instruments nécessaires à sa profession de sculpteur, de même que plusieurs ouvrages finis pour plusieurs églises et chapelles comme encore tous les ouvrages en préparation pour notre église. Tout le projet que nos communiers avaient mis tant de ferveur à concevoir et que maître Martel avait mis tant d'art à réaliser, tout avait disparu. Les procureurs avaient déjà versé une grande portion du prix-fait et à ce jour ils n'ont pu encore réunir la somme nécessaire pour financer un nouveau retable. Voilà, mon enfant, la triste histoire de notre belle église…

Gasparde observa un long moment de silence avant de dire d'une voix rendue hésitante par l'émotion :

— Le sculpteur… c'est… le frère de ma mère.

— Maître André Martel est votre oncle ?

— Oui.

— André Martel, le fils du grand Giuseppe Maria Martelli, le maître sculpteur de Notre-Dame de Pitié dans la paroisse de Pesey ! Mais alors…

— Oui, je suis sa petite fille.

Le prêtre se leva et fit quelques pas en murmurant pour lui-même : mon Dieu ! Quelle belle et étrange rencontre m'avez-vous réservée aujourd'hui !

Sans ménagement comme à son habitude, elle s'adressa au vieux curé avant même qu'il se retourne :

— Je veux peindre des ex-voto, dit-elle sur un ton rogue.

— Peindre des ex-voto ? Savez-vous, mon enfant, que ce n'est pas l'usage ? Les femmes ne s'adonnent pas à l'art de peindre.

— Qui a peint ceux que j'ai vus dans le sanctuaire de Notre-Dame ?

— Il me semble que beaucoup de familles s'adressent à des peintres résidant à Turin. Des hommes, bien sûr…

— Et pourquoi les familles ne s'adresseraient-elles point à une femme vivant ici ? Pourquoi les hommes ne se mettent-ils point fort en peine d'instruire les femmes dans l'art de peindre ?

Les yeux du vieil homme brillèrent de malice :

— Peut-être de crainte qu'elles les excellent…

— J'ai besoin de votre aide, révérend. Indiquez-moi les familles de cette vallée désireuses d'exprimer ainsi leur gratitude à Notre-Dame et je peindrai ces petits tableaux en restant dans l'ombre.

— Mais il vous faudra des cadres, de l'huile, des pigments...

— L'huile peut être d'olive, de lin, de chanvre, de rave ou de poisson, même de noix, la meilleure, et toutes se trouvent aisément ici. Le marchand de couleurs à Moustier me fournira pigments et pinceaux. Quand au cadre, il ne fait rien au tableau, souvent on le dore quand la peinture ne vaut rien !

Gasparde fut surprise elle-même d'avoir répondu sur un ton presque professionnel aux réserves avancées par le vieil homme d'Église. Elle était heureuse de lui apporter une réponse concrète à tous les obstacles, à toutes les difficultés soulevées. Restait une dernière objection, que le curé énonça sans grande conviction.

— Monseigneur estime que cette pratique des ex-voto est une réminiscence des superstitions des siècles passés. Il la tolère, mais ne l'encourage pas dans nos églises et chapelles. En me faisant l'intermédiaire entre vous et ces familles pour confectionner ces images, je m'écarterais de ses instructions synodales. Laissez-moi le temps de la décision, la nuit et la prière sont bonnes conseillères...

Le lendemain matin, le curé trouva, sur la table de la grande salle de son presbytère, un petit tableau peint sur une tablette en bois. On y voyait le curé de Saint-Laurent devant son église, revêtu d'un surplis blanc, en position d'orant, les mains jointes. Malgré la naïveté du trait, le révérend se reconnut aisément. Dans le lointain, au sommet d'une haute montagne et entourée de volutes nuageuses, on reconnaissait la silhouette du sanctuaire de Notre-Dame de la Vie. Durant toute sa vie ecclésiastique, du petit séminaire jusqu'à cette paroisse perdue dans les montagnes, Pierre Brun avait côtoyé des images, missels ou paroissiens, statues ou tableaux, images de saints et saintes, martyrs ou non, de prophètes, de pères de l'Église. Voir ainsi sa propre image propulsée au rang d'icône sainte par la magie du pinceau lui procura une vive émotion. Il effaça la tentation fugace du péché d'orgueil qui l'effleura soudainement en se voyant déjà rejoindre la cohorte des personnages, objets de la vénération locale. Il imagina un bref instant la légende de ce petit tableau qui lui survivrait probablement : *« Pierre Brun, curé de Saint-Laurent de la Côte, en prière devant son église »* Cette femme, pensa-t-il en revenant à la réalité, est plus habitée par l'art que par la foi.

Le vieux curé rejoignit Gasparde qui l'attendait adossée à la façade extérieure de l'église.

— Je vous aiderai. En favorisant votre art, je contribuerai à répandre la dévotion que nos paroissiens rendent à Notre-Dame de la Vie. Promettez-moi seulement que cet arrangement restera caché. Et si le Seigneur doit m'envoyer les foudres épiscopales, je m'entendrai directement avec Lui.

Et il ajouta en souriant :

— À mon âge, je ne risque plus grand-chose !

## 6.
## Le retour de Gasparde, 1781

Gasparde Vercellin resta deux ans à Saint-Laurent de la Côte. Elle vécut chez Angélique Villiod, une veuve qui fut contente de partager sa maison devenue trop grande depuis le départ de son fils, Victor, qui avait trouvé un emploi de cuiseur aux Salines royales à Moustier. Il revenait de temps à autre visiter sa mère, mais aux salines, on devait être sur l'ouvrage à cinq heures le matin et on n'en sortait qu'à six heures le soir. Pour se rendre de Moustier à Saint-Laurent, il fallait cheminer deux heures et demi, et Victor avait dû se loger avec deux autres compagnons à Moustier, dans le faubourg de la Madeleine pour être plus près du bâtiment des cuites de l'Isle. C'est au cours d'une de ses rares visites à sa mère que Victor fit la connaissance de Gasparde.

Elle fut séduite par son calme et cette façon qu'il avait de toujours réfléchir avant le moindre geste, avant le moindre pas. Quant à lui, il admirait son regard rebelle, son indépendance, son insolence qui la grandissait au-delà de son apparence. Et elle le mit dans la confidence de ses peintures.

Avec la complicité du vieux curé de Saint-Laurent, Gasparde put peindre une bonne vingtaine d'ex-voto à la demande des paroissiens de Saint-Jean et de Saint-Martin de Belleville. Le prêtre lui décrivait la scène que la famille voulait voir représentée. Gasparde exigeait des précisions : l'homme était-il sur son mulet lorsqu'il est tombé du pont dans le Doron ? Cette femme se déplaçait-elle avec des potences avant sa guérison ? Est-ce bien une masse de neige tombée du toit qui a enseveli cet enfant que ses parents ont retrouvé vivant après leur supplique à Notre-Dame ? Elle peignait la scène, évoquait les détails avec précision, insistait sur le drame, la souffrance, le malheur évités, et, avec le regard du commanditaire dirigé vers l'image de Notre-Dame installée dans un coin sur son nuage, chaque tableau sublimait le trait maladroit et la scène naïve pour devenir une action de grâce.

Se sentant encore peu sûre de sa peinture et n'osant pas encore s'afficher, elle ne signait jamais ses ex-voto. Elle demandait toujours la même somme, que le curé de Saint-Laurent lui remettait en totalité, en échange du tableau fini, sans cadre. Dans les villages, le mystère restait entier sur l'auteur de ces tableaux, soigneusement entretenu par le révérend : c'était tantôt un artiste piémontais de passage et se rendant en Chablais, tantôt un peintre qu'il avait rencontré à Moustier, tantôt un fresquiste venant de Maurienne par le col des Encombres. Mais tout le monde le savait : ces tableaux étaient l'œuvre d'un même pinceau. À ceux qui soupçonnaient le curé d'en être l'auteur sans l'avouer, il répondait dans un grand sourire : *« Dieu m'a fait artisan de la foi et non artiste peintre… »* Et ils s'en retournaient tout penauds, vaincus par la malice de ses yeux bleus.

C'est au cours d'une de ses rares visites à sa mère qu'un jour Victor Villiod annonça qu'il était congédié des salines. La gestion de l'établissement venait d'être confiée aux royales Gabelles qui avaient annoncé une réorganisation complète de l'usine. Les travaux devaient durer au moins deux années et les opérations de cuite seraient suspendues. Très vite les deux jeunes gens furent d'accord : ils quitteraient Saint-Laurent de la Côte et se rendraient à Pesey. Victor n'avait pas le choix pour retrouver un emploi d'ouvrier : les salines de Conflans n'embauchaient plus, elles se relevaient à peine des destructions causées par les inondations furieuses de l'Isère. Au reste, il ne se voyait pas conduire une chaudière d'eau chaude toute sa vie. Passer d'une saline à une autre ne convenait pas à cette nouvelle vie avec Gasparde. C'était le moment d'apprendre d'autres savoir-faire, de changer de métier. Il tenterait d'être pris à la minière de Pesey. Quant à Gasparde, elle était prête à mettre fin à cette longue retraite à Saint-Laurent, qui lui avait permis d'éprouver sa disposition à peindre, quoique dans un genre limité. Elle aspirait à d'autres tournures. Et pour tous les deux, cette décision s'accompagnait d'une autre : ils devaient se marier. Pour Gasparde l'émancipée, Gasparde l'indépendante qui entendait bien mener elle-même sa vie, il n'était pas question d'exposer leur décision aux pressions familiales, amicales et encore moins cléricales qui les attendaient à Pesey pour les remettre dans les chemins traditionnels. Gasparde Vercellin la peintre retournerait à Pesey, mariée avec Victor Villiod, ouvrier cuiseur cherchant à travailler à la minière. Et elle n'accepterait de se marier devant personne d'autre que le révérend Pierre Brun, curé de Saint-Laurent de la Côte. *« Devant Dieu, mon enfant, devant Dieu ! Je ne suis que son humble ministre »*, répondait le vieux curé.

## 7.
## Les Moulins, mai 1785

— Mais enfin, Gasparde, tu sais très bien qu'on représente toujours les saints martyrs avec l'instrument de leur supplice !

Maria-Magdalena contemplait l'ébauche que Gasparde avait esquissée sur la grande toile verticale posée sur une chaise : un personnage debout, arborant un visage très doux, encadré par des cheveux bouclés qui lui conféraient un aspect presque enfantin.

— Comment veux-tu qu'on le reconnaisse si tu ne le représentes pas avec son gril ?

— Je ne sais rien de ces histoires ! s'énerva Gasparde. On m'a simplement demandé de peindre un tableau représentant saint Laurent…

Cela faisait maintenant quatre années que Gasparde était revenue chez ses parents. Maria-Magdalena eut peine à la reconnaître. Non pas que ses traits aient changé. Même si, à vingt-trois ans, elle avait gardé son regard volontaire où on lisait encore l'indépendance, l'insolence et l'indocilité, c'était une Gasparde joyeuse, riante, gentille qui avait frappé à la porte. Une Gasparde heureuse qui, après avoir embrassé ses parents sans même s'excuser pour les nuits d'angoisse qu'elle leur avait fait vivre, leur avait dit d'une seule traite :

— Je reviens à Pesey, je suis peintre, Victor est mon mari, il doit trouver du travail à la minière.

Sur le moment, trop heureux de retrouver leur fille, Aurelio et Maria-Magdalena ne prirent pas la mesure de ce qu'elle leur avait dit. Ce ne fut que le soir qu'ils comprirent que leur fille Gasparde entendait être peintre ! À Pesey ! Maria-Magdalena découvrit qu'elle avait un gendre ! Victor ! Et Aurelio comprit que ce gendre devait être embauché à la minière !

Victor fut affecté à la conduite du baritel à eau qui depuis des années ne cessait de relever la mine depuis le fond du grand puits de la minière. Il remplaça le maître tireur qui avait fait fonctionner la machine pendant plus de vingt ans, trop vieux maintenant pour suivre, de jour comme de nuit, le rythme de la grande noria.

Très vite, on sut dans les villages que Gasparde savait peindre sans admettre pour autant qu'elle fût peintre. Déjà plusieurs familles lui avaient commandé des ex-voto en remerciement à Notre-Dame de Pitié. Elle retrouvait les mêmes scènes qu'elle avait peintes à Saint-Laurent de la Côte, d'accidents évités, de guérison improbable ou on ne savait de quel soulagement obtenu. Mais ici, à Pesey, la Sainte Marie n'était pas en majesté, présentant devant elle l'Enfant Jésus comme à Notre-Dame de la Vie. Notre-Dame de Pitié des Vernettes était une Vierge de douleur, recueillant le corps de son Fils agonisant, le cœur transpercé de glaives.

Comme ceux qu'elle avait peints à Saint-Laurent de la Côte, Gasparde ne signait pas ses ex-voto.

Puis un jour de mai 1785, un certain François Favre lui rendit visite. Ils ne se connaissaient pas. C'était son grand-père, Laurent, qui avait fondé la chapelle de Beaupraz en 1705, la dotant d'une pièce de bled dont la récolte annuelle servirait à son entretien. Le généreux fondateur avait financé la construction et les premiers décors, en particulier le tableau central représentant la Visitation et un tableau de saint Jean-Baptiste anachorète, dans le désert, vêtu d'une peau de bête. François Favre souhaitait compléter l'ornementation de la chapelle par un autre tableau, de mêmes dimensions que le premier, représentant saint Laurent, le saint patron de son aïeul. Les deux tableaux viendraient prendre place de part et d'autre du petit retable. Pour Gasparde, la requête de François Favre était sa première vraie commande, d'autant que ce tableau prendrait place dans la décoration de cette petite chapelle dont elle avait tant admiré le devant d'autel en cuir de Cordoue.

— Quand tu peins de saints personnages, lui dit Maria-Magdalena, martyrs ou non, tu dois les représenter avec l'emblème qui a marqué leur vie ou leur mort.

Gasparde pensa qu'effectivement il convenait de ne pas mélanger les attributs. Représenter sainte Catherine avec le dragon de sainte Marguerite ! Ou saint Grat avec l'aigle de saint Jean ! Ou encore saint Guérin avec les trois enfants dans le saloir de saint Nicolas ! Quant aux martyrs, il convenait, là aussi, de ne pas se fourvoyer dans le catalogue des supplices. Représenter sainte Barbe avec les seins coupés de sainte Agathe ! Ou saint André avec les flèches qui avaient transpercé saint Sébastien qu'on invoquait contre la peste ! Ou encore saint Sigismond avec la peau de saint Barthélémy, écorché vif, le patron des chamoiseurs !

Elle devait se documenter…

Maria-Magdalena sortit de la grande pièce, monta dans le grenier et en redescendit peu après en portant à deux mains un gros livre.

— Tiens ! dit-elle en le posant sur la table devant sa fille. Il a été écrit il y a plus de cent ans, en France.

Gasparde regarda le livre longuement avant d'oser l'ouvrir. Il était relié en maroquin rustique dont on avait recousu les parties déchirées, surtout sur la coiffe. Une large pièce d'un cuir différent avait été rajoutée, elle aussi cousue d'un fil noir grossier. Le dos de la reliure était muet, le cuir usé, beaucoup de pages froissées, l'ouvrage gardait les traces d'un usage fréquent et répété.

— Ton grand-père le consultait souvent pour composer ses ouvrages sculptés.

Gasparde lut le titre de la première page :

LES NOUVELLES FLEURS DES VIES DES SAINTS ET FÊTES DE L'ANNÉE NOUVELLEMENT MISES EN PLUS BEAU LANGAGE AVEC DES RÉFLEXIONS MORALES ET CHRÉTIENNES

L'ouvrage avait été publié en 1691 à Lyon, chez Claude Carteron, rue Mercière, à la Cour des Anges.

En le feuilletant, Gasparde comprit que le livre exposait la vie du saint ou de la sainte que l'on honorait chaque jour de l'année. Sur la première page de chaque mois étaient représentées, dans des cartouches en taille douce, les figures des saints les plus notoires du mois. Saint Laurent y figurait à la date du 10 août. Gasparde apprit tout ce qu'un peintre devait savoir avant de peindre un saint Laurent : son origine du royaume d'Aragon, son service de diacre auprès du pape Sixte II, les supplices que lui fit subir l'empereur Valérien.

Dix jours après, Gasparde remettait le tableau à François Favre. Le saint, vêtu de la dalmatique des diacres, tenait un gril métallique dans sa main gauche et dans la droite la palme du martyre. Il avait gardé ses cheveux bouclés, mais l'air adolescent que Gasparde lui avait donné dans son esquisse avait cédé la place à une expression d'extase que le saint avait affichée — c'est ce qu'elle avait lu dans le vieux livre de son grand père — pendant que ses bourreaux le rôtissaient d'un côté et de l'autre. En arrière-plan dans le lointain, Gasparde avait peint deux soldats attisant un gril ardent. Les charbons étaient peints à l'ocre rouge, la couleur du martyre.

Au cours des années qui suivirent, Gasparde reçut d'autres commandes, toujours des sujets religieux. Ce fut d'abord la communauté de Nancruet, à Pesey, qui lui demanda de peindre un calvaire où figurerait le Christ crucifié entouré des deux larrons, Marie, saint Jean et Marie-Madeleine. Le sujet exigeait beaucoup de documentation : l'attitude différente pour le bon et le mauvais larron — le premier avait l'air de jouir de son supplice, le second se tordait de douleur —, la station douloureuse de Marie, l'expression éplorée de Jean, les longs cheveux de Marie-Madeleine au pied de la croix. Le vieux livre se révéla une source précieuse. Les communiers de Nancruet exigeaient un tableau au format horizontal. Pour la première fois, elle put laisser son imagination libre de composer, en arrière-plan, un paysage dans le lointain : des montagnes, une ville, le clocher d'une église, un palais… Puis ce fut une famille de la paroisse voisine de Macôt qui lui demanda un tableau de sainte Barbe pour orner la chapelle de son village. Gasparde lut dans le livre la fin tragique de cette jeune fille enfermée dans une tour par son père. Elle avait fait ouvrir une fenêtre pour s'en échapper, mais elle finit déchirée par des peignes de fer, brûlée avec des lames rougies au feu… On l'implorait pour se protéger de l'incendie. Elle représenta la sainte avec une tour à trois fenêtres. Ce furent encore les habitants des Moulins de Pesey qui souhaitaient vénérer saint François de Sales, l'évêque de Genève, par un tableau qu'ils accrocheraient sur un mur de leur chapelle. Mais la vie de ce personnage ne figurait pas dans le vieux livre. Ce fut l'un des habitants les plus apparents qui conseilla Gasparde pour concevoir sa peinture : le saint serait présenté en orant, les mains jointes, portant une barbe fournie, le front dégarni, vêtu d'un surplis blanc, les épaules protégées par une courte pèlerine. Pour le reste, Gasparde était libre. Elle suivit les indications et entoura le personnage d'une guirlande de fleurs de sa composition, se laissant aller à la volupté des couleurs vives : jaune massicot et stil de grain, bleu outremer et indigo, rouge orangé vermillon, laque carminée, terre d'ombre, vert destilé…

Elle persistait à ne pas signer ses tableaux, ressentant une réelle fierté qu'elle gardait pour elle-même à rejoindre ainsi cette compagnie anonyme de peintres et de sculpteurs de l'ombre qui, depuis des décennies, laissaient dans leur sillage tant de statues, de tableaux, de peintures murales et d'ex-voto dans les chapelles de montagne, loin des commandes officielles validées par l'Église, hors des prix-faits enregistrés par les notaires. Tout se faisait sur parole, tout se payait en confiance. La postérité ne l'intéressait pas.

## 8.
## Pesey, juillet 1785

Dans ces temps de calamités, de faim et de disette, après ces années de froids trop longs, d'étés trop secs ou de pluies trop fortes, la mort de Jean avait pris les dimensions d'une fulguration, d'un coup de tonnerre dans un ciel déjà chargé. Certains y avaient vu un signe annonciateur de temps à venir encore plus funestes, d'autres y avaient lu le courroux divin contre les dérangements de toutes sortes qu'on avait infligés aux champs, aux bois et aux eaux. Depuis plusieurs jours, du mois de mai à ce mois de juillet de l'année 1785, les pluies n'avaient cessé d'inonder la campagne. On sortait à peine de ce grand hiver si froid et si long qu'il laissa à peine la semence, que déjà l'été naissait sous des trombes d'eau. Au marché, on ne se l'avouait pas facilement, mais certains se disaient victimes d'avoir consommé des fruits verts, des blés fermentés ou de l'orge gâtée. Tout était devenu rare, tout était devenu cher. À Pesey, il ne fallait pas trop pleurer, on pouvait encore vendre ses fromages, son lait et quelques légumes, mais la livre de sel et le pot de vin étaient hors de prix. En bas, dans la vallée, on disait que les gens ne se nourrissaient que du pain de la détresse qu'ils cuisaient avec de la farine de glands et de pépins de raisin. On disait qu'à Moustier, une foule s'en était prise à des marchands et des voituriers soupçonnés de sortir des blés de la province, et que la ville était parcourue par des hordes de camelotiers, mendiants, pèlerins, déserteurs, bohémiens, vagabonds et citronniers faméliques.

Un dimanche, à la sortie de la messe, on vit arriver au marché de Pesey un homme vêtu de nippes raides de crasse, cheveux et barbe hirsutes, portant sur son dos le cadavre d'un grand loup. Il jeta la dépouille sur un muret au milieu d'un groupe d'hommes qui se livraient discrètement au commerce frauduleux de tabac, provoquant aussitôt un attroupement de curieux. À l'aide de brindilles, les enfants soulevaient les babines inertes du monstre et s'effaraient devant les crocs de la bête. D'autres se risquaient à tirer la queue, à remuer les pattes raidies, les yeux arrondis par l'effroi devant la taille des griffes. On pressa l'homme de questions. Comment t'appelles-tu ? D'où viens-tu ? Est-ce toi qui as tué cette bête sauvage ? L'homme paraissait des plus simples et presque insensé, semblait privé de la parole. Il montrait la blessure sur le poitrail du loup, faisant comprendre par gestes qu'il l'avait frappé avec un épieu. Il réclamait la récompense dont il paraissait bien connaître le prix officiel dans la province : dix livres par loup tué. Mais l'état et l'odeur de la charogne inspiraient le doute : ce loup n'était pas frais. On appela le syndic. Sommé de dire si c'était bien lui qui avait tué cette bête, apeuré devant l'autorité, l'homme retrouva soudain la parole et avoua qu'il avait trouvé la dépouille dans un bois et, en la rapportant au village, il avait espéré en recevoir la récompense. On le chassa en riant, le priant d'emporter son trophée ; s'il le voulait, il pouvait tenter sa ruse dans une autre paroisse.

Que ce soit dans les écuries, autour du bachal, pendant les veillées ou au marché le dimanche, on parlait beaucoup. Des coups de gel trop tôt, des orages trop violents, des mois trop secs ou trop mouillés, on en avait connu, beaucoup, mais si longtemps, si durement et pendant tant d'années de suite, c'était angoissant. Pendant combien d'années allait-on encore subir ces rigueurs ? On ne tiendrait plus longtemps. Déjà, des hommes étaient partis pour ne plus revenir, en France, en Franche-Comté, dans les Allemagne. Ceux qui avaient été en Piémont chercher une condition meilleure revenaient en racontant que, là-bas aussi, régnaient disette et famine. On avait le sentiment d'un dérèglement général. On voulait savoir. Qu'est-ce qui n'allait plus ? Des parcelles trop petites et trop dispersées ? Des outils trop vieux ? Une terre trop pauvre ? On n'y pensait même pas. Les autorités avaient ordonné des prières publiques dans tout le duché pour faire cesser les pluies, mais ils n'étaient plus très nombreux ceux qui y apportaient quelque crédit. Sa Majesté Victor Amédée ne regardait guère du côté de son petit peuple de Savoie, qui devait encore racheter les droits des seigneurs et supporter la dîme. Beaucoup s'en remettaient encore à saint Gras pour se prémunir des dégâts des nuisibles dans les récoltes, à saint Guérin pour veiller sur les troupeaux ou à sainte Marguerite pour se protéger des inondations.

Aurelio rendait souvent visite au vieil Augustineo. Tout en aidant Jeanne Marie à entretenir un peu sa maison et en coupant son bois, il parlait avec le vieil homme des gens du village, de la marche de la minière, des nouvelles colportées par les voyageurs et les commerçants. Les choses avaient bien changé. Les sermons du curé qui exhortait les paroissiens à l'obéissance à monseigneur l'archevêque et au devoir de la dîme ne prenaient plus la même place dans les affaires du village. Les discours du châtelain sur la fidélité qu'on devait au seigneur de Saint-Maurice n'atteignaient plus toutes les oreilles. D'autres parleurs se faisaient entendre : François Coste dans sa boutique qu'il avait agrandie à l'étage, Claude Poccard dans son écurie qui abritait maintenant pas moins de douze bêtes à cornes, Antoine Broche qui était venu de Macôt ouvrir son auberge à Pesey d'aval, Claude Merel le voiturier qui régentait au moins cinquante mulets et cinq ou six muletiers selon les voyages. Dans la *Gazette de France* qui arrivait chaque mercredi à la boutique, adressée au notaire, et que François Coste lisait avant de la lui remettre, on relatait les scènes d'agitation du peuple qui devenaient courantes en France.

Aurelio sentait qu'il adviendrait bientôt quelque chose de nouveau, mais il était incapable de trier le vrai du faux, les nouvelles des racontars. Il redisait tout en vrac à Augustineo qui n'y comprenait rien.

## 9.
## La minière, juillet 1785

À la minière, là non plus, les choses n'allaient pas leur bon train. Le gisement de mine s'enfonçait de plus en plus profondément au sein de la montagne. La grande galerie d'écoulement ne drainait qu'une partie des fosses. Dans les travaux profonds, l'eau était partout, obligeant des dizaines d'hommes à exhaure. Sans relâche, ils hissaient des seillons emplis d'eau depuis les travaux les plus profonds jusque dans la galerie d'écoulement. Tout cela coûtait fort cher pour fort peu de mine. Les résultats n'étaient plus là et depuis deux années déjà la Compagnie ne distribuait plus de dividendes. On congédia le régisseur et le nouveau, un certain Joseph Millioz, fut chargé de mettre en application les décisions prises par ces messieurs à Chambéry et à Turin : congédier quelques dizaines d'ouvriers sur les cent vingt qui travaillaient à l'économie et ne pas renouveler les prix-faits pour les déblaiements. Ordre fut ainsi donné aux mineurs d'abandonner galeries et traverses sur lesquelles on ne pouvait se dédommager des frais de muraillement. Le caporal des bocards et lavoirs devait désormais cesser toute activité dès le premier jour de novembre. À la fonderie, on était confronté à une grande pénurie de bois. La tonsure de la sylve avait été sans limite jusqu'à présent et les communes rechignaient à accepter de nouvelles coupes sur leur forêt. Pour faire des économies de bois, le maître des fontes n'allumerait désormais ses fours qu'une année sur deux. Vingt-huit mineurs et seize boiseurs furent renvoyés et une cinquantaine de déblayeurs furent remerciés. Le choix du régisseur avait été très simple. Seraient congédiés tous ceux, mineurs, déblayeurs et boiseurs, qui travaillaient dans les postes qu'on fermerait : la galerie Saint-Georges, celle de l'Espérance ainsi que la traverse Fall. Pour les laveuses qui ne reprendraient pas leur travail au printemps suivant, le régisseur avait laissé au maître bocardier le soin de choisir ; il en désigna douze dans les laveries Saint-Antoine et Sainte-Marie, parmi les plus effrontées, elles retourneraient à leur maison, à leur jardin, à leurs chèvres. Les fondeurs repartiraient en Piémont, sans promettre de revenir pour la prochaine campagne de fonte qui n'ouvrirait que dans deux ans, à ce qu'on disait...

La minière fut saisie d'une grande morosité. En attendant de recevoir la solde des derniers jours ouvrés, on ressentit le besoin de se réunir. De petits groupes se formaient à la sortie des fosses, devant le hangar à charbon ou près du baraquon de la mine grasse. On parlait beaucoup. Ceux de Pesey espéraient retrouver du travail dans les alpages. Mais l'hiver ? Certains envisageaient de retourner en Piémont ou au Tyrol ou encore en Franche-Comté. Mais avec femme et enfants ? Pour d'autres, on partirait seul, on regardait vers la France, vers les forges du Dauphiné, les ateliers de Lyon, vers les mines de Bourgogne et du duché de Lorraine, et plus loin encore vers les mines de plomb d'Armorique. Pour l'un, monsieur Frèrejean embauchait dans ses ateliers de fonte à Lyon. Un autre envisageait de rejoindre un cousin qui travaillait chez Blumeinstein dans une fonderie à Vienne, en France. Un autre encore affirmait qu'il retournerait à Kaltenbrunn avec la Maurisse et les enfants. Chacun avançait son idée, la comparait à celle des autres dans l'espoir qu'elle serait jugée bonne. Pour tous ceux qui étaient venus de loin récemment, la minière de Pesey devenait soudain une simple étape dans un voyage commencé depuis peu. Ils allaient devoir repartir. Pour beaucoup, c'était leur père qui avait commencé le voyage plusieurs années auparavant ; eux n'avaient connu que Pesey et la minière, ils allaient devoir se mettre en route.

Ces mesures de parcimonie s'accompagnèrent de la consigne donnée par le régisseur aux maîtres mineurs d'extraire cependant assez de mine pour alimenter les bocards : le Saint-Antoine et celui de la grande laverie du bas. Le baritel à eau qui relevait les seillons de mine du fond du grand puits continuerait donc sa noria et Victor Villiod pourrait continuer à rythmer son branle incessant encore pendant plusieurs années.

Victor n'avait été embauché à la minière que depuis trois mois. Au vu de son expérience de cuiseur aux salines, Joseph Millioz, le régisseur, l'avait immédiatement rangé du côté des hommes qui savaient manier une machine et pas seulement une pelle, une masse ou une brouette. Il avait visité les Salines royales de Moustier et avait pu juger du travail des cuiseurs et des saliniers sur la grande chaudière qui ne mesurait pas moins de dix-huit pieds de côté : l'alimentation régulière du foyer, les mesures constantes de température et de salinité de l'eau, l'élimination des mousses blanchâtres, l'abaissement brutal de la température pour provoquer la précipitation du mélange, la récolte du sel avec des rables… S'il avait pu, il aurait placé Victor à la fonderie pour écumer l'abstrich sur les bains en fusion, peut-être même à l'affinage, mais la direction lui avait demandé de réduire la production de plomb d'œuvre. En revanche, il avait besoin de remplacer le vieux tireur au baritel, Victor Villiod ferait l'affaire.

À l'annonce, par le régisseur, des mesures de restrictions, Victor se surprit à être déçu de ne pas faire partie des ouvriers congédiés. En fait, il se tourmentait à l'idée de savoir que bon nombre de ses compagnons allaient quitter la minière tandis que, lui, continuerait, dans cette salle obscure, à la lumière de lampes qui charbonnaient sans cesse et dégageaient des effluences d'huile rance, à faire tourner ce foutu baritel pendant des années. Des années à être coincé dans ce trou pendant que, elle, Gasparde, allait de droite et de gauche à l'air libre, à peindre des saints martyrs et de grands personnages, à faire l'artiste, à discuter avec le marchand de couleurs de Moustier. Elle dans la lumière et lui dans le noir. Elle toujours à créer de nouvelles et belles images, lui toujours à répéter les mêmes gestes sans entendement. Pendant des années…

Sans compter que depuis qu'ils étaient arrivés à Pesey, elle lui était de plus en plus indifférente. Polie, courtoise, civile, mais distante. Cela faisait maintenant quatre ans qu'ils vivaient ensemble et Victor avait le sentiment de ne l'avoir encore jamais atteinte. Même quand un flot de désir les rapprochait, chacun restait sur sa rive, lui dans ses ténèbres peuplées de lueurs vacillantes, elle dans ses images et ses couleurs lumineuses. Maintes fois Victor avait tenté de partager avec elle ce qu'il vivait, maintes fois il se retrouvait seul dans le petit logement à l'étage, chez Aurelio et Maria-Magdalena. Gasparde partait souvent, deux ou trois jours ou plus encore, pour des commandes, disait-elle. Une fois c'était les procureurs d'une paroisse du côté de Saint-Pierre d'Albigny qui lui commandaient un tableau, une autre fois c'était une famille de Saint-Oyen qui lui demandait de décorer la voûte d'une chapelle. Toujours des sujets religieux. Elle vivait en dehors de lui, à côté de lui, bref, elle était indépendante comme elle l'avait toujours été, mais cette même indépendance qui l'avait séduit autrefois se révélait aujourd'hui insoumission. Il se rendait compte maintenant que leur décision de se marier, plus ou moins clandestinement à Saint-Laurent de la Côte, avait été prise pour se donner alors un statut social et non pour bâtir une vie ensemble. Elle venait de lui annoncer qu'elle se rendrait prochainement à Turin. Elle avait rencontré chez le marchand de couleurs un peintre de Turin qui l'avait conviée à travailler quelques mois dans les ateliers du quartier de la Consolata. Quelques mois à Turin ! Elle avait pris sa décision, sans lui demander son avis ! Lui aussi, il prendrait sa décision !

Il quitterait la minière et partirait de Pesey !

## 10.
## Turin, quartier de la Consolata, octobre 1785

Gasparde avait fini par accepter l'invitation d'Arturo Teppatti. Cet homme de cinquante ans lui inspira confiance. Elle passa six mois à Turin, hébergée chez la famille du peintre. Arturo avait installé son atelier dans une petite rue entre celle des Orphelines et la *via* Santa Chiara. Ce vieux quartier autour du sanctuaire de la Consolata comptait plusieurs ateliers d'objets religieux : tableaux, images pieuses, icônes, statues en terre peinte, rosaires en buis… Avec quelques-uns de ses confrères, Arturo s'était spécialisé dans la peinture d'ex-voto. À trois, ils s'étaient réparti le marché de l'ex-voto des provinces de Maurienne et de Tarentaise en Savoie, et du Piémont, où les sanctuaires mariaux ne manquaient pas. Les commandes – souvent le récit par écrit des guérisons ou des protections obtenues – leur parvenaient par l'intermédiaire de dépositaires installés à proximité des lieux de culte. Il suffisait de reproduire la scène du danger écarté ou de la maladie guérie parmi les quatre ou cinq habituelles – avalanche, éboulement, incendie, inondation, potences accrochées au mur devenues inutiles, le tout dans un décor de montagne –, mais il ne fallait surtout pas se tromper pour la représentation locale de la Vierge : celles de Myans et du Charmaix devaient être revêtues de leur grand manteau fleuri, celles d'Oropa et des Voirons devaient avoir le visage noir et il ne pouvait être question de confondre la Santissima Pietà de Cannobio avec celle, plus modeste, des Vernettes. Arturo et ses compagnons avaient réuni une abondante documentation sur ces divers lieux de culte.

Au début de son séjour, Gasparde fut heureuse de se trouver dans cette ambiance de faiseurs d'images, de partager leurs gestes, d'échanger sur les questions de couleurs, de dessin, de perspective, et aussi de pigments, d'apprêts, de pinceaux… Aux yeux de ses compagnons de travail, son expérience à Saint-Laurent de la Côte et ses quelques commandes à Pesey la rassuraient, la confirmaient dans son statut de peintre, bien qu'elle sache que dès qu'elle sortait de l'atelier ce statut volait en éclat.

Mais bien vite elle se lassa de cette production en série, se sentant enfermée dans son caractère répétitif et conformiste. Jamais elle ne put retrouver dans ces commandes écrites qui arrivaient par listes, émanant de commanditaires éloignés, transmises par des mandataires anonymes, l'humanité et la chaleur que lui transmettait le vieux curé de Saint-Laurent, ni la foi et la sincérité qu'exprimaient ces hommes et ces femmes des Belleville qui croyaient avoir été guéris, protégés, sauvés. Son pinceau n'était plus guidé par la foi ni même par l'humanité. Elle se risqua à en parler à Arturo, lâchant les mots que le marchand de couleurs de Moustier employait pour qualifier cette peinture des ex-voto (« *un genre mineur* », disait-il avec une moue de mépris), tout en craignant qu'Arturo, se sentant offensé, réagisse par fierté en mettant fin à son séjour turinois. Mais à sa grande surprise, celui-ci se montra très ouvert.

— Je sais ce que tu ressens, Gasparde, et je te comprends. Continue à peindre avec ta sensibilité et tes émotions. Moi aussi j'ai résisté pendant des années, longtemps j'ai espéré des commandes de nobles institutions ou de hauts personnages, des années j'ai cru pouvoir rencontrer un mécène. Et puis je me suis rangé à l'idée qui si je voulais être un peintre, je devais me donner les moyens de vivre de mon travail, sans attendre des subsides d'un prince, sans dépendre du bon vouloir de ces personnes qui peuvent s'offrir un tableau en plus de ce qui est nécessaire à la vie. Avec mes amis qui avaient fait le même chemin, nous avons monté nos ateliers. Mais regarde bien, dans beaucoup de ces petites scènes populaires que nous peignons, tu verras la reconnaissance, la vénération, la sincérité, la ferveur que nos commanditaires attendent d'y ressentir.

Arturo hésita un moment à dévoiler à Gasparde les peintures qu'il avait faites pour lui, les portraits de ses trois enfants à différents âges, les paysages du Mont-Cenis sous la neige, l'abbaye de la Novalaise en automne. Mais ce serait lui ouvrir un espace très personnel, lui donner accès à des recoins qui n'appartenaient qu'à lui. Ce serait comme ouvrir une écluse, libérant nécessairement un flot d'épanchements, de confidences, d'explications sur sa façon de percevoir les lumières, de saisir les mouvements, de se placer dans l'espace. Il ne se sentait pas assez intime avec elle. Arturo perçut la déception dans les yeux de Gasparde.

— Si tu veux, je peux te montrer d'autres peintures, lui dit-il, laissant ainsi sa curiosité éveillée.

— Quelles peintures ? Qui représentent quoi ? De quels peintres ? Où ? Quand ?

— Tu verras ! Laisse-moi un peu de temps.

Quelques jours plus tard, Arturo vint chercher Gasparde à l'atelier.

— Viens, nous avons rendez-vous au palais du roi.

— Au palais ! Maintenant ?

— Oui, le Grand intendant du Palais nous permet d'admirer la collection royale des tableaux…

En hâte, Gasparde ôta son tablier taché de couleurs, releva ses cheveux dans sa coiffe, troqua ses savates contre des escarpins plats et suivit Arturo.

Arrivés sur la place royale, ils se joignirent à la foule des gentilshommes, courtisans, fonctionnaires et préposés de tous grades qui entraient et sortaient du palais entre les rangées de gardes en faction. Un vieil homme, en livrée, les attendait en haut de l'escalier qui s'élevait sous la voûte d'entrée.

— Je te présente mon vieil ami Gustavo Talpon, un vieux compagnon, peintre en secret pour lui-même et présentement valet du roi, qui veille et garde ses appartements.

Gustavo Talpon s'inclina devant Gasparde comme il en avait l'habitude devant les nobles dames.

— Sa Majesté ne loge pas ici. Ces appartements ne sont ouverts que dans le cas de réception de grands personnages, mais ils abritent la collection royale des tableaux. Monsieur l'intendant du Palais a bien voulu accéder à la demande d'Arturo de les visiter aujourd'hui.

Ils passèrent devant l'impressionnante statue équestre du roi sarde Victor Amédée caracolant sur son cheval de marbre et entrèrent dans les appartements du roi. Dès le premier salon, Gasparde fut éblouie par le luxe et la variété de la décoration : voûte peinte éclairée par de hautes croisées, cheminée ornée de glaces et d'une mosaïque de pierres de couleurs, colonnes de marbre, statues... Elle ne savait où regarder, que voir, que retenir au milieu de toutes ces œuvres, les catégories se mélangeaient dans son esprit, l'architecture, la sculpture, la peinture, la dorure, la tapisserie, l'ébénisterie... Gustavo se mua en guide érudit.

— Ce salon était autrefois la salle des gardes. Les figures de la voûte ont été peintes par Jean Miel, un maître flamand... Le grand tableau à votre droite représente la bataille de Saint-Quentin, il est attribué au Palma...

La visite se poursuivit à l'étage : la salle des Suisses, l'appartement du roi, tableaux, tapisseries d'étoffes chargées d'or, meubles marquetés d'argent et d'ivoire, lustres en bronze garnis de larmes de cristal... Gasparde avait le tournis, leur vieux guide allait trop vite.

— ... les deux portraits de sainte Madeleine pleurant et de saint Thomas l'incrédule sont de la main de Rubens...

On entrait dans l'appartement de la reine, puis dans la salle du trône.

— … dans cette pièce, vous pouvez admirer les quatre tableaux peints par Albani, les Quatre Éléments, la Terre, l'Eau, le Feu et l'Air, peuplés de petits amours.

Se tournant vers Gasparde, Gustavo ajouta avec un œil malicieux :

— L'Albani, on l'appelle le peintre des amours…

On poursuivait par la galerie dont la voûte a été peinte par de Beaumont.

— … un très beau Moïse sauvé des eaux, un Véronèse, où le peintre s'est représenté lui-même en habit noir avec une fraise à l'italienne. Le grand tableau, là, dans le fond, est un Bassano, l'enlèvement des Sabines, et à côté, une scène de marché, elle aussi peinte par l'un des Bassano…

Gasparde s'arrêta devant ce Moïse sauvé des eaux, éblouie par la lumière qui inondait le centre du tableau, cherchant à repérer parmi les personnages ce Véronèse habillé en noir.

— Regarde, lui dit Arturo qui l'avait rejointe, regarde cette princesse au milieu du tableau, peut-être est-ce la fille du roi d'Égypte. Regarde la lumière du soleil qui filtre à travers les nuages et qui vient éclairer sa robe de satin blanc. Son corps est légèrement penché, dans le même angle que la hallebarde du garde suisse et que le grand arbre derrière eux. Regarde aussi le corps de la servante, lui, il est penché dans la direction opposée, la même que celui du garde, comme la pique que tient le personnage habillé de noir, comme le geste de son bras gauche. Ces deux grandes lignes se rejoignent au centre du tableau, vers le petit Moïse.

Pour Gasparde, tout prenait un sens.

— C'est peut-être la princesse qui est le centre du tableau, tous les regards convergent vers elle, murmura Gasparde pour elle-même.

Elle était fascinée par les drapés, les carnations, les ombres, la richesse des couleurs, les effets de nuage, les troncs d'arbre et les feuillages, les deux chiens au premier plan dont le peintre avait réussi à exprimer la nervosité et l'impatience, le relief donné à la scène par le pont et les maisons en arrière-plan. S'adressant à Gustavo, elle se risqua à demander :

— Où vit-il, ce Véronèse ?

— Il est mort, madame, depuis longtemps, il y a deux cents ans.

Gustavo poursuivait sa visite.

— … nous entrons ici dans la salle d'audience qui ouvre sur la galerie Daniel…

Gustavo ouvrit les deux grandes portes. Gasparde fut émerveillée devant cette grande enfilade inondée de soleil : parquet à chevrons alternés, lustres, meubles, glaces.

— … la voûte a été peinte par Daniel Seiter, elle représente l'apothéose d'un guerrier à la gloire de Sa Majesté Victor Amédée. Vous remarquerez également les nombreux tableaux de maîtres flamands : un Van Ostade et ses beaux clairs-obscurs, plusieurs Van Dyck dont cette belle Visitation, cette petite toile, là, est un coucher de soleil sur un paysage italien peint par Berchem, ces deux portraits sont signés de Rembrandt…

Gustavo ouvrit la porte d'un petit cabinet, s'excusant presque que les petits tableaux de Carlo Vanloo qui y étaient accrochés soient maniérés, sans couleur ni variété de costumes. Son jugement était sans appel :

— … ils ne méritent pas plus d'être décrits que d'être imités…

Gustavo termina sa visite devant un magnifique tableau de Gérard Dou, sans conteste le plus beau de la collection de Sa Majesté, dit-il. Il en parla avec émotion.

— Cette femme affaissée sur son fauteuil semble malade. Elle est entourée d'une servante et d'une jeune fille, sa fille sans doute. Debout, légèrement en retrait, un homme au vêtement prétentieux regarde par transparence le contenu d'une fiole en verre. C'est peut-être un médecin, mais regardez, ses gestes affectés, son air pédant, son costume recherché nous laissent voir plutôt un charlatan. D'ailleurs on pourrait croire que cette pauvre femme n'attend pas grand secours de lui. Et cette lumière du jour qui entre par la fenêtre, ce n'est pas la lumière violente du soleil, c'est celle de la mi-journée, pleine, généreuse, elle éclaire les personnages et laisse dans la pénombre les recoins de la pièce.

Gasparde partagea avec Gustavo et Arturo cette même émotion qu'elle ressentait chaque fois qu'elle était devant une belle œuvre, un beau paysage.

Gustavo devança sa question :

— Ce tableau, madame, a été peint il y a un peu plus de cent ans.

Arturo et Gasparde rentrèrent à l'atelier. Ils marchèrent en silence, lentement, comme s'ils voulaient prolonger cette visite. Gasparde avait vu trop de tableaux pour se souvenir d'un seul. Ce n'est que le soir, avant de s'endormir, qu'elle put les revoir chacun.

## 11.
## Le Villaret, 4 septembre 1786

*Je connais cette roche. Elle est grise, verte, soyeuse, compacte, parfois zébrée de veinules blanches et dures, parfois cloutée de petites pépites dorées de mine de fer. Je connais cette galerie, j'ai déjà creusé cette paroi, la mine se cache derrière cette grande écaille. Mon pic vole en tous sens, cherchant sans cesse les failles pour y introduire sa pointe, il pèse, force, des écailles de rocher s'écroulent, libérant des nuages de poussière que je dois respirer en suffoquant. Je le supplie d'arrêter, mais il s'obstine, picorant la paroi, cherchant les fentes, les points de faiblesse. Il est habité par une frénésie de recherche, il sent que le filon est tout près, peut-être derrière cette dernière plaque. Les matières s'accumulent à mes pieds, enserrant mes jambes. Mais où sont les déblayeurs ? Derrière moi, le plafond de la galerie s'effondre lentement, silencieusement, les murs s'écroulent, lourdement, sans bruit. Que font les boiseurs, les charpentiers ? Leurs coups de maillet résonnent au loin, ils doivent être dans la cascane à gauche de la Grande Crevasse, ou peut-être dans la traverse qui conduit au puits Saint-Jean-Baptiste.*

*Ma lampe s'est éteinte, mais la lumière est encore là, violente par moments, en éclats vifs comme les éclairs d'un orage. Les blocs de pierre enserrent mes jambes, je ne peux plus bouger. Je respire mal, les quintes de toux me vident de tout mon air, me laissent épuisé, au bord de l'inconscience. Pourquoi Clara est-elle revenue ? Ce n'est pas Clara, c'est Jeanne. Ses mains sont fraîches sur mon front. Elle m'a apporté de l'eau au fond de ce boyau. J'essaie d'aspirer de grandes goulées d'air, mais ce ne sont que de minces filets qui pénètrent dans mes poumons. Je tousse, je suffoque, l'angoisse me submerge, la même panique que j'ai ressentie dans la galerie du Saint-Esprit à Alagna. Je me souviens, un coup de mine mal dosé avait d'abord soufflé toutes nos lampes. Je me souviens, dans le noir complet, nous avons entendu le bruit sourd de l'effondrement, d'abord lointain, puis se rapprochant, précédé des bruits secs de bois morts des étançonnements qui cédaient les uns après les autres. Je me souviens, nous nous étions serrés les uns contre les autres en nous protégeant la tête de nos bras, le dos criblé par des chutes d'éclats de pierres de plus en plus denses. On s'attendait à être écrasé d'un instant à l'autre, l'effondrement approchait, nos corps étaient tendus à l'extrême, paralysés par la peur. Oh ! Mon Dieu ! Cazzo ! Puta ! Zum Teufel ! Mist ! L'effondrement s'est arrêté à quelques toises, suivi d'un silence profond dans une poussière au goût de soufre.*

*Ma lampe s'éteint, ma lampe se meurt, plus d'huile, plus de lumière, plus d'air…*

Augustineo Merlo, inventeur de mine, mineur, maître boiseur charpentier, fut sépulturé dans le cimetière de Pesey au-dessus des corps de son père et de sa mère, réduits pour l'occasion, le 5 septembre 1786.

Il pleuvait.

Il fut accompagné vers sa dernière demeure par Jeanne Marie à qui beaucoup déniaient déjà le rang de veuve, Catherine, Aurelio et Maria-Magdalena. Pierre était là aussi, qui perdait un grand-père pour la deuxième fois, ainsi que Barthélémy Garçon. Barthélémy n'avait jamais été familier d'Augustineo. Cela faisait plus de vingt ans que le vieil Augustineo avait cessé de travailler à la minière. Il était alors jeune coureur de chiens avec ce Gaspare Varacello qu'on avait accusé à tort d'avoir volé de l'argent dans la salle des affinages, et maintenant, devenu maître fondeur et affineur, il regardait le vieil Augustineo qu'on conduisait aujourd'hui au cimetière comme une légende, une haute figure de la minière, qui avait découvert le filon cinquante ans auparavant, grâce à son obstination et son courage. Et puis le vieil homme avait été mineur, puis charpentier boiseur, dans les fosses, alors que lui travaillait à l'affinage, dans la fonderie, on ne se croisait guère. Mais Barthélémy avait tenu à être présent à sa sépulture, pour lui rendre hommage.

## 12.
## La minière, novembre 1786

En revenant une fois encore à Pesey, Gasparde obéissait à elle ne savait quelle impulsion qu'elle avait ressentie pour la première fois quand elle était revenue chez ses parents après sa fugue dans la vallée des Belleville : une envie impérieuse de revenir à Pesey chaque fois qu'elle quittait Pesey, une envie qui s'imposait au bout de quelques semaines, quelques jours, parfois même quelques heures. Une envie qui ne l'avait jamais quittée. Aujourd'hui adulte, depuis plusieurs années installée à Turin dans ce milieu d'artistes peintres qui chaque soir repeignaient le monde de nouvelles couleurs, elle se sentait bien au milieu de ces débats permanents, ces questionnements sur le monde, ces invocations à la liberté universelle. Mais parfois, sans rien dire à ses amis, sans rien laisser paraître de ses projets, elle rejoignait à la porte Susina un convoi militaire en partance pour le duché de Savoie ou une troupe de marchands en route pour la France qui lui proposaient de passer le Mont-Cenis en échange de quelques histoires à raconter, de quelques mystères à dévoiler, de quelques rêves à partager. Elle rejoignait alors Pesey, pénétrant dans la vallée avec la même émotion qui l'avait saisie quand elle était revenue des Belleville avec Victor. Elle retrouvait la lumière du fond de la vallée, les mélèzes couleur de feu et ses parents vieillissant à Nancruet avec la même émotion.

Aujourd'hui, dans le froid humide de ce mois de novembre, pour marcher dans cette épaisse couche de neige, Gasparde s'aidait du grand bâton que son frère Pierre lui avait donné pour ses quinze ans. Il l'avait taillé dans une branche de fayard en utilisant un embranchement pour sculpter le pommeau en forme de tête de chien, gueule ouverte. Pour sûr, ce n'était pas la saison idéale pour parcourir la minière, mais elle ne la connaissait pas en hiver, elle était curieuse de la découvrir sous la neige. Les premières chutes de novembre étaient tombées en abondance et le vieux Baptiste Jourdan avait sorti son triangle de bois lesté de pierres qu'il avait attelé à son haridelle pour tracer dans la neige profonde les chemins d'un atelier à l'autre.

Avec le départ de plusieurs dizaines d'ouvriers depuis deux années, on aurait dit que la minière s'était ratatinée : moins de passages, moins de bruits, de fumées, de cris, de mouvements. Les convois de mulets se faisaient plus rares. Comme chaque année, la minière s'était engourdie dans l'hiver, mais ce n'était pas l'assoupissement hivernal habituel. Sous la neige qui recouvrait bocards, ateliers et labyrinthes des laveries, on décelait une chape de marasme qui avait envahi hommes et machines bien avant les premiers froids. Déjà l'hiver passé, le toit de plusieurs bâtiments avait cédé sous le poids des neiges : la grande charbonnière, le hangar des grillages, le magasin de mine grasse. En juin dernier, de gros rocs s'étaient détachés de la paroi de roche jaune qui surplombe la fonderie, ruinant le toit des fourneaux de réverbère qu'on avait gardés des Anglais. Aucune réparation n'avait été ordonnée. Aujourd'hui, les ateliers encore debout et les délabrements déjà anciens étaient recouverts tout ensemble, donnant l'illusion d'une fabrique bien ordonnée. Mais quand les chaleurs de l'été seront de retour, pensa Gasparde en suivant à grandes enjambées le cheval de Baptiste Jourdan, les ruines surgiront tels des corps léprosés pour rappeler que l'établissement se dégrade lentement. On aurait dit que la minière dépérissait à mesure que dépérissait le filon, de plus en plus pauvre, de plus en plus profond, de plus en plus ennoyé. Tous ces hommes venus de lointains pays ou détournés des champs de Pesey, cheminant chaque matin vers la minière et rejoignant l'entrée des fosses, le bocard ou la fonderie, ces cohortes de femmes se regroupant dès l'aube à l'entrée des laveries, ces muletiers qui maintenaient serrée la bride de leurs bêtes sagement alignées devant la remise des plombs, toute cette affluence chaque jour renouvelée était-elle si fragile, si précaire pour être ainsi ébranlée par l'épuisement de la mine ? Cette minière qu'on croyait fondée sur un gisement inépuisable, pour lequel on avait étayé de si longues galeries, construit de si grandes et belles machines, voilà qu'aujourd'hui on la délaissait, on la négligeait ! Voilà que le filon se retirait au sein de la montagne comme la marmotte file dans son trou sous la menace de l'aigle. Et pourtant on disait de la minière qu'elle était généreuse, féconde, fertile, intarissable. Qu'elle procurait des emplois pour les bras désœuvrés par l'hiver.

Si elle devait fermer, qu'en resterait-il ici ? Que resterait-il de ce grand éventrement de la montagne pendant plus de cinquante années ? se demanda Gasparde. Toute la mine riche excavée était partie, le plomb en barres, l'argent en lingots, ne laissant sur place que les stériles et les scories. Ne resterait-il que des années de travail qui auraient cassé les reins et suffoqué les poumons, des trous dans la montagne qui se combleraient bientôt faute d'entretien, des bâtiments qui ne tarderaient pas à tomber en ruines ? Ne resterait-il que des espoirs, des utopies, des rêves, des regrets ? Oubliées les angoisses de l'éboulement, la peur de l'obscurité, les blessures et meurtrissures, la fatigue immense ? Effacées les milliers de bennes d'eau remontées du fond du grand puits ? Balayés les centaines de milliers de quintaux de schlich lavés et affinés ?

Attentive au cœur de la minière qui battait encore quoique faiblement, Gasparde se demanda subitement : quelle image faudrait-il en garder quand il s'arrêterait de battre ? Le souvenir des quelques mois où elle avait travaillé à la laverie lorsqu'elle était encore jeune s'imposa à elle avec netteté. Ses pas la conduisirent malgré elle aux laveries. Sainte-Marie était fermée depuis deux années, seule Saint-Antoine était encore en activité, alimentée par le vieux bocard.

Elle poussa la porte et pénétra dans le grand atelier déserté, silencieux. Les neuf tables de lavage à l'allemande, intactes bien que déjà fendillées par la sécheresse, étaient encore en place. Elle effleura de la main le plan incliné de la table numéro cinq, sur laquelle elle avait travaillé durant plusieurs mois, quinze ans auparavant avec la Michelette Favre et la Jeanne Chosal. Elles n'arrêtaient pas de pouffer, de glousser en se moquant du bocardier, un gros lourd de Sangot qui passait son temps à trafiquer le courant d'eau à la sortie de l'auge, qu'elles devaient régler correctement derrière lui. C'était le temps de l'eau en abondance, des journées chaudes et des éclats de rire.

## 13.
## Chez le marchand de couleurs, Moustier, mai 1787

Arturo Teppatti fut le seul à être dans la confidence. Il était venu de Turin livrer une vingtaine d'ex-voto, passant le Mont-Cenis avec une caravane qui s'en retournait à Moustier après avoir voituré des sels. Ils s'étaient retrouvés chez le marchand de couleurs à Moustier. Gasparde avait apporté son tableau serré dans un linge. Elle l'avait réalisé en une quinzaine de jours. Une toile au format horizontal, cinq pieds de long, trois de haut.

On y voyait dans une laverie de la minière, au centre, une femme, debout, penchée sur un caisson à l'allemande. Elle est jeune, vêtue d'une longue jupe grise, d'un corsage bleu et d'un devantier noir. Ses cheveux noirs sont recouverts d'un fichu noué sur la nuque. Elle est de dos, seul son visage, légèrement tourné, est éclairé par le reflet miroitant d'un rayon de soleil sur la nappe d'eau qui ruisselle sur la table de lavage. Elle s'anime soudain dès qu'on la regarde. Elle s'applique à son ouvrage, remontant sans cesse le sable métallique avec son rable à contre-courant du rideau d'eau qui s'écoule régulièrement du canal en tête de la table. Ses mains sont rougies par l'eau froide, crevassées par endroits. Elle s'est hissée sur un marchepied qui l'isole un peu du sol boueux détrempé par l'eau qui suinte en permanence de la table de lavage. Ses gestes expriment la concentration, l'habileté. Dans ce tas informe de matières minérales broyées, elle sait repérer les grains stériles, plus légers, qu'elle expose au courant pour les éliminer, ne gardant que la mine riche, lourde. Chaque mouvement de son râble ajoute un peu de mine au tas qui se forme au sommet de la table. À ses pieds, une pelle en bois à manche court est appuyée contre le caisson et un grand sac de toile forte attend d'être rempli de mine lavée. La toile du sac est écrue, une tache claire sur le fond noir. Sur la droite du tableau, un peu en retrait, une autre femme, plus âgée, toute vêtue de brun et de noir, une veuve sans doute, elle aussi penchée sur une table légèrement en pente, affine le schlich lavé avec un petit balai broussailleux. Seuls ses yeux brillent d'un éclat de lumière. Les deux femmes se coulent un regard malicieux, complice. Sur la gauche, dans l'ombre, on devine la silhouette trapue du bocardier. Il tourne le dos aux deux femmes, s'affaire sur la grande roue du bocard à peine esquissée, fait son important. Elles se rient de ce gros balourd. Toute la laverie baigne dans une lumière traitée aux couleurs sombres, sauf le visage de la laveuse qu'elle nous révèle en partie, fortement éclairé par le reflet du soleil sur la nappe d'eau. Dans le fond du tableau, Gasparde a laissé voir un mur appareillé en moellons rustiques, percé de deux fenêtres hautes. L'une laisse passer le rayon de soleil sur la table de lavage, par l'autre on peut apercevoir un feuillage vert sombre.

— Ce n'est pas une commande, dit-elle à Arturo qui contemplait le tableau. Ce n'est pas une peinture codifiée à outrance, de ces tableaux à sujets religieux, interchangeables, qui font plus de place à la vénération qu'aux personnages qu'ils représentent. Ce tableau-là ne vaut rien, personne ne me l'a demandé, personne ne me le paiera.

Pour la première fois, elle signa : *Gasparde Vercellin pinxit, 1787.*

— Je te le donne, dit-elle à Arturo.

Des larmes d'émotion noyèrent les yeux d'Arturo. Puis se tournant vers le marchand de couleurs :

— Je sais maintenant qu'en peinture il n'y a pas de « genre mineur », il n'y a que des bons peintres et des mauvais peintres, qui peignent de mauvais tableaux ou de bons tableaux.

## 14.
## Dans les bureaux, entre Moustier et Turin, juin 1788

Beaucoup à Pesey s'inquiétaient. Depuis plusieurs années, on s'était arrangé de petits commerces avec la minière : fournir de la paille et du foin pour les chevaux, des cendres, des os et de la bourre pour les coupelles des fours, de l'huile de noix pour les lampes, dont les plus pauvres se servaient pour leur friture, des manches d'outils taillés en bois de hêtre, des racles en bois dur, des pieux, des planches, des parefeuilles, des fers de tous usages, des clous de toutes pointes, des cuirs pour les pompes, de vieux oings pour graisser les piloirs. La minière achetait tout ce qu'on trouvait autour des maisons, tout le rebut, toutes les ferrailles, tous les fonds de grange, tous les graillons de cochon, même les cendres des lessives ! Mais depuis quelque temps, on sentait que ça n'allait pas durer.

Ce qu'on ne savait pas à Pesey, c'est que ce trouble avait aussi saisi les autorités du royaume. De Turin, le général des Finances, alerté par ses services de la baisse du droit de seigneuriage sur l'activité de la minière depuis quelques années, s'en était ému dans une longue missive auprès du régent qui assurait l'intendance générale du duché de Savoie. Lequel régent avait aussitôt écrit à monsieur Olive, l'intendant de Tarentaise, lui enjoignant d'enquêter, avec sa prudence ordinaire, mais avec la fermeté nécessaire, sur la situation de la minière. Lequel intendant avait convoqué sur-le-champ le préposé à la surveillance des forêts de la haute vallée de Tarentaise, à qui il donna quatre jours pour lui faire rapport. Lequel préposé écouta avec attention les directives de son supérieur :

— Vous voudrez bien m'informer des raisons qui ont amené la minière à manquer de bois l'été passé. À ce qu'on m'a rapporté, l'on n'a point encore donné le prix-fait de la coupe et du flottage des bois pour la campagne courante, de sorte que les fontes ne pourront être reprises qu'à la fin d'août, d'où il suit qu'il n'y aura aucun produit à espérer cette année en plomb ni en argent. Vous vous attacherez à savoir par la faute de qui le charbon a ainsi fait défaut et qui a laissé manquer à Pesey jusqu'aux plastrons de la galerie de rabais pour le charriage des minéraux. Et en particulier, s'il est vrai que la Compagnie a congédié le sieur Millioz, régisseur de la minière, qui a les capacités requises, pour lui substituer le chirurgien Bouchet qui n'a pas les lumières suffisantes.

Le préposé aux bois gardait les yeux fixés sur le sous-main posé sur le bureau, un élégant maroquin décoré de feuillages tout en volutes. L'intendant prit un ton et une posture qui ne laissaient aucun doute sur sa position hiérarchique qu'il entendait bien afficher face à ce personnel subalterne.

— Il vous appartient de savoir également le véritable motif de ces contrariétés de sentiments qui, dit-on, divisent les associés. Pourquoi on a suspendu les graticulations et pourquoi l'on n'a pas donné exécution au projet de transporter les fonderies à Landry. Il n'est pas douteux, reprit-il, que si ces détails sont véridiques, les Finances de Sa Majesté souffriraient des préjudices par la mésintelligence des actionnaires, ce que je vous prie de vérifier.

Amédée Thomas s'exécuta. Dans les quatre jours, son rapport fut sur le maroquin du bureau de l'intendant. Le préposé commençait par rappeler, en termes choisis et prudents, que tous les renseignements demandés avaient déjà fait l'objet d'un rapport détaillé qui lui avait été adressé le mois précédent. Il conjecturait que monsieur l'intendant en avait envoyé l'original au bureau des Finances à Turin sans avoir eu le temps d'en prendre connaissance. Néanmoins, sa mémoire lui fournissait assez de circonstances pour lui en rappeler l'essentiel.

Il est à remarquer à l'égard des habitants, écrivait-il, qu'ils ne font pas grande consommation de bois en ménage, on n'y cuit du pain chez les paysans qu'une ou deux fois l'année tout au plus. On y passe l'hiver dans les écuries, et l'hiver commence en octobre et finit en mai. L'extrême frugalité de la table n'exige presque point de feu. L'usage qui se fait des forêts par les habitants, c'est pour leurs bâtiments dont partie est construite en bois, et pour les digues contre les torrents.

Ainsi, monsieur l'intendant devait comprendre que lorsque le régisseur de la minière demandait de couper cinq mille toises de charbon dans les forêts de Pesey et six mille dans celles de Landry, les communautés s'étaient soulevées à la vue de cette requête. Quand on raserait toutes les forêts de Pesey et de Landry, avaient-elles objecté dans leur placet adressé au roi, et que l'on y ajouterait les bois qui composent les toits des maisons, il ne serait jamais possible de trouver de telles quantités pour satisfaire aux besoins de la noble Compagnie minière. La seule forêt que l'on pourrait relâcher à la Compagnie était celle de la Corbassière pour être hors de portée des habitants.

Devant la tonsure sans retenue que la minière, pour les grillages et la fonte des métaux, et les salines de Moustier, pour la cuite des sels et leur évaporation, avaient faite dans les forêts depuis plusieurs années, le régisseur avait dû obéir aux ordres de ses directeurs et limiter les fontes dans les fours de Pesey.

Néanmoins, ajouta Amédée Thomas dans son rapport, si la Compagnie vous demande une coupe sur une tout autre forêt que celle de la Corbassière, vous pourriez assigner celle qui est à droite, vis-à-vis du village de Nancruet. Mais il faudrait qu'on vous suppliât que ce soit pour le soutien et l'appui des fosses et non pour le charbon. Il vous faudra prendre les précautions que la prudence qui vous est ordinaire ne manquera pas de vous indiquer.

Quant à la mésintelligence qui régnait entre les associés, elle était réelle, mais Amédée Thomas préféra en faire état oralement à monsieur l'intendant lorsqu'il lui remit son rapport. Le sujet était bien trop sensible pour en laisser une trace écrite.

Voilà, monsieur, tous les éclaircissements que la mémoire peut me fournir sur ce sujet, écrivait-il en terminant, ils n'ont jamais été sus ; je vous prie de les tenir au silence, ainsi que ma première relation si vous la retrouvez dans le paquet Finances des lettres que vous avez reçues, parce qu'il est dangereux bien souvent de dire la vérité, surtout quand elle intéresse de nobles sociétés dont le corps a tant de têtes.

Monsieur Olive s'empressa de réécrire le rapport du préposé en omettant soigneusement l'existence de la première relation du préposé qui s'était, semble-t-il, égarée entre le bourg de Saint-Maurice et Moustier. Ou était-ce entre Moustier et Chambéry ? À moins que ce ne fût entre Chambéry et Turin. Dans sa missive, il ne put cependant s'empêcher d'informer le régent qu'il avait réquisitionné la semaine précédente à Pesey dix-sept mulets pour faire partir deux cents rubs de plomb. Je ne saurais vous dissimuler, monsieur, ajouta-t-il, que ce n'est qu'avec un vrai regret que j'ai donné ces ordres dans un temps où les moments sont si précieux aux habitants de la campagne. Jusqu'à présent, ils n'ont rien pu faire à cause des pluies abondantes et continues.

Ils n'ont encore eu que cette semaine pour moissonner et tout est plus pressant pour eux.

Et il adressa le tout au régent à Chambéry. Lequel le fit recopier par son secrétaire en omettant soigneusement cette histoire de mulets réquisitionnés, de pluies abondantes et de paysans soi-disant pressés par le temps, et il envoya sa dépêche par courrier au général des Finances à Turin.

Lequel, à la lecture de cette correspondance, se prit à songer s'il serait opportun de faire diriger cette minière par un officier du bureau de l'Artillerie. Cela éviterait ces brouilleries incessantes et rendrait les livraisons à l'Arsenal et à la Monnaie plus sûres et régulières.

Mais en se rappelant que la minière était exploitée par Son Excellence Victor Amédée Sallier, baron de La Tour et marquis de Cordon, un Grand de la Couronne, il abandonna bien vite cette idée de faire reprendre la minière par un homme des ministères.

## 15.
## Étude de maître Genin, rue Croix d'Or, Chambéry, juin 1790

Spectable Jean-Baptiste, fils de feu Claude Besson, bourgeois de Chambéry, arriva chez maître Genin dans sa maison jouxtant la belle demeure de Jacques Louis de Castagnéry, le baron de Chateauneuf. Le notaire, royal et collégié, avait quitté Montmélian, sa ville natale, il y avait plus de quinze ans, pour venir à Chambéry. Il avait choisi d'installer son officine dans cette rue Croix d'Or, fréquentée par de nombreuses familles de noblesse, pour être sur la route de l'Italie, empruntée par les carrosses des princes et intendants piémontais, par les voyageurs, marchands et soldats allant à Turin ou en revenant. Une rue où toutes les affaires étaient possibles pour un notaire.

Ce jour-là, Jean-Baptiste Besson était porteur, dans sa sacoche, de plusieurs documents qui signaient comme la fin d'une histoire. Une histoire qui avait commencé trente ans auparavant, avec l'engouement de quelques nobles seigneurs savoyards pour l'aventure industrielle. Devant la baisse des revenus de leurs rentes foncières et des acensements* de leurs domaines agricoles, exclus par leur statut des métiers de commerce, plusieurs seigneurs s'étaient aventurés dans des exploitations industrielles : des mines, des forges, des verreries, toutes activités qu'ils pouvaient contrôler par la propriété foncière et qui n'entraînaient aucune déchéance de leur rang. Et lorsqu'en 1760, le comte Sallier de La Tour avait battu la campagne pour constituer le capital de sa Grande Compagnie Savoyarde pour exploiter la minière de Pesey, Jean-Baptiste Besson avait été fier de joindre son nom, lui, bourgeois de petite naissance, à ceux de la grande noblesse, les Noyel de Bellegarde, les Conzié, les Ville, les Mareste, comtes d'Entremont, des Charmettes, de La Croix, de Rochefort. Des nobles qui, pour l'occasion, n'avaient pas craint de mettre leur argent dans le même sac que celui d'un contrôleur des Gabelles, d'un protomédecin, d'un avocat, de quelques bourgeois de Chambéry et même d'un marchand épicier. Comme d'autres, Jean-Baptiste Besson avait souscrit quelques actions de la Compagnie Savoyarde ; quatre, au prix de deux mille livres l'action. Quatre actions parmi les soixante-quatre qui constituaient le capital de la Compagnie. Bien sûr, cette accointance avec de si hauts personnages n'effacerait pas les traces de roture sur son nom, mais il s'était convaincu d'y gagner en respectabilité.

L'activité de la minière pendant les premières années l'avait fait douter du bien-fondé de son choix : le remboursement des emprunts contractés pour racheter aux Anglais les dépôts de mine et les outils qu'ils avaient laissés à la minière de Pesey, les investissements importants que l'inspecteur général des Mines avait quasiment imposés sur la fonderie et les artifices, le paiement de la cense annuelle au marquis de Saint-Maurice, tous ces dépens avaient fait fondre l'espoir d'une quelconque distribution de dividendes… Quelques actionnaires avaient même revendu assez rapidement leurs parts à la seule personne qui pouvait les racheter, Victor Amédée Sallier, le baron de La Tour lui-même, qui s'opposait farouchement à toute ouverture du capital de la Compagnie.

Les quinze années suivantes furent bien meilleures. La Compagnie réalisa de gros bénéfices au point d'obtenir du marquis de Saint-Maurice la prorogation pour vingt ans de l'acensement initial. Chaque année, comme les autres porteurs,

Jean-Baptiste Besson reçut près de cinq cents livres par action. Et puis le vent tourna, comme on disait dans les salons, comme si le climat y était pour quelque chose !

En réalité, le filon s'épuisait, les mineurs sortaient moins de mine, ils travaillaient moins, le régisseur disait que les eaux souterraines ennoyaient fréquemment les galeries profondes. Bref, ils étaient aujourd'hui plusieurs actionnaires à vouloir vendre. Et ce fut lui, Jean-Baptiste Besson, qu'ils choisirent pour porter la vente de leurs parts auprès du marquis de Cordon. Chacun lui avait donné procure pour réaliser la vente. Au total, douze procures signées qu'il allait exhiber devant ce notaire pour vendre quarante-et-une actions au marquis de Cordon, lequel avec les seize titres qu'il possédait initialement et les trois qu'il avait déjà acquis devenait majoritaire avec soixante actions. Seul un certain Boutron, bourgeois de Turin, gardait quatre titres dans la Compagnie.

Pendant que le notaire préparait les actes, Jean-Baptiste Besson échangea quelques propos de courtoisie avec le sieur Lestaud, l'homme de loi qui représentait, pour cette vente, les intérêts du marquis de Cordon. Après l'échange des mots d'urbanité et de civilité que voulait l'usage, les deux hommes, oubliant l'affaire qui les réunissait chez le notaire, en vinrent rapidement au sujet qui était alors sur toutes les lèvres à Chambéry.

— Savez-vous que Sa Majesté a concentré pas moins de sept mille hommes de troupe sur les frontières de la Savoie qui avoisinent le Dauphiné ?

— Oui. Je crois savoir que c'est pour empêcher les

versements frauduleux de sels qui se font de France dans les États de Sa Majesté.

— Sept mille hommes pour du sel ? Des troupes de ligne, des provinciales ? Et un corps de onze mille hommes pour le seul duché de Savoie sous les ordres du comte Lazzari ? Les arsenaux en pleine activité ? Tout cela pour du sel ? Allons donc ! Pour ma part, j'y vois plus des préparatifs d'hostilités…

— Il est vrai que de son côté ce nouveau gouvernement révolutionnaire de France prône des idées nouvelles qui pourraient bien indisposer la cour.

Levant le nez de ses papiers, le notaire intervint :

— Sans doute, mais des idées nouvelles qui permettraient d'alléger quelque peu la lourdeur de l'administration de notre intendance…

— Et de libérer le commerce avec la France, renchérit Jean-Baptiste Besson qui avait du mal à développer son affaire de commerce de céréales.

Maître Genin ne put s'empêcher de laisser échapper toutes les rancœurs qu'il avait accumulées pour s'être frotté pendant des années aux agents de l'intendance.

— La cour de Turin ne nous députe qu'une foule de vizirs ultramontains pour administrer la Savoie, qui n'ajoutent que tracasseries et vexations aux taxes qu'ils prélèvent déjà sans compter.

— Holà, maître ! Comme vous y allez ! Ne craignez-vous pas que vos propos ne viennent résonner aux oreilles de monsieur l'intendant ?

— Peut-être, monsieur, mais nous sommes entre gens de loi et subissons les mêmes chicanes. Je suis persuadé que vous ressentez pareillement le poids du même joug piémontais.

— En envoyant des soldats aussi près de la France, Sa Majesté ne craint-elle point qu'ils prennent le goût de la liberté ? Ils pourraient fort bien se dégoûter des humiliations que leur font subir leurs nobles officiers…

— En attendant, on ne peut exclure un conflit. On rapporte qu'un général français fait patrouiller ses unités sur la frontière dans les confins de Montmélian, pour inspecter nos défenses…

— On rapporte aussi qu'il n'est pas mal reçu par les habitants de ces contrées…

## 16.
## Maison de direction de la minière, 10 décembre 1791

Depuis plusieurs semaines, les grands froids avaient saisi hommes, bêtes, machines et tout ce qui bougeait d'un engourdissement glacé, faisant taire tous les ruisseaux, paralysant tous les canaux. La minière s'était installée dans la grande froidure qui traînerait jusqu'à la Saint-Aubin et peut-être au-delà. Le bocard Saint Antoine avait été mis à l'arrêt ainsi que sa laverie. Seule la laverie inférieure fonctionnait avec l'eau hors gel de la galerie d'écoulement. Mais au début de ce mois de décembre, pendant trois jours, un vent chaud avait soufflé du levant, prenant la vallée en enfilade, secouant les arbres qui se débarrassaient de leur neige et se redressaient après chaque rafale, heureux d'un bref répit en attendant la suivante. Les ruisseaux gonflèrent, de lourdes coulées de neige se précipitèrent dans les ravines. Au quatrième jour, le vent était tombé d'un coup, mettant fin à l'énervement des hommes et à l'agacement des bêtes, et la pluie avait commencé à tomber, dense, tiède, drue. Quatre jours sans discontinuer. Quatre jours et quatre nuits sans arrêt. La montagne se gorgeait des eaux du ciel, mais, après cet automne si sec, ce ne serait peut-être pas suffisant pour faire germer la semence, on serait malgré tout obligé de semer à nouveau au printemps… Puis le froid était revenu, vif, mordant.

Dans les fosses, deux équipes de mineurs étaient à l'ouvrage dans le terme inférieur des travaux, par quarante toises de profondeur et à plus de deux cent soixante du jour. Au moins on sera au sec et au chaud, plaisantaient-ils chaque matin en descendant. L'une était postée quarante-deux pieds plus bas que la galerie de rabais, deux hommes, Maurice Silvin et Joseph Rodolphe. Ces deux-là étaient inséparables, ils se débrouillaient toujours pour être affectés sur le même poste. L'autre équipe, cinq hommes sous les ordres du maître mineur Mathias Fall, excavait un peu plus haut, dans un travers latéral long de soixante pieds, poussé pour tenter de retrouver le filon et abandonné depuis trois ans. À l'annonce de ce chantier par le régisseur, Mathias Fall avait été réticent : reprendre l'excavation d'une galerie après plusieurs années présentait des risques. On avait perdu l'historique des excavations, on ne se souvenait plus de quel danger, de l'effondrement ou de l'eau, on s'était prémuni alors, on avait oublié, des muraillements ou des étançonnements, les mesures prises pour la sûreté des mineurs. Mais le régisseur avait été formel :

— Pas de danger ! Voyez vous-même, monsieur Fall, les murs et le plafond sont faits d'une roche dure et solide et cette galerie est aussi sèche qu'une vache tarie !

Mathias Fall avait obtempéré, mais il n'était pas tranquille. Les mineurs avaient progressé pendant deux jours, d'abord dans le rocher dur qu'il fallut miner. Au bout d'une trentaine de toises, ils atteignirent une roche tendre et humide. Sous les coups de pics, les eaux filtraient, par petits filets, mais de plus en plus abondantes.

Ce jour, 10 décembre, vers les cinq heures du soir, devant la paroi gorgée d'eau qui commençait à se déformer, qui dès le matin avait laissé sourdre de petits jets d'eau de plus en plus drus, de plus en plus nombreux, les mineurs refluèrent précipitamment, abandonnant leurs outils, sauvegardant leur lampe. Mathias lui aussi sentit le danger.

— *Raus ! Raus !* cria-t-il à ses hommes en retrouvant sa langue maternelle sous l'effet du péril imminent.

Dans la maison de direction, la flambée soutenue qui crépitait dans l'âtre réchauffait à peine la grande pièce de l'appartement du régisseur. À l'étage, celui du garde-magasin était plus exigu, mais plus vite chauffé. Par les croisées dont les vitres étaient ourlées de givre, Joseph Millioz apercevait encore, dans le soir tombant, la silhouette austère de la fonderie qui imposait sa masse sombre dans l'espace sévère de la minière. Sur le sol enneigé, maculé de nombreux piétinements en tous sens, quelques ombres passaient encore d'un bâtiment à l'autre. Le calme était revenu après l'agitation de l'après-midi, mais un calme de mort, de ceux qui s'abattent sur les champs de bataille après la défaite.

Dès l'annonce de l'accident, les ouvriers qui travaillaient en surface se rassemblèrent en hâte à l'entrée des fosses. Les charioteurs lâchèrent leur brouette sur place, les bocardiers laissèrent les piloirs poursuivre leur course à vide, les laveuses posèrent rables et balais, les fondeurs ringards et spadelles, tous se regroupèrent à l'entrée des galeries. Tous avaient un parent, un ami, un voisin, mineur, boiseur, déblayeur ou puiseur. Quand le régisseur arriva, quelques mineurs et déblayeurs en sortaient encore, on les pressa de questions. Qu'est-ce qui s'était passé ? Où ? Dans quels travaux ? Quand ? Y avait-il des victimes ? Combien ? Qui ?

Mathias Fall, le maître mineur qui avait échappé de peu, avec quelques-uns de son équipe, au flot furieux mêlé de terre et de graviers, forma aussitôt un groupe d'une dizaine d'hommes pour tenter de sortir ceux qui étaient encore bloqués au fond. Beaucoup furent volontaires pour en être, mais comment faire ? Comment faire progresser plus de dix hommes ensemble dans ces galeries où l'on se croisait à peine et où on se tenait à peine debout ? Très vite, Mathias Fall et ses hommes, progressant prudemment, ne découvrirent que des puits inondés, des galeries obstruées de débris, des traverses boueuses et suintantes, des restes d'échelles en bois fracassées. Dans ces galeries qui d'habitude résonnaient au moindre coup de pic, transmettaient le moindre craquement d'étançon, tout était devenu silencieux. Ils s'arrêtèrent parfois pour tenter de déceler un appel, un coup frappé, appelant à leur tour, guettant le moindre signe dans ce silence oppressant.

Joseph Millioz s'assit à sa table. Il n'avait pas pris la peine de se débotter ni même de changer ses vêtements trempés et boueux. Il avait hâte de faire son rapport sur cet accident qui, à n'en point douter, déciderait de la poursuite des excavations et de l'existence même de la minière. Il alluma une chandelle fichée sur un lourd bougeoir en étain, choisit un papier cloche à grain fin et se mit à écrire.

*Millioz, régisseur de la minière de Pesey*
*à Son Excellence le marquis de Cordon*
*À la minière*

*Excellence,*
*Ce jour le dixième du mois de décembre de l'an mille sept cent nonante et un, vers cinq heures du soir, Mathias Fall, maître mineur, me signale qu'une inondation vient de se produire depuis une traverse dans le terme le plus profond des travaux. Un grand volume d'eau qui s'était amoncelé dans la roche s'est précipité par une fente qui s'est ouverte*

*soudainement. Le flot a entraîné une grande quantité de matières, obstruant immédiatement la galerie d'écoulement. Inondation de tous les travaux du terme inférieur. À cette heure, seuls les travaux des Anglais dans le terme supérieur sont encore accessibles.*

*Le bocard de la laverie inférieure cesse de fonctionner à six heures par manque d'eau. J'ordonne le nettoyage des artifices, roues, piloirs, tables, labyrinthes. Je fais congédier les laveuses et fermer la laverie.*

*J'attends vos ordres pour entreprendre le déblaiement des galeries obstruées, en faisant remarquer à Votre Excellence que le coût de ces travaux ne sera pas couvert par des gains de mine.*

*Je me permets de rappeler à Votre Excellence que, selon mes estimations et malgré l'absence d'un plan fiable du réseau des galeries, quand bien même nous pourrions déblayer les galeries obstruées, la mine sera définitivement épuisée au terme des deux années à venir.*

*Vous priant d'agréer les nouvelles assurances de respect infini avec lequel j'ai celui d'être,*

*Excellence,*

*Votre très humble et très obéissant serviteur*
*Joseph Millioz, régisseur de ladite minière*

*Note : quatre mineurs disparus*

## 17.
## Presbytère de Pesey, janvier 1792

À soixante-trois ans, le curé de Pesey commençait à ressentir le tribut que lui faisaient payer ses longs jours de marche sur les sentiers de la paroisse pour visiter villages et hameaux depuis une vingtaine d'années. Il connaissait toutes les familles, leurs affinités, leurs haines, leurs parentés, leurs malheurs et leurs misères, les naissances et les décès.

Ce soir de janvier 1792, dans sa chambre à l'étage du presbytère, il s'était installé à sa table après avoir allumé les chandelles d'un candélabre à trois branches, bien décidé à mettre à jour le registre des baptêmes, mariages et décès de la paroisse. La lumière vive éclairait au plafond les poutres cannelées, peintes et ornées de motifs géométriques. Sur l'une d'elles, une date gravée, 1631, témoignait que cette partie du bâtiment avait été l'une des rares à avoir réchappé à l'incendie.

Le registre s'arrêtait à la date du vingt-neuvième jour du mois de novembre de 1791, enregistrant le baptême d'une petite Anne Catherine Villibord. Le curé se mit au travail, recopiant sur le registre les notes éparses qu'il avait laissées s'accumuler dans un tiroir de la sacristie et qu'il griffonnait à la hâte après chaque cérémonie. À chaque mention, il revoyait les visages de ces jeunes gens un peu effrayés par le cérémonial de leurs noces, les regards de ces nouveau-nés saisis par la fraîcheur de l'ablution du baptême, les larmes qui accompagnaient ces corps drapés de blanc que l'on roulait dans les fosses. Arrivé à la date du 10 décembre 1791, il retrouva le papier sur lequel il avait consigné les explications de Mathias Fall sur ce malheureux accident dans les fosses de la minière, qui avait coûté la vie à quatre hommes. Le maître mineur lui avait apporté toute la lumière sur le décès de ces malheureux.

— Tu comprends, Mathias, il n'y a pas de corps, je ne peux pas enregistrer leur sépulture !

— Pour sûr ! Il n'y a pas de corps ! Soit ils ont été ensevelis sous l'effondrement et ils sont morts oppressés, soit ils ont été emportés par le flot et ils sont morts noyés, soit ils ont trouvé refuge dans quelque cavité, sans air et sans lumière, mais à cette heure, révérend, ils sont sûrement décédés. Mais tu ne pourras pas les sépulturer dans le cimetière tant qu'on n'aura pas déblayé les galeries !

Sur le registre, le curé commença à inscrire sous la liste des décès du mois de décembre de l'année 1791 :

« *Die 10e Xbris*... » ce jour dixième du mois de décembre...

... il n'y a pas de corps, je ne peux pas enregistrer leur sépulture, il faut que j'explique ça dans le registre. Mathias m'a dit que ça s'était passé vers cinq heures du soir...

« ... *circa horam quintam vespertinam*... »

... ils ont été victimes d'une malheureuse oppression...

« ... *casu infausto oppressio*... »

... et sont morts...

« ... *et mortui sunt*... »

Il faut que je dise qui ils étaient. Je me souviens des tout premiers décès que j'ai enregistrés à Pesey, c'était en 1771, il y a vingt ans, deux ouvriers des mines étaient morts précipités dans un puits, je me souviens encore de leur nom, Hans Nessler et Mathias Rimel, ils venaient tous les deux de Kaltenbrunn. À l'époque, je ne savais pas traduire le nom de cette paroisse en latin et j'avais inscrit sur le registre qu'ils venaient de Calthenbrun, entre parenthèses et en français *« dans le Tyrol »*. Depuis, j'ai perfectionné mon latin, aujourd'hui j'inscrirais *« ex-paroecia vulgo Kaltenbrun diocesis Briseinencis »*, venant d'une paroisse appelée communément Kaltenbrunn dans le diocèse de Brixens.

Mais ces quatre malheureux morts en décembre, je les connaissais bien. Maurice de Jean-Baptiste Silvin, il habitait aux Moulins, un jeune qui avait échappé à l'enrôlement pour charge de famille, il venait juste de terminer son apprentissage de mineur. Félix Richerme, un solide gaillard de trente-cinq ans, mineur confirmé, père de deux enfants. Joseph Rodolphe, sa famille était originaire du Piémont, il avait marié une fille de mineur, Catherine Senhoffer, en 1770. Et Josef Wassermann, trente-deux ans, marié à la Marie Garçon, son père était venu de Kaltenbrunn. Ces deux-là, avec leur nom d'ailleurs, résidaient à Pesey depuis longtemps, tous les quatre résidaient à Pesey…

*« … pesiaci incolae… »*

… et il fallait encore dire pourquoi ils avaient été oppressés dans cet effondrement : ils étaient ouvriers dans la mine…

*« … infodinis operarii… »*

Voilà. Le curé avait trouvé comment enregistrer en latin ces quatre morts sans cadavre :

*« Die 10ᵉ Xbris, circa horam quintam vespertinam casu infausto oppressio et mortui sunt Mauritius Sylvin, Felix Richerme, simul Josephus Rodolphe et Josephus Wassermann, pesiaci incolae et infodinis operarii. »*

Il termina le registre de l'année 1791 en inscrivant encore le décès de la veuve Michelette Merle et celui de la petite fille d'Antoine Schrantz, les deux derniers enterrements qu'il avait faits cette année-là, et il alla se coucher dans son lit chauffé par la bassinoire que la servante avait passée entre les draps.

La nuit s'annonçait froide. Le silence n'était troublé parfois que par le hurlement de quelques chiens sauvages implorant la lune…

# Épilogue

En septembre 1792, par une proclamation publique de leur syndic, faite un dimanche sur la place du marché et annoncée par le sergent communal qui, faute de tambour, avait battu le cul d'un seau, les habitants de Pesey apprirent que le duché de Savoie avait été envahi par les Français. Occupation ? Annexion ? Libération comme certains le disaient ? On ne sut pas tout de suite à quoi s'en tenir. Toujours est-il que cette intrusion étrangère ne ressemblait pas à ce que la province avait connu par le passé, l'occupation espagnole, par exemple, et ses réquisitions brutales. Ou même les plus anciennes, déjà françaises à ce que se plaisait à rappeler le curé qui avait quelques notions d'histoire. Cette invasion n'était pas seulement militaire, elle avait un goût de révolution et proclamait son désir – fraternel, disait-on – de transformer les sujets de Sa Majesté sarde en citoyens de la République française. Mais on ne savait pas où cette idée allait mener le pays. Pour les uns, l'armée du roi sarde repousserait bientôt ces brûle-châteaux derrière les frontières du duché. Pour les autres, on irait peut-être rejoindre cette grande aventure de la nation française vers la liberté, encore que ça restait des idées un peu floues. Cette révolution, c'est comme le flocon de la première neige, disait le notaire, quand il arrive au sol encore chaud, il ne laisse qu'une petite tache humide.

S'ouvrit alors pour le village une période de plusieurs mois particulièrement difficile. La Révolution ne changea rien dans le cycle calamiteux des inondations et des sécheresses et on gardait pour les siens le peu qu'on tirait des parcelles. Sur le marché du dimanche au pied de l'église, plus personne ne voulait vendre, plus personne ne pouvait acheter. Il n'était pas rare de voir des familles entières se nourrir d'herbes bouillies. La Révolution ne changea rien dans le ciel, mais tout fut chamboulé dans les villages. Le syndic et les conseillers ne savaient plus à qui se référer, l'administration sarde était partie avec l'intendant, le châtelain du marquis de Saint-Maurice avait disparu, l'armée s'était évanouie par les cols. Les bureaux de Moustier et d'Aime étaient maintenant peuplés de procureurs, de notaires, d'apothicaires, de droguistes et d'épiciers bardés de certificats de civisme, qui se découvraient subitement des compétences, sinon des dispositions pour l'administration des communautés. Désormais on ne disait plus « Bonjour monsieur », mais « Salut citoyen ». On n'habitait plus à Pesey, mais dans les Monts d'argent, on n'allait plus au marché au bourg de Saint-Maurice, mais à Nargue sarde. Même le curé s'était réfugié à Turin, ce que Maria-Magdalena ressentit comme une fin du monde.

Les nouvelles autorités demandèrent au peuple de s'exprimer sur tout, sur la justice, sur le mariage et le divorce, sur les impôts, sur l'Église et la religion, sur l'abolition des privilèges des nobles, ces mêmes privilèges qu'on s'échinait pourtant à racheter, récolte après récolte, au seigneur Chabod depuis vingt ans. Un scrutin pour élire le maire, un autre pour les officiers municipaux, un autre encore pour les trois gardes champêtres chargés de veiller à la conservation des grains, fruits, récoltes et bois ; un pour le canton du Villaret, de Pesey chef-lieu et de ses hameaux, un pour le canton des Moulins et des Esserts, et un pour le canton de Nancruet, la Chenary, Praz Compuis et autres hameaux. On vota à tour de bras, on affichait tous les jours de nouveaux décrets, de nouveaux arrêtés qui venaient de France, on dut avaler en vingt mois toutes les lois que les Français avaient commencé à modifier dix ans avant la Révolution. Sans compter les résolutions que demandèrent les représentants du peuple pour vendre à l'enchère les meubles et effets du curé et des vicaires. Pierre Vercellin, le fils d'Aurelio, l'artisan maçon, s'engouffra dans cet espace de libération avec enthousiasme. Cette liberté nouvelle qui rendait tout possible le fascinait. Il répétait souvent cette phrase qu'il avait entendue quelque part, mais où ? « Le Républicain ose tout ! »

À la minière, les choses n'allèrent pas bon train. Joseph Millioz, le régisseur, forma une petite milice avec plusieurs mineurs du Piémont et du Tyrol, avec l'idée de rejoindre, par la Maurienne, l'armée sarde commandée par le baron Sallier de La Tour qui abandonna la minière quand elle fut proclamée bien national. Ces miliciens, plus improvisés que convaincus, abandonnèrent leur chef et profitèrent de l'occasion pour rentrer dans leur paroisse d'origine. Les ouvriers restés sur place à Pesey se trouvèrent brutalement sans chefs, sans consignes, sans moyens, d'autant que le régisseur avait emporté la caisse du garde-magasin. La minière fut placée sur un pied militaire et les ouvriers payés en assignats avec lesquels ils ne pouvaient rien acheter pour se nourrir. Un nouveau régisseur fut nommé, un certain Sautel, qui s'efforça de plaire aux nouvelles autorités en leur adressant chaque semaine un rapport sur l'état de la minière rédigé dans la plus pure rhétorique révolutionnaire. La révolte enfla parmi les ouvriers : ils avaient faim. Le général Kellermann, à la tête de l'armée des Alpes, envoya régulièrement à la minière ses convois pour réquisitionner, sans le payer, tout le plomb d'œuvre pour le fondre en munitions à Grenoble. L'armée ne se souciait pas de l'argent que contenaient les cartouches de sa mitraille et Barthélémy Garçon dut éteindre ses fours d'affinage, rendant la Révolution responsable de cette gabegie. Il se souvenait parfois, avec nostalgie, de ces années où il avait été coureur de chiens avec Gaspare. Il revoyait la fonderie en pleine activité, bourdonnante, rougeoyante, repensait à cette histoire de vol d'argent et de meurtre. Qu'était-il devenu, Gaspare, apaisé, reparti en Piémont ? Où était-il, son jeune frère Francesco, révolté, parti en France ? Aujourd'hui, ils devaient être âgés de quarante-cinq ou cinquante ans…

Dès le lendemain de son départ de la minière, Aurelio, à soixante-sept ans, s'enfonça dans la vieillesse. Dans ces jours déclinants, dans ces temps troublés, dans cette époque de chambardement, Maria-Magdalena espérait réunir une fois encore ses enfants. Allant à contre-courant de ceux qui fuyaient le grand dérangement, Gasparde, qui résidait à Turin, revint une fois encore pour visiter ses parents âgés. Mais on fut sans nouvelles de Josepha ; avait-elle subi le sort que les révolutionnaires réservaient aux nonnes : expulsées ? emprisonnées ? Pire encore… Pas de nouvelles non plus de Victor, parti depuis plusieurs années en France.

Ce siècle n'en finissait pas de finir, dans l'attente que le prochain s'ouvre sur un climat plus serein ou que cette révolution venue d'ailleurs apporte des jours plus heureux.

## Remerciements

Cette histoire est absolument véridique dans la mesure où elle aurait pu exister. Elle emprunte à l'histoire « vraie » son cadre général, son époque, ses lieux, ses événements, sa chronologie, qu'on découvre dans les archives communales de Pesey, dans celles des administrations de l'Ancien Régime du département de la Savoie ou dans les archives d'État à Turin. Au cours de cette exploration, j'ai croisé des personnages qui avaient pris part à cette « vraie » histoire : des mineurs, des régisseurs, des comtes et des marquis, des laveuses et des curés de villages, des aubergistes et des notaires, des faux monnayeurs et des diplomates anglais… Ils dormaient dans les liasses de vieux documents. Pour raconter cette histoire au plus près de la « vraie », je les ai invités à me rejoindre dans ce récit et ils m'ont confié ce qu'ils n'ont jamais dit aux archives. On a coutume de s'interroger sur la nature du roman historique : n'est-ce pas une trahison de l'Histoire ? Eh bien ! Soit ! S'il doit y avoir trahison, je l'assume. Si pour certains de ces personnages, exhumés, j'ai gardé leur nom et respecté leur mémoire, pour d'autres, romancés, j'ai puisé dans la très riche matière historique de quoi les créer et leur donner la parole.

C’est d’abord à eux que j’adresse mes remerciements pour leur contribution. À l’instant de refermer ce livre, ils vont retourner dans les archives, chacun dans sa liasse, chacun dans sa cote. Je ne les oublierai pas.

Mes remerciements vont aussi à tous les auteurs qui m’ont guidé pendant ce voyage dans le XVIIIe siècle savoyard. Ils sont trop nombreux pour les citer ici.

Mes remerciements vont enfin à Marie Grésillon pour ses relectures, ses questionnements et ses corrections. C’est enfin ma compagne Martine que je remercie. Les personnages de cette histoire se sont fréquemment invités dans notre vie commune tout au long des quelques années qu’a duré l’écriture de ce récit, ils lui doivent beaucoup.

# Glossaire

*abstrich*
scories riches en plomb.

*acenser*
donner à cens, prendre à cens (une terre, une maison...), c'est-à-dire moyennant une rente.

*arcosses*
aulnes verts.

*bachal*
bassin de village.

*barelle*
civière en bois portée par deux hommes pour évacuer les matières. Capacité de 25 kilos environ.

*baritel*
mécanisme utilisant généralement la force animale (ici, hydraulique) pour faire mouvoir des machines. Dans la mine de Pesey, un baritel à eau a été construit au-dessus du grand puits pour élever des seillons d'eau ou de minerai à la surface.

*blache*
herbe de marais servant à l'alimentation du bétail.

*bocambre*
terme vieilli pour *bocard.*

*bocard*
machine à broyer le minerai, composée d'un moteur cylindrique hérissé de cames qui soulèvent des pilons lestés de sabots métalliques.

*bois de corde*
bois combustible sous forme de bûches conditionnées en volume de 112 pieds cubes.

*bois de large*
bois de mélèze.

*cascane*
puits de mine.

*chien de mine*
petit chariot large à la base pour éviter les renversements, d'une capacité de 170 à 200 kilos. Le chien de mine est poussé par un ouvrier, le coureur de chien.

*communier*
membre de la communauté copropriétaire des alpages.

*coupelle*
cuve métallique évasée garnie d'une couche de matières réfractaires poreuses (argile, cendres) dans laquelle on procède, par oxydation, à la séparation du plomb et de l'argent. Désigne aussi cette couche de matériaux réfractaires.

*curial*
employé aux écritures.

*demoiselle*
hie, pièce de bois ronde, haute de trois ou quatre pieds, ferrée par un bout, utilisée pour damer le sol.

*écoupeaux*
dosses utilisées en couverture avant la généralisation des toits en lauzes.

*écuries*
étables.

*exhaure*
évacuer l'eau.

*fleuret*
foret.

*fosseil*
pioche.

*fossorée*
mesure de surface appliquée aux vignes.

*frontière*
coiffe traditionnelle à trois pointes, qui enserre le front.

*goveil*
petit seillon de bois dont l'une des douves se prolonge.

*journal*
mesure de surface équivalente à quatre-cents toises carrées (2 950 $m^2$).

*juge maje*
premier officier judiciaire d'une juridiction.

*mattes*
matières sulfurées semi-métalliques résultat de la première fusion.

*mine choisie*
minerai pur.

*mine, minéral, minière*
au XVIIIe siècle, le mot *mine* signifie *minerai, matière minérale. Minière* est employé pour *site minier.*

*mote*
chèvre sans cornes.

*murgers*
murs de pierres matérialisant les limites de parcelles et servant de clôtures.

*nant*
ruisseau, torrent.

*pedon*
facteur à pied.

*pévu*
chaudron en cuivre.

*piloir*
bocard.

*poële*
pièce de l'habitation qu'on peut chauffer en hiver.

*prix-fait*
marché conclu à la tâche.

*pyolette*
petite hache.

*quartannée*
mesure de surface équivalente (à Pesey) à 250 $m^2$.

*quintal*
mesure de poids variant de 37 kilos à 48 kilos selon les lieux et les époques. Un mulet peut être chargé de trois quintaux. Une brouette contient un quintal de matière.

*rabecs*
transcription phonétique de « arabesques ».

*recors*
assistants de l'huissier de justice.

*régence*
école tenue par le régent, généralement un vicaire.

*regotoyer*
remanier les bardeaux d'un toit.

*regrattier*
vendeur de sel au détail.

*rub*
mesure de poids du Piémont équivalent à 9,2 kilos.

*schlich*
minerai broyé et lavé, destiné au grillage puis à la fonte.

*solan*
séchoir largement ouvert sous le toit en pignon des maisons.

*sols, deniers, livres*
depuis 1717, l'unité monétaire était la livre, valant vingt sols de douze deniers.

*sommaire apprise*
procédure destinée à s'assurer de la véracité d'un fait ou de l'estimation d'une valeur. L'Église utilisait cette procédure pour vérifier qu'un individu étranger à la paroisse était libre de contracter mariage, en recueillant le témoignage de proches.

*tabellion*
office public où les notaires étaient tenus de déposer copie de leurs actes.

*teppes*
prairies.

*toile de ritte*
toile fine de chanvre.

*toise*
mesure de distance équivalente à huit pieds (2,74 mètres).

*trabuc*
mesure de distance utilisée en Piémont, équivalant à 3,08 mètres.

*tramée*
déménagement saisonnier des hommes et des bêtes en altitude suivant la poussée de l'herbe.

*trombes (hydrauliques)*
appareils produisant un souffle d'air grâce à une chute d'eau dans des tuyaux verticaux.

*voiture*
transport.

Dans la collection **Roman**

*Le sacrilège d'Icare*, Jérémie Cavé

*Dix pour sang*, Mathilde Hinault

*Lady Pipi*, Bertrand Moreau

*La maison de Jean*, Jean-Charles Linet

*Ludivine comme Édith*, Sylvain Gillet

*Rosetta, mon amour*, Jacques Gautier

*C'est par où la mer ?*, David Dupont

*Facéties ordinaires*, Éric Tarrin

*Le cabrão, les tribulations du bouc*, Izequiel Batista de Sousa

*D'ocre et de sang*, Jérémie Abbet

*L'effet Michel-Ange*, Georgette Bonnier

*La petite fille qui compte*, Maryse Dhainaut

*Le Sel des souvenirs*, Florence L. Dickler

*Un lycée sans foi ni loi*, Abdelkarim Belkassem

*366 Féminin*, Caroline Gandolfo

Cet ouvrage a été imprimé
par l'imprimerie ICN (64)
pour le compte des éditions ThoT
3, quai du Drac – 38600 Fontaine – France
Dépôt légal : avril 2020